成语里的河南

CHENGYULI DE HENAN

戚建庄　著

河南人民出版社

图书在版编目(CIP)数据

成语里的河南 / 戚建庄著. —郑州 : 河南人民出版社, 2022. 8(2023.3 重印)
ISBN 978-7-215-12658-9

Ⅰ. ①成… Ⅱ. ①戚… Ⅲ. ①汉语-成语-典故②文化史-研究-河南 Ⅳ. ①H136.3②K296.1

中国版本图书馆 CIP 数据核字(2022)第 054132 号

河南人民出版社出版发行
(地址:郑州市郑东新区祥盛街 27 号 邮政编码:450016 电话:65788053)
新华书店经销　河南新华印刷集团有限公司印刷
开本 710 毫米×1000 毫米 1/16 印张 18.25
字数 225 千字
2022 年 8 月第 1 版 2023 年 3 月第 2 次印刷

定价:49.00 元

前 言

河南是中华民族与中华文明的主要发祥地之一，历史上先后有多个朝代建都或迁都河南，诞生了洛阳、开封、安阳、郑州、商丘等古都。涌现了老子、庄周、墨翟、韩非、商鞅、张良、张衡、杜甫、吴道子、岳飞等历史名人……中华民族五千多年的文明历史，河南作为其政治、经济、文化的中心近三千年，可谓处处有典故，处处有成语……

作为成语，一旦约定俗成，它便世代相传，融入人们的记忆里，乃至成为本民族最显著最辉煌的文化基因和符号，屹立于世界民族之林，并催生和推动一个国家未来的文化创造和文明发展。这无疑是弘扬优秀传统文化和建设美丽中国的应有之义，且现实而深远。基于此，河南人民出版社副总编辑蔡瑛希望整理出版一本出自河南本土的成语书籍。由于河南人民出版社曾出版过我的《成语典故与河南名胜》一书，且是老朋友比较了解和信任，就把这个选题委托于我来完成。经过多次商榷，将书名定为《成语里的河南》。

一、本书内容分为四部分：

（一）神话传说。伴随着民族的起源，神话传说是最原始的文化符号，原始先民从此探究自然和社会之谜，把部落英雄神圣化，赋予他们用无所畏惧、无所不能的精神和力量去征服自然、战胜困难。《盘古开天》《女娲补天》《河图洛书》《大禹治水》等，就是上古时期神话传说的典型代表，而它们则出自河南。

（二）诸子百家。从实际出发，我们现在沿用的成语，许多出自我国历史上诸子百家创造的原典文化，如：孔子的《论语》、老子的《道德经》、墨翟的《墨子》，以及《鬼谷子》《列子》《庄子》，等等。本书所说的诸子百家不仅如此，还包括汉朝的贾谊、张仲景、许慎和唐朝的韩愈等诸方面的文化大家。他们的经典名句是成语中的精华，我们应当传承。本书所选诸子百家，大都是河南人，所以，他们的文化创造当然是河南的骄傲。个别的虽然不是河南人，如孔子、范仲淹，但书中所选成语却是他们在河南这块热土上创造的智慧结晶。

（三）诗词歌赋。中华民族自有文字之后，最伟大的文化符号就是诗词歌赋，包括《诗经》、唐诗和宋词。其中流传千古的成语比比皆是。但本书所选取的都是与河南有关的，要么是《诗经》中的《郑风》和《卫风》中的少量成语，因为当时的郑国和卫国都在河南境内；要么是杜甫、白居易、刘禹锡、李商隐诗中的成语，因为他们都是河南人。还有一些不是河南人的，如南唐的李煜，宋朝的范仲淹、苏轼等，但凡选取他们创造的成语，都是发生在河南境内的。

（四）历史典故。我们耳熟能详的历史典故绝大部分见诸于历史典籍中，如:《周易》《周礼》《尚书》《史记》《汉书》《晋书》《宋史》等。从中选取发生在河南的历史故事，可知河南历史的悠久和厚重。

将这四部分综合成书，《成语里的河南》是比较贴切的定位——成语源于经典，经典来自河南人的文化创造。而这种文化创造离不开天时和地利，从中不难窥到上古时期至宋代河南的人文风貌。更为贴切地说，也应该是中华民族弥足珍贵的历史遗存。

二、根据撰写便利的需要，还设定了以下六条原则：

（一）年代从上古时代的神话传说开始，至科学文化繁荣的宋代结束。因为中华民族约定俗成且流传至今的大部分成语典故，出自这一漫长的历史时期，之后则较少。

（二）以传统文化中的原典文化和经典著作为蓝本，比如:《周易》《尚书》《诗经》《论语》《老子》《史记》《汉书》等。一般来说，成语均出自经典。虽然在经典出现之前，人民群众在劳动和生活中创造的成语已口口相传，但人去楼空，无法考证。只能凭借经典流传，来追踪祖先的智慧流变。

（三）以历史名人为线索。无论帝王将相，还是文人雅士，他们的言语事迹都有历史记载，且世代传颂，相对容易琢磨抓取。是谓金石可考，典籍可查，有凭有据。

（四）经典文化也好，历史人物也好，不追求穷尽，只要能够说明问题，有一定量且具代表性即可。

（五）每一条成语，都按照词义、出处、译文（或故事）、与河南的关联进行撰写。与河南的关联或典籍、或出身、或胜迹，比如老子，诞生于河南鹿邑，做官于东周之都洛阳，《道德经》作于函谷关，本书选取其成语于《道德经》，也就没有必要使选取的所有成语都反复如初，只在开始作介绍，之后便略去，按照词义、出处、译文（或故事）或启示撰写。

（六）若两条成语出自一处，或者两条成语意思相近，就把它们放在一起来写。比如：出自老子的“大器晚成”“大音希声”“功成不居”“功成身退”；出自杜甫的“读书破万卷”“下笔如有神”；出自贾谊的“包举宇内”“并吞八荒”等。关于成语寓意的阐释，可以结合古今事例，不拘泥于成语典出，尽量贯彻学以致用的原则。

细雨闲开卷，微风独弄琴。忍受着左手术后的疼痛，于孤寂中思考揣摩半年，终于完稿，可以付梓出版了，心情愉悦，如登春台一般。此时此刻，由衷地感谢蔡瑛先生的信任和支持！

纵览本书所选取的300余条成语，基本涵盖了河南所有的省辖市。但愿此书像一块小石，能够激起读者家国情怀的涟漪，在弘扬民族优秀传统文化的同时，创造出更加灿烂的文明成果和更加美好幸福的未来。

受本人知识视野和能力水平所限，书中谬误瑕疵不可避免，恳望广大读者批评指正。

戚建庄

2020 年 8 月于郑州

目 录

神话传说

诸子百家

◇ 孔 子 / 23

◇ 老 子

◇ 墨子

◇ 鬼谷子

◇ 列　子

诗词歌赋

◇《诗经》

◇ 南北朝民歌

◇ 杜甫

◇ 刘禹锡

◇ 白居易

神话传说

伴随着民族的起源，神话传说是最原始的文化符号，原始先民从此探究自然和社会之谜，把部落英雄神圣化，赋予他们用无所畏惧、无所不能的精神和力量去征服自然、战胜困难。《盘古开天》《女娲补天》《河图洛书》《大禹治水》等，就是上古时期神话传说的典型代表，而它们则出自河南。

盘古开天

盘古是自然大道的化身，神话传说中开天辟地的神。意指人类开始有了历史。亦作开天辟地。

这一成语最早见于三国时徐整著的《三五历纪》。《三五历纪》又作《三五历》，为三国时代吴国人徐整所著，内容皆论“三皇”以来之事，为最早记载盘古开天传说的一部著作，此书已佚，仅部分段落存于后来的类书，如《太平御览》《艺文类聚》之中。后见《明成化说唱词话·花关索出身传》：“自从盘古开天地，三皇五帝夏商周。”

神话传说古时盘古生在黑暗团中，他不能忍受黑暗，用神斧劈向四方，逐渐使天空高远，大地辽阔。每当盘古的身体长高1尺，天空就随之增高1尺，经过1.8万多年的努力，盘古变成一位顶天立地的巨人，而天空也升得高不可及，大地也变得厚实无比。最终，开天辟地的盘古倒下了。他临死前嘴里呼出的气变成了春风和天空的云雾，声音变成了雷霆，左眼变成太阳，右眼变成月亮，头发变成了星星，鲜血化成江、河、湖、海，肌肉变成了千里沃野，骨骼变成了树木花草，筋脉变成了道路，牙齿变成了石头和金属，精髓变成了明亮的珍珠，汗水变成了雨露，头部变成东岳泰山，腹部变成中岳嵩山，脚部变成西岳华山，左臂变成南岳衡山，右臂变成北岳恒山。

盘古生前完成开天辟地的伟大业绩，死后留给后人无穷无尽的宝藏，成为中华民族崇拜的英雄。而他的“鞠躬尽瘁、死而后已”的献身精神，更是人类精神的至高境界，历来为仁人志士所效尤。千百年来，盘古文化在这片他以自己的生命所化的热土上，流传不息，不断繁衍，延续古今，传播中外，成为中华文化中一颗璀璨的明珠。毛泽东在《论反对日本帝国主义的策略》报告中，激动地论述长征时说：自从盘古开天地，三皇五帝到如今，历史上曾经有过我们这样的长征吗？

在河南省泌阳县城南30里有盘古山，传说此山就是当年盘古开天辟地、繁衍人类、造化万物的地方。盘古山势巍峨挺拔，林木苍郁，古庙幽静，景色宜人，伴随着一年一度的盘古庙会闻名四方。

女娲补天

女娲补天是我国古代的神话故事，代代相传，家喻户晓。后世借用“女娲补天”比喻一种舍己为人、不怕牺牲的奉献精神。

《淮南子》是西汉皇族淮南王刘安及其门客收集史料集体编写而成的一部哲学著作。该书在继承先秦道家思想的基础上，综合了诸子百家学说中的精华部分，对后世研究秦汉时期文化起到了不可替代的作用。《淮南子》原书中有内篇21卷，中篇8卷，外篇33卷，至今存世的只有内篇，现今版本，大多对内篇进行删减后再出版。

《淮南子·览冥训》记载：“往古之时，四极废，九州裂，天不兼覆，地不周载。火爁炎而不灭，水浩洋而不息。猛兽食颛民，鸷鸟攫老弱。于是女娲炼五色石以补苍天，断鳌足以立四极，杀黑龙以济冀州，积芦灰以止淫水。苍天补，四极正，淫水涸，冀州平，狡虫死，颛民生。”

上文大概意思为：远古时，支撑天的四根柱子毁坏了，大地陷入四分五裂的境地：天不能覆盖大地，地不能遍载万物；大火烧而不熄，洪水汹涌不停；猛兽吃掉了善良的百姓，猛禽抓取老人孩童。这时，女娲冶炼五色石来修补苍天，砍断海中大鳌的脚来做撑起四边天空的栋梁，杀死水怪来拯救冀州，积起芦灰来堵塞洪水。天空得到了修补，支撑天的四边的柱子扶正了，洪水得到了控制，冀州得到了平定，恶禽猛兽都死了，善良的百姓活下来了。

简单地讲这个故事就是：远古时代，天上有空缺，不能完全覆盖大地。

人头蛇身的女神女娲炼五色石，把天补合。《红楼梦》第一回中有一句:“无才可去补苍天，枉入红尘若许年。”

伏羲和女娲有中国的亚当、夏娃之誉，是神话传说中中华民族的创造者。不知多少年前大地上出现了一场毁灭人类的洪水，普天之下，只剩下伏羲、女娲兄妹二人。为了使人类不至于灭绝，哥哥伏羲说服妹妹女娲，二人配成了夫妻，生儿育女，使人类在大劫后得以繁衍生息。因此，人们就尊称伏羲为“人祖爷”，女娲为“人祖奶奶”。有趣的是，这个神话故事不仅在汉族中流传，在壮族和其他的少数民族中也有类似的说法。这个传说虽然没有科学依据，但伏羲和女娲兄妹婚配的故事，却是原始人类血缘群婚制的真实反映。

现在，河南西华县思都岗村西北角的女娲城，相传为女娲氏之故墟，西华县城则有女娲的塑像。淮阳县是传说中的“三皇五帝”之首伏羲的旧都，古称“宛丘”和“陈”，因居淮水之阳，故称淮阳。在淮阳城北 1.5 公里之遥有太昊伏羲陵，内外城之间，左侧就是女娲观。陵中大殿有一蛇尾人身的伏羲和女娲的交尾图。位于淇县县城西北 20 余里处的灵山下，碧水青山环绕的灵山寺前，矗立着女娲补天的高大塑像，寺中的娘娘庙里，不仅供奉着女娲神像，还供奉着女娲补天用过的五彩石，灯光照耀下更显得灿烂无比。看门的老太太会虔诚地告诉你，女娲用过的另一块五彩石，变成了《红楼梦》里的贾宝玉。令人惊奇的是，灵山寺对面的一个小山峰，侧看则成了女娲补天的化身，惟妙惟肖，撼人心魄。尤其在寂静的月光和星光下，女娲补天的神话就会在你的眼前真实地浮现出来……

三皇五帝

三皇五帝先夏文化时期神话传说和历史考古资料参半的人物，比较通行的说法有两种：一说三皇为伏羲、女娲、神农，五帝为炎帝、黄帝、太昊、少昊、颛顼；另一说三皇指伏羲、炎帝、黄帝，五帝为少昊、颛顼、帝喾、尧、舜。后泛指上古帝王。“三皇五帝”也作“五帝三皇”。

“三皇五帝”出自《周礼·春官·外史》，原句为“掌三皇五帝之书”。《周礼》是儒家经典，十三经之一。世传为周公旦所著，但实际上成书于两汉之间。《周礼》《仪礼》和《礼记》合称“三礼”，是古代华夏民族礼乐文化的理论形态，对礼法、礼义作了最权威的记载和解释，对历代礼制的影响最为深远。《周礼》在汉代最初名为《周官》，始见于《史记·封禅书》。《周礼》中记载先秦时期社会政治、经济、文化、风俗、礼法诸制，多有史料可采，所涉及之内容极为丰富，无所不包，堪称中国文化史之宝库。

“三皇五帝”的活动区域基本上在黄河中下游，且集中在河南境内。“三皇五帝”时期，我国历史处于所谓的传说时代，从黄河流域到长江流域的先民大都进入部落联盟的“英雄时代”，原始社会即将解体，国家逐渐形成，历史就要迈入奴隶社会。“三皇五帝”就是这一历史时期通过传说保留在古文献中的英雄人物，他们为我国历史的发展作出了巨大的贡献。

司马贞《史记索隐》记载：“居轩辕之丘，因以为名，又以为号。”轩辕丘在今新郑市西北。黄帝作为我国原始社会末期部落联盟的酋长，因所居之地，号轩辕氏。部落联盟后来发展成为华夏族的前身。因此，黄帝被后人尊为中华人文始祖，中华民族奉“黄帝”为自己的祖先，乃至颛顼、帝喾、尧、舜、禹都是黄帝的后裔。庄子说：“世之所高，莫若黄帝。”而且，仓颉作书，嫘祖养蚕，伶伦造律吕，大挠作甲子，都是皇帝及其臣下的发明创造，而这些发明创造的所在，也和轩辕之丘有一定的关系。

黄帝之丘即黄帝故里，在新郑市区轩辕路上。黄帝故里祠始建于汉代，后几经毁建，明清时期修葺。清康熙年间，新郑县令徐朝柱立有“轩辕故里碑”。为弘扬中华民族优秀传统文化，缅怀始祖功德，新郑市人民政府对黄帝故里景区进行了扩建。自2006年（农历丙戌年），开始举办黄帝故里拜祖大典，突出了中华民族寻根拜祖的主题，象征炎黄子孙血脉相连、薪火相传。

太昊伏羲之陵在淮阳县。据文献记载，春秋时已有陵墓，汉代在灵前建祠，宋太祖赵匡胤诏立陵庙，明太祖朱元璋曾亲临祭祀。明清两代对陵园屡加修葺。园内古柏参天，碑刻林立。

颛顼与帝喾陵墓在内黄县梁庄乡硝河西岸。据传说，最初仅为两座陵墓，唐太和四年（830），陵前建大殿5间，大殿内塑二帝像，殿外东南有碑林。元初又在陵园四周修砌了砖墙。清宣统年间，陵源俱被风沙掩埋，仅见一大沙岗和两道石碑，一道上书“颛顼陵”，另一道为“帝喾陵”。现在，政府拨专款对陵园进行了修缮，过去的大沙岗已经恢复了昔日的辉煌，二帝陵巍然矗立，且松柏葱郁。

河图洛书

河洛即黄河和洛河。古代儒家关于《周易》卦形是中国古代流传下来的两幅神秘图案，蕴含了深奥的宇宙星象之理，是中华文化、阴阳五行术数之源。

《周易·系辞上》载：“天生神物，圣人则之，天地变化，圣人效之。天垂象，见吉凶，圣人象之。河出图，洛出书，圣人则之。”

《周易》即《易经》，是传统经典之一，相传系周文王姬昌所作，内容包括《经》和《传》两个部分。《经》主要是六十四卦和三百八十四爻，卦和爻各有说明（卦辞、爻辞），作为占卜之用。《传》包含解释卦辞和爻辞的7种文辞共10篇，统称《十翼》，相传为孔子所撰。《周易》被儒门奉为圣典，“六经”之首。《周易》是中国传统思想文化中自然哲学与人文实践的理论根源，是古代汉民族思想、智慧的结晶，被誉为“大道之源”。《周易》内容极其丰富，对中国几千年来的政治、经济、文化等各个领域都产生了极其深刻的影响。

据古代传说，名列“三皇五帝”之首的伏羲曾见龙马负图出河；夏禹治水时，洛河水中浮出了神龟，背负文字，有数至九，大禹用它作成九畴，称之为洛书。后来，人们就以“河出图”“洛出书”表示太平时代的祥瑞。

河图洛书是中华民族最早的历史文献，是我们的祖先心灵思维的最高成就。当然，用唯物主义观点来看，关于河图洛书的传说只能是神话而已。当代史学界有一种观点认为：伏羲所绘的八卦图，是他在洛汭之处，即今巩义市的伊洛河入黄河的地方——神地，看到清清的洛河流入混沌滔滔的黄河中，由于冲击力的作用，在河口形成了一个旋涡，靠黄河的半个漩涡中有一点洛河的清水，靠洛河的半个漩涡中有一点黄河的浑水，伏羲据此所绘，就产生了对中华文明影响深远的八卦图。而“洛出书”实是因为九朝古都在洛河的岸边，有1000多年的国都历史，班固的《汉书》，许慎的《说文解字》，陈寿的《三国志》，张华的《博物志》，郦道元的《水经注》，左思的《三都赋》，欧阳修的《新唐书》，司马光的《资治通鉴》等历史巨著名篇，还有老子的道教和二程学说都在洛阳诞生，“洛出书”也就成为自然而然的事情了。

夸父逐日

夸父逐日比喻人有大志，也比喻不自量力。

《列子·汤问》记载：夸父不量力，欲追日影，逐之于隅谷之际。渴欲得饮，赴饮河渭。河渭不足，将走北饮大泽。未至，道渴而死。弃其杖，尸膏肉所浸，生邓林。邓林弥广数千里焉。

相传在黄帝王朝的时代，夸父族其中一个首领想要把太阳摘下，放到人们的心里面，于是就开始逐日。他口渴的时候喝干了黄河、渭水，准备往北边的大湖去喝水，奔于大泽路途中被渴死。他的手杖化作桃林，成为桃花园；而他的身躯化作夸父山。

说起来，夸父应是中国农业科学家的鼻祖。他身材魁梧力大无穷，作为峨眉山上夸父族的首领，为了弄清太阳一年四季对农作物的影响，使人们合理利用阳光以及熟悉大自然的规律，拿一根辟邪的桃木棍从东至西测量日影定四季，再从黄河和渭河的涨水痕迹上标出最高洪水的水位，为耕种农作物提供参考。夸父到达现今的灵宝市西郊，直至寿终于此。

在原始社会，对夸父族内陆部族来说，做出逐日决定是非常正常的。因为他们还处于蒙昧时期，根本不知道大地是球形的，地球是绕太阳运转的。只知道东面是大海，太阳从海中升起，西面是禺谷——太阳落下的地方。夸父逐日实际上是中华民族历史上的一次长距离的部族迁徙，是一次很有胆略的探险。只是由于他们对太阳的运行和中国西北部地理状况的认识是完全错误的，最终悲壮地失败。但夸父与时间赛跑、为梦想献身的精神却是我们成就事业所必备的。

愚公移山

愚公移山这一成语，是我国家喻户晓的古代寓言故事。

《列子·汤问》载：太行、王屋二山，方七百里，高万仞。本在冀州之南，河阳之北。北山愚公者，年且九十，面山而居。惩山北之塞，出入之迂也，聚室而谋，曰：“吾与汝毕力平险，指通豫南，达于汉阴，可乎？”杂然相许。其妻献疑曰：“以君之力，曾不能损魁父之丘，如太行、王屋何？且焉置土石？”杂曰：“投诸渤海之尾，隐土之北。”遂率子孙荷担者三夫，叩石垦壤，箕畚运于渤海之尾。邻人京城氏之孀妻有遗男，始龀，跳往助之。寒暑易节，始一返焉。河曲智叟笑而止之曰：“甚矣，汝之不惠！以残年余力，曾不能毁山之一毛，其如土石何？”北山愚公长息曰：“汝心之固，固不可彻，曾不若孀妻弱子！虽我之死，有子存焉；子又生孙，孙又生子；子又有子，子又有孙。子子孙孙，无穷匮也，而山不加增，何苦而不平？”河曲智叟亡以应。操蛇之神闻之，惧其不已也，告之于帝。帝感其诚，命夸娥氏二子负二山，一厝朔东，一厝雍南。自此，冀之南，汉之阴，无陇断焉。

上文大概意思是：北山愚公，将近 90 岁，下决心要移去家门前的两座大山。河曲智叟笑他自不量力。愚公说：“我死之后有我儿子，儿子死后还有孙子，子子孙孙是没有穷尽的，而山不会再增高了，为什么不能平呢？”他率领全家人每天挖山不止，终于感动了上帝，上帝派人帮助把两座山移走。

这个寓言故事鼓励人们做事不畏艰难、坚忍不拔，要有顽强的毅力。人类在认识世界和改造世界的过程当中，自古至今遇到过无数的艰难险阻，如果遇到困难和挫折，就惧怕退缩，肯定是一事无成。而“愚公移山”的精神内涵则是迎难而上、坚忍不拔，这正是人类所具有的崇高而伟大的品格。凭借它，人类战胜了一个又一个的困难，征服着世界，改造着自然，铸就着辉煌。1945 年 6 月 11 日，毛泽东在党的七大闭幕会上作了《愚公移山》的著名讲话，深刻阐明了共产党人的意志品格，也诠释了共产党的力量源泉。

“愚公移山”的发源地在今河南省西北隅的济源市境内。济源市地处黄河中游，南有黄河天险，北有太行、王屋屏障，为古都洛阳北面的门户。太行、王屋两山雄踞市区西北，为豫、晋两省的天然界山。境内共有大小山峰 2985 个。当我们伫立在“愚公移山”纪念碑前，瞻仰愚公挥舞铁锹的雄劲雕像，可以深切感受其让太行、王屋开道的雄心壮志和无坚不摧的意志力量。

华胥之梦

华胥：传说中的国名。指黄帝梦游华胥国，而后天下大治的传说。后用以指理想的安乐和平之境，或作梦境的代称，泛言入梦。亦作华胥梦，或一梦华胥。简称华胥。

《列子·黄帝》皆在论述养身治物之道。全文围绕道心与外物的关系展开探讨，唯有应理处顺，忘形养神，才能达到所适常通，遇物无滞的境界。具体而言，修养内在道心，必须做到心无逆顺，物我两忘。

《列子·黄帝》记载：“（黄帝）昼寝而梦，游于华胥氏之国。华胥氏之国在弇州之西，台州之北，不知斯齐国几千万里。盖非舟车足力之所及，神游而已。其国无师长，自然而已；其民无嗜欲，自然而已……”

华胥之梦的典故为：有一天，黄帝白天睡觉时做梦，游历到了华胥氏之国。华胥氏之国在弇州的西方、台州的北方，不知离中国有几千万里，并不是乘船、坐车和步行所能到达的，只不过是精神游历而已。那个国家没有老师和官长，一切听其自然罢了。那里的百姓没有嗜好和欲望，一切顺其自然罢了。

中华民族从黄帝的华胥之梦演绎出来许多富强之梦、和平之梦。当今，中国梦已成为人们热议的话题。实际上，中国梦是国家的梦、人民的梦，是每一个中国人的梦。从世界视野看，中国与世界各国相互依存度越来越高，是命运共同体。中国筑梦之旅注定与世界同行，是和平之梦、合作之梦、发展之梦。

龙胡之痛

龙胡之痛指丧亲之痛。出自《汉书·郊祀志上》。《汉书》，又称《前汉书》，是中国第一部纪传体断代史，“二十四史”之一。由东汉史学家班固编撰，前后历时20余年，于建初年中基本修成，后唐朝颜师古为之释注。《汉书》是继《史记》之后中国古代又一部重要史书，与《史记》《后汉书》《三国志》并称为“前四史”。《汉书》包括本纪12篇、表8篇、志10篇、列传70篇，共100篇，后人划分为120卷，全书共80万字。

《汉书·志·郊祀志上》记载:“黄帝采首山铜，铸鼎于荆山下。鼎既成，有龙垂胡髯下迎黄帝。黄帝上骑，群臣后宫从上龙七十余人，龙乃上去……百姓仰望黄帝既上天，乃抱其弓与龙髯号。”

传说上古时期，黄帝带领百姓在首山采铜，到荆山下铸鼎。鼎铸成后，有龙垂下胡髯来迎接黄帝。黄帝立即骑上龙髯，群臣与后宫等70多人随从也上了龙髯，龙开始飞上天……百姓仰望黄帝上天，纷纷抱着弓与龙髯哭泣。此为皇帝之死的讳饰语。意为乘龙升天，为天帝之宾。

荆山位于今河南省灵宝市阌乡南。相传黄帝采首山铜铸鼎于此。荆山下的黄帝铸鼎塬现存有《轩辕黄帝铸鼎原碑铭并序》，是现存最早的记载有黄帝铸鼎内容的碑刻。此碑为现今国内发现的专为记述轩辕黄帝事迹的最早碑铭，它较陕西省黄陵县桥山黄帝陵前的石刻碑铭早700多年，是目前国内研究炎黄二帝历史的重要史料。灵宝铸鼎塬聚落遗址群，是国务院公布的第五批重点文物保护单位，并被列入中华文明探源工程六大遗址首选。

害群之马

害群之马指危害马群的坏马。比喻危害社会或集体的人。

《庄子·徐无鬼》:“夫为天下者，亦奚以异乎牧马者哉？亦去其害马者而已矣。”

有一次，轩辕黄帝要到具茨山会见大隗，走到襄城一带，忽然迷路了，恰巧遇见一个放马的男孩子，黄帝就问道:“你知道具茨山在哪儿吗？”男孩答道:“知道。”皇帝又问道:“你知道大隗住在哪儿吗？”男孩回答:“知道。”黄帝很高兴，说道:“你真不简单，不但知道具茨山，还知道大隗的住处。那么，你知道如何治理天下吗？”男孩回答道:“治理天下也没什么了不起，我前几年生着病游历天下，有位长辈告诫我，游历襄城野外，要注意日出而游，日没而息。现在，我身体好多了，打算游历更远的地方。所谓治理天下，只不过如此而已。”黄帝见男孩十分聪明，且口齿伶俐，就坚持问他如何治理天下。男孩只好说:“所谓治理天下的人，难道与放马的人有什么不同的地方吗？只不过是把危害马群的坏马驱逐出去而已。”黄帝对此回答很满意，称男孩为“天师”，并恭敬地向他拜了几拜，然后就往具茨山去了。

黄帝是神话传说中的人物，轩辕氏部落的首领，也是华夏族共同团结前进的旗帜。具茨山也称始祖山，是中华人文初祖轩辕皇帝的重要活动遗址。它位于新郑市西南，海拔 1163 米，形如龙头，山势险峻，峰奇石怪，潭深水急。林茂果丰，景色秀丽。山顶有神圣的轩辕庙、中天阁，神秘的天心球、地心坑、琴声回声道，还有连接古今、追源寻根的连根索道等，其历史文化内涵极其丰富。

鹏程万里

鹏是传说中的大鸟，程是里程。大鸟飞行的路程万里之遥。比喻前程远大。

《庄子·逍遥游》载：北冥有鱼，其名为鲲。鲲之大，不知其几千里也。化而为鸟，其名为鹏。鹏之背，不知其几千里也；怒而飞，其翼若垂天之云。是鸟也，海运则将徙于南冥。南冥者，天池也。

这是一个美丽的神话故事：

传说北海有一个几千里长的大鱼，名叫鲲。后来鲲变成一只大鹏鸟，身躯也有几千里长。大鹏鸟振翅起飞时，它的翅膀就像遮天蔽日的云层。

有一次大鹏鸟飞往南海去，它在南海上，用翅膀击水而行，一下就是 3000 里。它向高空起飞，从海上卷起一股暴风，借着暴风的力量，一下子就飞出去 9 万里。大鹏飞上天要过半年以后，才飞回南海休息。当它飞上高空时，背靠青天，再没有别的东西来遮掩它了。

一些小鸟看见大鹏鸟飞得这么高、这么远，很不理解地嘲笑说："我们一耸身飞起来，最高也不过飞过榆树林子，然后就可飞回地面了。你为什么要飞到 9 万里以外的天边去呢？"

后来人们就用"鹏程万里"来比喻前程远大，或作为祝贺与自勉。如：李白在《上李邕》中有句："大鹏一日同风起，扶摇直上九万里。"李清照在《渔家傲》词中有句："九万里风鹏正举。风休住，蓬舟吹取三山去。"

望洋兴叹

望洋兴叹的意思是在伟大的事物面前感叹自己的渺小。现比喻做事时因力量不够或没有条件而感到无可奈何。

《庄子·秋水》:“于是焉，河伯始旋其面目，望洋向若而叹。”

秋天来了，黄河澎湃奔流，河神遥望两岸，辨不清牛马的外形，欣然以为天下美景全都在自己这里。他便顺流而下，直到北海（渤海）。却看不见水的尽头。于是，他神态大变，望洋兴叹，感慨地对北海若（渤海之神）说:“俗语说，自以为知道很多道理，没人能赶上自己了。这正是说我呀。而且，我还曾经听说过有人贬低仲尼的学识，轻视伯夷的节义，开始我不相信。现在我看到你的浩瀚无穷，如果我不到你的面前，那是多么危险，我将会永远被有见识的人讥笑了。”

这则典故寓意深刻，山外有山，天外有天，人外有人。做人不要妄自尊大，更不能好高骛远，那种坐井观天、夜郎自大的想法和做法是不可取的。由此，我们可以懂得：世界上的万事万物，都在发展变化，没有穷尽的时候，我们任何时候都要勤于实践，虚心学习，不要骄傲自满。

列子御风

御：驾，乘。列子御风指列子乘风飞行。借指仙家。

《庄子·逍遥游》：夫列子御风而行，泠然善也，旬有五日而后反。彼于致福者，未数数然也。此虽免乎行，犹有所待者也。若夫乘天地之正，而御六气之辩，以游无穷者，彼且恶乎待哉！故曰：至人无己，神人无功，圣人无名。

这个带有神话色彩的故事，充满了育化意蕴：

列子能驾风行走，那样子实在轻盈美好，而且 15 天后方才返回。列子对于寻求幸福，从来没有急急忙忙的样子。他这样做虽然免除了行走的劳苦，可还是有所依凭呀。至于遵循宇宙万物的规律，把握“六气”的变化，遨游于无穷无尽的境域，他还仰赖什么呢！

因此，道德修养高尚的人能够达到忘我的境界，精神世界完全超脱物外的人心中没有功名和事业，思想修养臻于完美的圣人从不去追求名誉和地位。通往人生高峰的大道只有至简之门，当心中不再有利害得失，无法无我，生命就成为大自然的一部分，你就是山，就是海，就是虚空，自然就能御风而行了。

旱魃为虐

旱魃：古代传说中能造成旱灾的怪物；虐：灾害，指旱灾。

《诗经·大雅·云汉》："旱魃为虐，如惔如焚。"意思是：眼看旱魔逞凶肆虐，遍地好像大火焚烧。

魃是古代神话传说中黄帝的女儿。黄帝与蚩尤在冀州之野大战，黄帝先派应龙抗击蚩尤。应龙是长着翅膀的飞龙，发动滔天洪水围困蚩尤。蚩尤请来风伯、雨师，应龙的军队迷失在漫天风雨之中。黄帝听说雷泽里有雷神，长着人头龙身，雷神的座骑夔牛，经常拍打自己的肚子，能发出惊天动地的雷声，就杀了夔牛，用他的皮做成大鼓敲打起来，震破了蚩尤的凄风苦雨。黄帝又派女儿魃参战。魃身穿青衣，能发出极强的光和热。她来到阵前施展神力，风雨迷雾顿时消散，黄帝终于擒杀了蚩尤。应龙和魃建立了奇勋，但也丧失了神力，再也不能回到天上。应龙留在人间的南方，从此南方多水多雨。魃留居北方，因为身体里有大量的热能，从此北方多干旱，她无论走到哪里，都被人们诅咒驱逐，称为"旱魃"。

旱魃为虐这句成语，后人沿用较为典型的是地震之后，雾气白浊，日月不光，旱魃为虐，大贼从横，流血丹野，庶品不安，谴诫累至，殆以奸臣权重之所致也。

紫气东来

紫气东来指紫气自东而来，比喻祥瑞降临。正是由于它的美好含义，所以在我国民间，当一年的春节来临之际，家家户户都喜欢把它作为春联的横批，贴在门户上。

紫气东来一词与汉朝刘向《列仙传》有关。刘向（约前77—前6），沛郡丰邑（今属江苏徐州市）人。汉朝宗室大臣、文学家，楚元王刘交五世孙，阳城侯刘德之子，经学家刘歆之父，中国目录学鼻祖。所撰《别录》，是我国最早的图书分类目录。今存《新序》《说苑》《列女传》《战国策》《列仙传》《五经通义》。编订《楚辞》，联合儿子刘歆共同编订《山海经》。《战国策》是研究战国历史的重要典籍，作者并非一人，成书并非一时，书中文章作者大多不知是谁，西汉末刘向编订为33篇，书名亦为刘向所拟定。

《列仙传》记载："老子西游，关令尹喜望见有紫气浮关，而老子果乘青牛而过也。"

此处所说的"关"即函谷关，在河南最西部的灵宝市北15公里北坡头乡王垛村，是我国最早的雄关要塞之一，与山海关、武胜关等齐名，并称为中国八大雄关。从春秋周康王时始建，3000多年来，一直都是东去洛阳、西达长安的咽喉要道，成为历代兵家必争之地。战国时楚怀王率六国之师，与秦兵鏖战于此；秦末时刘邦与章邯酣斗，流血漂橹；唐朝安史之乱，郭子仪与叛军大战桃林，厮杀甚烈。1944年，日本侵略军妄图突破函谷关，进占八百里秦川，中国军队倚关死守，终于未让日寇越过函谷关一步。几千年刀光剑影、战火硝烟，成就了函谷关的赫赫威名。古关楼建了毁，毁了建，始终屹立在古道之口。现存的文物古迹有：函谷古道、战国井式箭库、尹喜故宅遗址、鸡鸣台、望气台、太初宫、函谷关辅。

关于“紫气东来”有一个美丽的传说：

老子是河南鹿邑县人，姓李，名耳，字伯阳，亦叫李聃，出生于春秋晚期，论年龄要比儒家学派的创始人孔子大近20岁。老子很有学问，在周王朝担任主管图书典籍的官职。大约在他70岁的时候，天下大乱，诸侯之间争夺地盘和权位的战争经常发生，老子预料到将来会发生更大的战乱，所以就辞官不做，骑着一头青牛，离开了洛阳，平平安安地度过了晚年。一个清晨，函谷关善观天象的关令尹喜突然看到东方紫气氤氲，便出关相迎，果然见一位长髯如雪、道骨仙风的老者，骑着青牛悠悠而来，这就是老子。尹喜把老子留下来，请他做篇文章再走，老子就写了一篇专门讲“道”和“德”的文章，后来人们把这篇文章印成书，书名就叫《老子》，又叫《道德经》。老子写完文章后，骑着青牛继续向西走，后来就不知道到哪里去了。从此，在道教的众多神仙中，老子成了至高无上的天神，叫“太清道德天尊”，民间都尊他为“太上老君”。

由于紫气东来是好运到来的象征，自古以来，官服多用紫色，书香门第大门上的牌匾多写紫气东来。直至今天，春节时百姓贴的对联横批多用“紫气东来”四字。

叶公好龙

叶公沈诸梁是春秋时楚国贵族，名子高，被封于叶，在今河南叶县，人们都叫他叶公。好：喜欢，爱好。叶公喜爱龙，并非真意，只不过是摆摆好龙的样子而已。后世用这句成语比喻表面上爱好某种事物，实际并不真正爱好它。亦告诫人们爱好之心要始终如一，方能如愿以偿。

《新序·杂事五》记载：“叶公子高好龙，钩以写龙，凿以写龙，屋室雕文以写龙。于是天龙闻而下之，窥头于牖，施尾于堂。叶公见之，弃而还走，失其魂魄，五色无主。是叶公非好龙也，好夫似龙而非龙者也。”

这是个有趣的故事：叶公非常喜欢龙，钩子、凿子上刻着龙，外墙内壁上画着龙，柱子上雕着龙。天上的真龙知道了，便飞来拜访叶公，把头伸进窗口，尾巴缠在厅堂的梁柱上。叶公见了，掉头就跑，吓得魂飞魄散，面无人色。原来叶公爱好的并不是真龙，而是那些画的雕的假龙。

这个故事用生动的比喻讽刺了唱高调而不务实的叶公式的人物，给我们以深刻启示：做人做事不能脱离实际，一定要树立实事求是的作风，做到理论联系实际，表里如一，言必信、行必果。

现在，在叶县旧县镇西北的叶公墓葬处建有叶公陵园，划为叶公文化旅游区。公正地说，叶公一生政绩卓著。公元前505年至公元前490年，叶公主政叶邑，除继承父志为抗吴复国屡立战功、辅佐楚惠王平定叛乱外，因感于叶县是农业区域，甚需良好水利，就亲自督率人民修堰建渠，引水灌田。后人建叶公祠、叶公问政处牌坊等以志纪念。叶公后裔“沈”或“叶”姓，尊沈诸梁为始祖。20世纪80年代后，海内外叶氏后人纷纷组团回叶县寻根问祖。

诸子百家

我们现在沿用的成语，许多出自我国历史上诸子百家创造的原典文化，如：孔子的《论语》、老子的《道德经》、墨翟的《墨子》，以及《鬼谷子》《列子》《庄子》，等等。而本书所述诸子百家不仅如此，还包括汉朝的贾谊、张仲景、许慎和唐朝的韩愈等诸方面的文化大家。他们大都是河南人，他们的文化创造是河南的骄傲。虽然个别人不是河南人，如孔子、范仲淹，但书中所选成语却是他们在河南这块热土上创造的智慧结晶。

孔 子

孔子（前551年9月28日—前479年4月11日），子姓，孔氏，名丘，字仲尼，祖籍宋国栗邑（今河南省商丘市夏邑县），生于春秋时期鲁国陬邑（今山东省曲阜市）。中国著名的思想家、教育家、政治家，与弟子周游列国14年，晚年修订“六经”，即《诗》《书》《礼》《乐》《易》《春秋》。被后世统治者尊为孔圣人、至圣、至圣先师、大成至圣文宣王先师、万世师表，被尊为儒家始祖。其儒家思想对中国和世界都有深远的影响，被列为“世界十大文化名人”之首。以下所选为孔子周游列国在河南境内发生的成语，均记载在《论语》中。

近悦远来

邻近的人由于受到恩惠而喜悦，远方的人也闻风赶来归附。“近悦远来”亦作“悦近来远”“悦尼来远”。

《论语》是儒家学派的经典著作之一，由孔子的弟子及其再传弟子编撰而成。它以语录体和对话文体为主，记录了孔子及其弟子的言行，集中体现了孔子的政治主张、伦理思想、道德观念及教育原则等。与《大学》《中庸》《孟子》《诗经》《尚书》《礼记》《易经》《春秋》并称“四书五经”。通行本《论语》共20篇。

《论语·子路》记载：“叶公问政。子曰：‘近者悦，远者来。’”

叶公问政是一个千古佳话。公元前489年，孔子周游列国到达楚国境内，从舞阳至方城时，因听说叶公贤明而转向北到叶县。当时，由于楚昭王病逝，叶公作为楚国治理北方的最高长官，负责了对孔子的接待工作。叶公名字叫沈诸梁，荫承父功，主政叶邑，施惠政于民，时人称贤良，并尊称其为叶公。叶公久慕孔子贤名，在接待孔子时，就向孔子问询“为政之道”，孔子答：“近悦远来。”叶公非常同意孔子的回答。恰巧叶县发生了这样一件事：有个小孩，因有只迷路的羊误如其家门，小孩的父亲赶快把家门关闭，想把迷路的羊据为己有。丢失羊的人沿路寻找，来到小孩家门口，小孩听到寻羊之声，就开门告知寻羊的人：“你的羊跑进我家了！”随即将羊赶出门外送给了失主。叶县的人们称赞这个小孩“率直”。叶公以此事来请教孔子的看法。孔子说：“我们那里的率直就是父替子隐过曰父慈，子替父隐错曰子孝，父慈子孝，率直就含在其中。”叶公不赞成孔子的回答。过了几天，叶公遇到孔子的学生子路，就问一些与孔子的为人处世有关的理念问题，子路一时不知从何说起，因而未回答叶公。后来孔子知道了这件事，就对子路说：“你何不这样回答叶公，说你的老师学而不厌，诲人不倦，发愤忘食，乐而忘忧，不知老之将至……”然而，孔子与年仅39岁的叶公在理念上差距甚巨，无法相互认同，致使孔子只好整装告别叶公，离开叶县，另谋发展。但叶公问政的佳话盛传不衰，叶县至今尚有古迹“问政门石碑”的遗存。

“近悦远来”这个通俗的成语，包含着辩证而深刻的哲理：只要把自己的事情办好了，大家衣食丰足，幸福康乐，就能把外面的人招引来，献计出力。一个国家也是如此，只要社会稳定，经济发展，国泰民安，就能吸引人才，吸引外资，得道多助，得到更大的发展。这也是我们今天所期望的境界。

名正言顺

名，即名分，指人的名位及其应守的职分；顺，即合理。成语原意是：在名分上用词得当，言语就顺理成章了。亦作“名不正则言不顺”或“名不正而言不顺”，意思是：在名分上用词不当，言语就不能顺理成章。后来人们多用这句成语指说话要与自己的地位相称，否则道理上就讲不通。

《论语·子路》载：子路曰：“卫君待子而为政，子将奚先？”子曰：“必也正名乎！”子路曰：“有是哉，子之迂也！奚其正？”子曰：“野哉，由也！君子于其所不知，盖阙如也。名不正，则言不顺；言不顺，则事不成；事不成，则礼乐不兴；礼乐不兴，则刑罚不中；刑罚不中，则民无所措手足。故君子名之必可言也，言必可行也。君子于其言，无所苟而已矣。”

这是一个极富人生哲理的历史故事。子路问孔子：“假如卫君请您去治理国政，您首先干哪件事？”孔子道：“我一定首先要正名，纠正名义上的混乱。”子路道：“您这人怎么这样迂腐啊，正名不正名有什么了不起？”孔子告诉他：“名不正，则言不顺；言不顺，则事不成；事不成，则礼乐不兴……”孔子看到春秋时旧的一套君君臣臣的等级制度遭到破坏，使他追慕西周的政治理想无法实现，因此，他首先提出正名问题，认为名分不正，说话就不顺当合理，事情就办不成。后世经常用“名正言顺”指做事名义正当，理由充分。

子路（前542—前480），春秋末鲁国卞（今山东泗水县）人，姓仲名由，子路是他的字。他是孔子的得意门生。子路自幼忠厚善良，勇武豪爽，孝敬父母，是中国古代二十四孝之一。他性格急躁，说话耿直粗鲁，时常受到孔子的批评，但孔子还是十分赞许他“当仁不让于师”的治学态度，认为子路的品德和学问已经登上“正大光明”的境界。从公元前493年开始，卫国处于一场持久的争夺君位的政治动荡中。公元前480年，在外政治避难的卫太子蒯聩回国，欲废儿子卫出公而自立，便勾结其姊悝母将出宫的权臣孔悝软禁，强逼其背叛。当时，子路为孔悝的平阳邑宰，在救援孔悝的搏斗中遇难，现在，在濮阳市区的戚城东北处，有子路墓祠。

患得患失

患：忧患，担心。担心得不到，得到了又担心失掉。形容对个人得失看得很重，或对个人的利害得失斤斤计较。

《论语·阳货》："其未得之也，患得之；既得之，患失之。苟患失之，无所不至矣！"

意思是：他在没有得到官位时，总担心得不到。已经得到了，又怕失去它。如果他担心失掉官职，那他就什么事都干得出来了。

患得患失还有一个耐人寻味的典故：

从前有一位神射手，名叫后羿。他练就了一身百步穿杨的好本领，夏王也目睹过后羿的表演，十分欣赏他的功夫。于是，夏王命人把后羿找来，带他到御花园里找了个开阔地带，让他射一尺见方靶心直径大约一寸的兽皮箭靶，并定下赏罚规则：如果射中就赏赐黄金万两；如果射不中，就削减一千户的封地。后羿听了夏王的话，面色变得凝重起来。拉弓的手也微微发抖，箭射出去却钉在离靶心足有几寸远的地方。他再次弯弓搭箭，精神却更加不集中了，射出的箭也偏得更加离谱。后羿收拾弓箭，勉强赔笑向夏王告辞，悻悻地离开了王宫。夏王在失望的同时掩饰不住心头的疑惑，就问手下这是为什么。手下解释说："后羿平日射箭，不过是一般练习，在一颗平常心之下，水平自然可以正常发挥。可是今天他射出的成绩直接关系到他的切身利益，叫他怎能静下心来充分施展本领呢？看来一个人只有真正把赏罚置之度外，才能成为当之无愧的神射手啊！"

患得患失、过分计较自己的利益将会成为我们获得成功的最大障碍。我们应当从后羿身上吸取教训，面临任何情况时都应尽量保持平常心。就品德而言，只要心胸开阔，没有自私自利之心，不去斤斤计较，就会做到公正无私，为他人着想，把事情办好。

成仁取义

成仁：杀身以成仁德；取义：舍弃生命以取得正义。为正义而牺牲生命。

《论语·卫灵公》："志士仁人，无求生以害仁，有杀身以成仁。"意思是：志士仁人，没有贪生怕死而损害"仁"的，只有牺牲自己的性命来成全仁的。

卫灵公（前540—前493），姬姓，名元，是春秋时期卫国（现河南濮阳市境内）第二十八代国君。

孔子周游列国在卫国住的时间最长。有一次，孔子的弟子向孔子请教说："先生，您讲的仁德、忠义都是极好的。人人相爱，以仁义待人，确实是一种美德。仁德我很想得到，但活在世界上也是我的欲望。假如仁德与生命两者发生了冲突，该怎样处理呢？"孔子严肃地回答说："这有什么可犹豫的，凡是真正的志士仁人，都不会因为贪生怕死而损害仁义，应该为了成全仁德，可以不顾自己的生命。"弟子恭敬地给孔子施礼，表示敬服。这时，孔子的学生子贡又问先生说："仁德是很难得到的吧，我们应当怎样去培养它呢？"孔子回答说："培养仁德可以从头做起。比如说，工匠要做好他的活计，必须先有得心应手的工具。对于一个国家来说，应该选择那些大夫中的贤者去敬奉他；对于自己来说，就应该挑选那些士人当中的仁者交朋友。这样，才会培养起仁德来。"

雷锋说："人的生命是有限的，可是为人民服务是无限的，我要把有限的生命投入到无限的为人民服务之中去。”这是对“成仁取义”作出的现代诠释。我们一定要确立正确的人生观、价值观，正确对待成功与挫折，爱岗敬业，干一行爱一行专一行，争取为国家和人民做出积极的贡献。

当仁不让

当仁不让原指以仁为任，无所谦让。后指遇到应该做的事就积极主动去做，不推让。

《论语·卫灵公》：“子曰：‘当仁不让于师。’”

“仁”是儒家学说的核心。有一次，孔子的学生子张问孔子：“究竟何谓‘仁’？”孔子回答说：“做到恭、宽、信、敏、惠五点即可。”子张又问：“怎样做到恭、宽、信、敏、惠呢？”孔子解释说：“没有放肆的心叫恭，心地不狭窄叫宽，没有欺诈的心叫信，没有怠惰的心叫敏，没有苛刻的心叫惠。一个人如果没有仁德，就不能称之为人了。如果一个人承担了‘仁’的事，就要勇往直前地去做，不可有半点的谦让之心。即使老师在面前，也不必同他谦让。”孔子特别重视师生关系的和谐，强调师道尊严，学生不可违背老师。但是，在仁德面前，众人平等，不必谦让于师长。这是把实现仁德摆在了第一位，“仁”是衡量一切是非善恶的最高准则。

君子固穷

君子：有教养、有德行的人；固穷：安守贫穷。君子固穷指君子能够安贫乐道，不失节操。

《论语·卫灵公》：在陈绝粮，从者病，莫能兴。子路愠见曰：“君子亦有穷乎？”“子曰：“君子固穷，小人穷斯滥矣。”

孔子在陈国断了粮，跟随他的人都饿病了，不能起身。子路愤愤不平地对孔子说："难道君子也有穷困的时候吗？"孔子说："君子即使穷途末路，依然固守节操和本分，小人身处逆境，就容易想入非非，胡作非为。"

孟子认为"贫"与"穷"意义不同。"贫"专指穷困、没钱；"穷"则与"达"相对，指没有官职、功名。君子固穷也可以理解为：在昏暗的政治环境中，虽然不能施展自己的才华，但必须坚持自己的价值观与道德操守，不随波逐流，不为几斗米而折腰，不献媚事权贵，不做违背良心和道义的事情。

求人不如求己

央求别人，不如自己努力。与其被动地期望他人按自己的标准行事、将责任推给他人，不如主动地自我实现，完成所期待的结果。

《论语·卫灵公》载："君子求诸己，小人求诸人。"《文子·上德》："怨人不如自怨，求诸人不如求诸己。"

文子何人？历代争论不休：《汉书·艺文志》道家类著录《文子》九篇，原注谓："老子弟子，与孔子并时，而称周平王问，似依托者也。"而刘向《别录》，则据《墨子》提及文子，说他是子夏弟子。《隋书·经籍志》著录《文子》有十二卷，称之为老子弟子。不管如何，此处所说还是有益于后人的。

前句孔子的话意思是：君子求自己，小人求别人。后句文子的话意思是怨人不如怨自己，求别人不如求自己。

懂得了求人不如求己的道理，就会奋发有为，严格要求自己，不断提高自己的能力，善于总结经验教训，不给他人找麻烦，不怨天尤人，尽心尽力做好自己的事情。

人无远虑，必有近忧

虑：考虑；忧：忧愁。人没有长远的考虑，一定会出现眼前的忧患。表示看事做事应该有远大的眼光，周密的考虑。

《论语·卫灵公》："子曰：'人无远虑，必有近忧。'"

孔子说："人没有长远的考虑，一定会有眼前的忧患。"

人无远虑，必有近忧。这句成语告诫人们要未雨绸缪，不要只盯着眼前的事物，而忘记了人生的愿景。

三国时期，曹操用40万士兵攻打东吴。孙权召集文武百官研究对策，大将吕蒙建议在濡须口修筑船坞，孙权称赞道："人无远虑，必有近忧，吕蒙有远见。"于是连夜修建。等魏军到时，船坞已修好，魏军在这一战中损失惨重。

如果一个人缺少了理想追求与人生规划，无论是将来还是眼前，都会付出痛苦的代价。

因此，做事要有危机意识，尽可能做到深谋远虑，三思而后行。

推己及人

推：推想；及：到。用自己的心意去推想别人的心意。指设身处地替别人着想。

《论语·卫灵公》："己所不欲，勿施于人。"

推己及人这个成语，可以用一个历史故事来阐释：

春秋时，有年冬天，齐国下大雪，连着三天三夜还没停。

齐景公披了件狐皮大衣，坐在厅堂欣赏雪景，觉得景致新奇，心中盼望再多下几天，则更漂亮。晏子走近，若有所思地望着翩翩降下的“白絮”。景公说：“下了三天雪，一点都不冷，倒是春暖的时候啦！”晏子看景公皮袍裹得紧紧的，又在室内，就有意地追问：“真的不冷吗？”景公点点头。晏子知道景公没了解他的意思，就直爽地说：“我听闻古之贤君：自己吃饱了要去想想还有人饿着；自己穿暖了还有人冻着；自己安逸了还有人累着。可是，你怎么都不去想想别人啊？”景公被晏子说得一句话也答不出来。

在现实生活中，人们之间产生的许多矛盾，都是双方从各自利益出发固执己见的结果。如果彼此都能换位思考，推己及人，考虑到别人的利益，就会互谦互让，化解矛盾，同舟共济。

小不忍则乱大谋

小不忍则乱大谋指的是小事不忍耐就会坏了大事。

《论语·卫灵公》：“巧言乱德，小不忍则乱大谋。”

花言巧语能败坏德行，小事不能忍耐就会败坏大事情。此句也可以从两个方面来理解：一方面凡事要忍耐、包容，许多大事失败，常常都是由于小别扭搞坏的。另一方面，做事要有韧劲，善于当机立断，才能成事。否则，不能当机立断，以后就会很麻烦，姑息养奸，也是小不忍。

历史上不乏隐忍的事例，比如：有一次，隋炀帝下诏让李渊到行宫晋见，李渊因病未能前往，隋炀帝便开始猜疑，妃子王氏是李渊的外甥女，就把消息传给了李渊。李渊怕过早起事力量不足，只好隐忍等待，整天沉湎于声色犬马之中，故意败坏自己的名声，使隋炀帝放松了警惕，之后才有了太原起兵和大唐帝国的建立。

小不忍则乱大谋的智慧也可用于为人处世，对于别人难听的话或不当的行为，只要不属于原则问题，忍一忍就过去了，不激化矛盾，不影响团结。

有教无类

类：类别。有教无类指不管什么人都可以受到教育，不能以贫富、贵贱、智愚、善恶等原因把一些人排除在教育对象之外。

《论语·卫灵公》载，“子曰：‘有教无类’”。

孔子是我国历史上伟大的教育家，他提出的“有教无类”主张，历来被人们所称道。在孔子以前，教育所服务的对象是贵族子弟，平民百姓是没有权利接受教育的。孔子设私立学校，开门招生，打破了这一格局，开辟了我国教育事业的新篇章。孔子言行一致，他门下弟子三千，来自春秋各国各个阶层，有贤有愚，有贫有富，有乡村之人，也有贵族子弟，还有在当时社会不入流的商人。孔子对他们一视同仁，毫无保留地向弟子们传授知识，培养他们的德行，并且还不收学费，所以他们师生肝胆相照，胜过父子之情。

有教无类在当今社会仍具有积极意义。实现教育公平是提高民族文化素质的重要标志。

己所不欲，勿施于人

己所不欲，勿施于人指自己不喜欢的，也不要强加给对方。

《论语·卫灵公》：“子贡问曰：‘有一言而可以终身行之者乎？’子曰：‘其恕乎！己所不欲，勿施于人。’”

子贡问孔子：“有没有一个字可以终身奉行的呢？”孔子回答说：“那就是‘恕’吧！自己不愿意的，不要强加给别人。”

战国时期，梁国与楚国在边境上各设界亭，亭卒们在各自的地界内种了西瓜。梁国的亭卒勤劳，时常给西瓜除草、浇水，瓜秧长势很好；楚国的亭卒懒惰，无人愿意管理瓜田，瓜秧又细又弱。楚人出于嫉妒，趁夜越过边界把梁国的瓜秧全都扯断了。梁人发现后，气愤地报告了当地县令，准备把楚国的瓜秧也扯断。县令劝解说："我们明明不愿意他们扯断我们的瓜秧，为什么要反过来扯断人家的瓜秧呢？己所不欲，勿施于人，从今天起，你们每天晚上都要悄悄地给他们的瓜地浇水、除草，让他们的瓜秧长得更好。"亭卒们觉得县令的话有道理，就按照他的话去做了。几天过去了，楚人发现自己的瓜秧长势一天比一天好，是梁国人悄悄地为他们管理的。楚国边县的县令听到亭卒的报告以后，既感到惭愧又敬佩梁国人。于是，就把这件事情报给了楚王。楚王听了，深为梁国和睦边邻的诚心所感动，特地备了一份重礼送给梁国，以示自责并深表酬谢。

这个历史故事告诉我们：从自己的好恶出发，自己不想干的事情，不要强加于别人，只要设身处地地为别人着想，就会得到别人的谅解和尊敬。

老　子

老子，姓李，名耳，字伯阳，也称老聃，楚国苦县（今河南鹿邑）人。他是中国春秋时期的思想家、哲学家，是中国伟大的思想家和哲学家之一。道家学派创始人，被道教尊为教祖，是三清尊神之一太上老君的化身，世界文化名人。春秋时期，他曾在周朝洛阳担任守藏室之官（管理藏书的官员）。他在函谷关著《老子》一书，又名《道德经》或《道德真经》，全书仅五千余言，分为上、下两篇，共 81 章，前 37 章为上篇《道经》，第 38 章之后为下篇《德经》。他认为道是德的“体”，德是道的“用”。这是道家学派的经典著作，无处不成语，且被后世沿用至今，对中国思想文化和历史发展产生了深远的影响。老子创造的成语基本出自《道德经》。

玄之又玄

玄：深奥不容易理解。玄之又玄形容道的微妙无形和难以理解。现多用于对深奥理论的评价。

《道德经》第一章：道可道，非常道；名可名，非常名。无名天地之始，有名万物之母。故常无欲，以观其妙；常有欲，以观其徼。此两者同出而异名，同谓之玄，玄之又玄，众妙之门。

“道”是可以用言语来表述的，但它并非一般的“道”；“名”也是可以说明的，但它并非普通的“名”。“无”可以用来表述天地混沌未开之际的状况；而“有”，则是宇宙万物产生之本原的命名。因此，要常从“无”中去观察领悟“道”的奥妙；要常从“有”中去观察体会“道”的端倪。无与有这两者，来源相同而名称相异，都可以称之为玄妙、深远。它不是一般的玄妙、深奥，而是玄妙又玄妙、深远又深远，是宇宙天地万物之奥妙的源头。

科学发展到今天，人们对宇宙演化规律的认识愈来愈清晰，改造自然的能力愈来愈强大，玄之又玄的众妙之门已经被人们打开，世界变得美好而精彩。

有无相生　无中生有

“有”和“无”是可以相互转化的。有无相生也指矛盾双方的对立与转化，阴阳相生的关系。

《道德经》第二章：“有无相生，难易相成，长短相形，高下相倾，音声相和，前后相随。”

“无中生有”指本来没有却硬说有。“无”和“有”是老子哲学思想中的重要概念，天下万物生于有，有生于无。把没有的说成有。比喻毫无事实根据，凭空捏造。

《道德经》第四十章：“天下万物生于有，有生于无。”

有和无是互相生成的，难和易是互相促成的，长和短是互相比较的，高和下是互相补足的，乐器的音响和人的声音是互相应和的，前和后是互相跟随的，这道理是永恒的。

天地万物属于有形的物质，而道是恍惚寂寥、无声无形的，因为道是世界的本原。这里，老子揭示了万物有和无相互依存、相互转化的规律。

人们经常用有无相生、无中生有的道理来励志。其实，在现实社会中，有无相生的例子俯拾皆是：深圳由一个小渔村变为世界级大都市，新中国从一穷二白走向繁荣富强……这些从无到有的变化，是通过国家的好政策和人民群众的艰苦奋斗实现的。如果失去了这些条件，好逸恶劳，坐吃山空，有可以转化为无，富强可以走向衰落。这是再明白不过的道理了。

功成不居　功成身退

功成不居指任其自然存在，不去占为己有。后形容立了功而不把功劳归于自己。

《道德经》第二章："为而弗恃，功成而弗居也。"为而不为，乃老子倡导无为观的核心思想。

功成身退指大功告成之后，自行隐退，不再做官或复出。

《道德经》第九章："功成身退，天之道也。"

老子洞悉人生和人性，哲学思想博大深邃。他认为：世间万物都有其发生运行的规律，总是处于一种变化的状态中。事物的发展不会是为了达到某一种状态（生而不有），也不可能停留在某一个状态（为而不恃）。想要违背自然规律硬生生地要停在某一个状态是不可能的，也是不可取的。所以，一旦功成，那么环境、条件都已发生改变，最好的方法就是功成身退。

人世间，谁人不想拥有权力和地位、财富和荣耀，但历史事实则是富贵荣华的结局无一不烟消云散。老子的为人之道是：盈满状态要适时停止；锋芒锐势要及时放弃，伴随富贵骄横而来的，是天灾人祸。聪明的人要见好就收，功成身退，这才是符合自然规律的道理。

汉朝刘邦的谋士张良，出生入死，运筹帷幄，出谋划策，帮助刘邦建立了大汉王朝，立即功成身退，做了陈留侯。这是历史上功成不居、功成身退的经典事例，张良也为后人所颂扬。

和光同尘

和：混合。和光：混合各种光彩。同尘：与尘俗相同。和光同尘指不露锋芒，与世无争的处世方法。引申为对他人有宽恕之量，对谤语有忍辱之量，对忠言有虚受之量，对事物有容纳之量。

《道德经》第四章：“挫其锐，解其纷，和其光，同其尘。”意思是：挫磨掉锐气、锋芒和棱角，解脱纷争，融入光明的万象，混同于大地尘土，至大也是至微。

和光同尘是一种处世态度、入世之法，并非同流合污。解释为挫掉自己的锋芒，解脱自己的纷扰；蕴藏自己的光彩，混同自己于尘世之中；这就叫做高深微妙的玄同。所以既不可能跟他亲近，也不可能跟他疏远；既不可能使他获利，也不可能使他受害；既不可能使他尊贵，也不可能使他卑贱，因此，就为天下人所重视。

能做到和光同尘的人，不会夸夸其谈、目空一切，会听进不同意见，能包容他人的过失，有忍辱负重、海纳百川之雅量，努力创造和谐共处境界，促进事物的健康发展。

天地不仁

天地无私，在天地看来，万物都是一样的，没什么区别。天地不仁亦作天地仁慈。

《道德经》第五章：“天地不仁，以万物为刍狗。”

狗在古代是普通百姓祭祀时用的牲畜。随着社会风气的演变，人们渐渐不再用真的狗，而是用草扎一只狗来代替。刍狗做好以后，在还没有用来祭祀之前，大家对它都很重视，碰都不敢随便碰。等到举行祭祀以后，就把它扔下不管了。这段话字面意思为天地并不仁慈，只是把万物当作没有生命灵魂的草扎成的狗。但联系上下文，这种理解有失偏颇。老子在这里想要表达的观点是天地公平。既然天地视万物与草扎成的狗一样，没有贵贱分别。因此，天地对待世间万物是一律平等无私的，不对谁特别好，也不对谁特别坏，一切顺其自然发展。抑或为：天地不情感用事，对万物一视同仁，圣人不情感用事，对百姓一视同仁。

当今社会，平等公正是社会主义核心价值观基本理念之一，它要求尊重和保障人权，人人依法享有平等参与、平等发展的权利。社会公平和正义，以人的平等权利的获得为前提，是国家、社会的根本价值理念。

天长地久

长、久：均指时间长久，形容时间悠久，也形容永远不变（多指爱情）。

《道德经》第七章："天长地久。天地所以能长且久者，以其不自生也，故能长生。"

天长地久，天地之所以能长久存在，是因为它们不为了自己的生存而自然地运行着，所以能够长久生存。

老子是用道推论人道，既然天地无私，那么身存而谦退也是自然的。他歌颂天地，认为天地是客观存在的自然，是"道"所产生并依"道"的规律运行而生存，从而真正地体现道。人道应效法天道。人道既要用于为政治世，又要用于修身养性，而且要切实效法天地的无私无为。对天地来说，"以其不自生也，故能长生"。对圣人来说，"不以其无私邪？故能成其私"。这其中包含有辩证法的因素，不自生故能长生；不自私故能成其私，说明对立着的双方在互相转化。

天长地久这句成语，日常生活中人们经常用，最典型的是诗人的创造性运用，如：唐朝诗人白居易在《长恨歌》中写道：“天长地久有时尽，此恨绵绵无绝期。”

上善若水

上善：至高。水：没有生命体，清澈透明，与万物无争，却能自然地由高处流往低处，也可以安静自然地汇集于一处。上善若水形容至高的品性像水一样，泽被万物而不争名利。不与世人一般见识、不与世人争一时之长短，做到至柔却能容天下的胸襟和气度。

《道德经》第八章：“上善若水，水善利万物而不争，处众人之所恶，故几于道。”水有滋养万物的德行，它使万物得到它的利益，而不与万物发生矛盾、冲突，故天下最大的善性莫如水。水为至善至柔；水性绵绵密密，微则无声，巨则汹涌；与人无争且又容纳万物。水有滋养万物的德行，它使万物得到它的利益，而不与万物发生矛盾、冲突，人生之道，莫过于此。

老子赞美水，认为水德是近于道的。它没有固定的形体，随着外界的变化而变化；它没有固定的色彩，黄河是黄的，大海是蓝的；它没有固定的居所，沿着外界的地形而流动；它最大的特性就是多变，或为潺潺清泉，或为飞泻激流，或为奔腾江河，或为汪洋大海；它川流不息，却没有穷竭之时。永远都是坚毅谦逊、刚柔相济、宽厚奉献的。如水之善，自然之善，非用心之善，才是至高无上真善。做人应如水，水滋润万物，但从不与万物争高下，这样的品格才最接近道。

由于上善若水的美好寓意，中国人历代都在传承，许多人在办公的地方和家里都挂有上善若水的条幅，把它作为自己的座右铭，并努力践行。

目迷五色

五色：各种颜色。目迷五色形容颜色既多又杂，因而看不清。比喻事物错综复杂，不易分辨清楚。

《道德经》第十二章载："五色令人目盲，五音令人耳聋，五味令人口爽，驰骋畋猎令人心发狂。"缤纷的色彩，使人眼花缭乱；嘈杂的音调，使人听觉失灵；丰盛的食物，使人舌不知味；纵情狩猎，使人心情放荡发狂。

摒弃物欲的诱惑而保持安定知足的生活方式，就是老子告诉我们的生活真谛。世间有多少男女目迷五色，走上歧途，堕入深渊。历史上的亡国之君宋徽宗的悲惨结局是最好的阐释：宋徽宗是北宋的第八位皇帝，在位期间，重用奸臣，建立专供皇室享用的物品造作局，穷奢极侈，荒淫无度，导致了方腊、宋江起义。最后被金军俘虏，囚禁 9 年而死。

面对鱼龙混杂的花花世界，我们要干出一番成就，就要树立正确的人生观、价值观，避免目迷五色，走好自己的人生道路。

宠辱若惊

宠辱：荣宠和侮辱。惊：惊恐。宠辱若惊形容人非常计较得失、患得患失，无论受到宠爱或受到侮辱都好像受到惊恐。就褒义而言：无论受到宠爱或受到侮辱，都要把它当成重大的事情，重视起来，敏锐地觉察其中的危险和机遇，而不要得意或沮丧。

《道德经》第十三章载："宠辱若惊，贵大患若身。何谓宠辱若惊？宠，为下得之若惊，失之若惊，是谓宠辱若惊。何谓贵大患若身？吾所以有大患者，为吾有身，及吾无身，吾有何患！故贵以身为天下，若可寄天下；

爱以身为天下，若可托天下。”

意思是：受到宠爱和受到侮辱都好像受到惊恐，把荣辱这样的大患看得与自身生命一样珍贵。什么叫做得宠和受辱都感到惊慌失措？得宠是卑下的，得到宠爱感到格外惊喜，失去宠爱则令人惊慌不安。这就叫做得宠和受辱都感到惊恐。什么叫做重视大患像重视自身生命一样？我之所以有大患，是因为我有身体；如果我没有身体，我还会有什么祸患呢？所以，珍爱自己的身体是为了治理天下，天下就可以托付他；爱惜自己的身体是为了治理天下，天下就可以依靠他了。

在这里，老子强调了贵身的思想以及宠辱对人身的危害。只有珍重自身生命的人，才能珍重天下人的生命，只有经历过宠辱且能够正确对待宠辱的人，才有尊严和完整独立的人格，才可以委以重任，担当治理天下的任务。

人的一生是在磨炼中成熟起来的过程，由宠辱若惊转为宠辱不惊，是谓成熟，亦即具备了坚忍的优良品格。

视而不见　听而不闻

视而不见指不注意，不重视，睁着眼却没看见。

听而不闻指听到了就像没听到一样。形容漠不关心，不在意。

《道德经》第十四章载：“视而不见名曰夷。听之不闻名曰希，搏之不得名曰微。此三者不可致诘，故混而为一。其上不皦，其下不昧，绳绳兮不可名，复归于无物。是谓无状之状，无物之象，是谓惚恍。迎之不见其首，随之不见其后。执古之道，以御今之有，能知古始，是谓道纪。”

意思是：看它看不见，把它叫做“夷”；听它听不到，把它叫做“希”；摸它摸不到，把它叫做“微”。这三者的形状无从追究，它们原本就浑然而为一。它的上面既不显得光明亮堂；它的下面也不显得阴暗晦涩，无头无绪、延绵不绝却又不可称名，一切运动都又回复到无形无象的状态。这就是没有形状的形状，不见物体的形象，这就是“惚恍”。迎着它，看不见它的前头，跟着它，也看不见它的后头。把握着早已存在的“道”，来驾驭现实存在的具体事物。能认识、了解宇宙的初始，这就叫做认识“道”的规律。

这是描述“道”体和运用“道”的规律的。“道”虽虚无缥缈，不可感知，看不见，听不到，摸不着，然而又是确实存在的，有其自身的变化运动规律，掌握这种规律，便是了解具体事物的根本。

在生活中运用视而不见、听而不闻的成语，辩论地看，有对错之分。看到违法乱纪的现象，视而不见，听而不闻，任其发展，就会带来危险的结果。领导、同学、长辈看到下属、同志、晚辈的合情合理的自由活动，做到视而不见听而不闻，就会化解矛盾，增进友谊和团结。

涣然冰释　虚怀若谷

涣然：流散的样子；释：消散。涣然冰释指像冰遇热消融一般。形容疑虑、误会、隔阂等完全消除。

虚：谦虚；谷：山谷。胸怀像山谷一样深广。虚怀若谷形容十分谦虚，能容纳别人的意见。意指胸怀像山谷那样深而且宽广，形容十分谦虚。

《道德经》第十五章载：“古之善为士者，微妙玄通，深不可识。夫唯不可识，故强为之容。豫焉若冬涉川，犹兮若畏四邻，俨兮其若容；涣兮若冰之将释；敦兮其若朴；旷兮其若谷；混兮其若浊；孰能浊以止静之徐清？孰能安以久动之徐生？保此道者不欲盈。夫唯不盈，故能蔽而新成。”

意思是：古时候善于行道的人，微妙通达，深刻玄远，不是一般人可以理解的。正因为不能认识他，所以只能勉强地形容他说：他小心谨慎，好像冬天踩着水过河；他警觉戒备，好像防备着邻国的进攻；他恭敬郑重，好像要去赴宴做客；他行动洒脱，好像冰块缓缓消融；他纯朴厚道，好像没有经过加工的原料；他旷远豁达，好像深幽的山谷；他浑厚宽容，好像澎湃的江河。谁能使浑浊安静下来，慢慢澄清？谁能使安静变动起来，慢慢显出生机？保持这个“道”的人不会自满。正因为他从不自满，所以能够去故更新。

无论在工作中还是在生活中，我们对待他人的态度，都应该虚怀若谷，相互学习，取长补短，即使是有疑虑、误会和隔阂，也会涣然冰释，这是做人的智慧，也是做人的艺术。

绝圣弃智　少私寡欲

圣、智：智慧，聪明。绝圣弃智指弃绝聪明才智，返归天真纯朴。这是老子无为而治的思想。指把头脑中的权威概念消灭掉，让自己不迷信任何人的观点，抛弃自作聪明自以为正确的主观性见解。

寡：少；欲：欲望。少私寡欲指减少私欲之意。

《道德经》第十九章载：“绝圣弃智，民利百倍；绝仁弃义，民复孝慈；绝巧弃利，盗贼无有。此三者，以为文不足，故令有所属，见素抱朴，少私寡欲。”意思是：抛弃聪明智巧，人民可以得到百倍的好处；抛弃仁义，人民可以恢复孝慈的天性；抛弃巧诈和货利，盗贼也就没有了。圣智、仁义、巧利这三者全是巧饰，作为治理社会病态的法则是不够的，所以要使人们的思想认识有所归属，保持纯洁朴实的本性，减少私欲杂念，抛弃圣智礼法的浮文，就不会有烦虑。

绝圣弃智、少私寡欲的理念在现实中是行不通的。其实，人人都有私欲，都有自己的价值理念。要实现个人价值，必须融入社会和集体，个人利益服从大多数人的利益，符合集体的或国家的价值取向。无规矩不成方圆，只有建设法治社会、法治国家，人民才能幸福，国家才能昌盛。

相差无几

无几：没有多少。相差无几指二者距离不远，或差别不大，亦作相去无几。

《道德经》第二十章载："唯之与阿，相去几何？美之与恶，相去若何？"意思是：礼貌客气的回答和轻慢敷衍的回应，都是回应，两者差别能有多少呢？美貌和丑陋、善良和凶恶，这两者真的相差很远吗？

相差无几还可以解释为大同小异或不相上下。老子在这里并非是要模糊美与丑、善与恶的界限。从表象上看好像没什么区别，但从道德层面而言，美与丑、善与恶是截然不同的，是天差地别的。否则，道法自然、上善若水、无为而治就无从谈起。

相差无几是比较模糊的比喻和评判，对人可以起到激励的作用。就严谨的科学而言，若相差无几就是大相径庭，会产生失败的严重后果。须知，科学要的是精准的结果。

如登春台

春台：美好的旅游、观光的地方。如登春台指好像春天登高远望一样，比喻极好的生活环境。

《道德经》第二十章载："众人熙熙，如享太牢，如登春台。""熙熙"：形容人们奔走于显学成见所照耀的"阳光道"之上的喜乐喧闹的情景。"太牢"即猪、牛、羊三牲，喻盛宴之美食。"如享太牢"喻指人们照搬照吞显学成见就像享用着盛宴的美食一样。这句话可以通俗地解释为：众人欢欢乐乐，兴高采烈的样子，或者就像参加丰盛的筵席，享用着祭祀之后的猪、牛、羊，或者就像游览美妙的景色一样。

作为比喻美好环境的成语，“如登春台”得到了人们的青睐。成都的春熙路，源自老子的《道德经》，“众人熙熙，如享太牢，如登春台”。

飘风骤雨

飘风：疾风。骤：迅疾，猛快。飘风骤雨指来势急遽而猛烈的风雨，亦作暴风骤雨。

《道德经》第二十三章载：“希言自然。故飘风不终朝，骤雨不终日。孰为此者？天地。天地尚不能久，而况于人乎？故从事于道者，同于道，德者同于德；失者同于失。同于道者，道亦乐得之；同于德者，德亦乐得之；同于失者，失亦乐得之。信不足焉，有不信焉！”不言政令不扰民是合乎于自然的。狂风刮不了一个早晨，暴雨下不了一整天。谁使它这样的呢？天地。天地的狂暴尚且不能长久，更何况是人呢？所以，从事于道的就同于道，从事于德的就同于德，从事于失的人就同于失。同于道的人，道也乐于得到他；同于德的人，德也乐于得到他；同于失的人，失也乐于得到他。统治者的诚信不足，就会有人不信任。

老子用自然界狂风暴雨必不持久的事实作比喻，告诫统治者少以强制性的法令横加干涉，更不要施行暴政，而要行“清静无为”之政，才符合自然规律，才能使百姓安然畅适。倘若以法令戒律强制人民，用苛捐杂税榨取百姓，那么人民就会以抗拒的行动对待统治者，暴政将不会持久。

后世运用这个成语的文人很多。唐代诗人李白在《草书歌行》中写道：“飘风骤雨惊飒飒，落花飞雪何茫茫。”1948 年，周立波创作的长篇小说，取名为《暴风骤雨》，这是一部革命文学的经典作品。

道法自然

道：即客观规律。法：效法。自然并不是我们现在所说的自然科学，而是指称事物的存在方式和状态。自然不需要效法谁，是道运行的表现，是道效法的对象。自然是万物的表象，道是至高无上的，是万物必须遵循的规律，它蕴含在自然中，道也是本然，道法自然世道本来的样子。道法自然寓意在于做人做事不要勉强和强迫，要顺其自然。

《道德经》第二十五章载："人法地，地法天，天法道，道法自然。"意思是：人是以地的法则运行，要服从于地；地是以天的法则运行，要服从于天；天是以道的法则运行，要服从于道；道是以自然为法则运行，要服从于自然。

对于君王来说，虽然统御万民，掌管社稷，却应该服从天地，更要遵循大道。对于个人来说，不要勉为其难，做自己能力达不到的事情，规规矩矩做人，明明白白做事。一定要懂得天地人自然的运行规律，抓住事物发展的本质，使主观符合客观，这样，才能抓住机遇，获得事业的成功。

道法自然这一命题，包含着"自然主义"和"无为而治"的理念，运用于解决人与自然的关系，可以进一步具化为自然原则、和谐原则与保护原则，蕴含着丰富的生态思想，为实现人与自然的和谐相处提供了一条基本原则。

知白守黑

知白守黑意思是对是非黑白，虽然明白，还当保持暗昧，如无所见。这是道家的消极处世态度。

《道德经》第二十八章载：“知其白，守其黑，为天下式。”明白什么是白，也就是什么是正道，什么是正确的、可以做的，谨守着不堕入黑暗，不要坠入邪恶、去做坏事，这是为人处世立身天下的定式、基本守则。也可以解释为：虽然明知事理，却保持沉默。

这是道家主张的消极无为的处世态度。河上公注：“白，以喻昭昭；黑，以喻默默。人虽自知昭昭明白，当复守之默默，如暗昧无所见，如是则可为天下法式。”多用于处世不露锋芒、韬光养晦方面。

对于知白守黑的处世方法，可以有多重解释：执两甲中，中道智慧；向苦处行，向死而生；揣着明白装糊涂；心怀远大理念，脚踏实地去干；等等。

去甚去泰

去，除掉。甚、泰，过分。去甚去泰指做事不能太过分。褒义上用来强调把握尺度，不偏不倚。

《道德经》第二十九章载：“是以圣人去甚，去奢，去泰。”真正得道、悟道而行道的人，了解世间的冷热疾苦，懂得事情的好、坏、利、弊，极端的、奢侈的、过分的事情不会去做。启示人们只有走在中道上，才不会碰壁。

这是老子针对“有为”之政提出的警告。如果以强力作为或暴力把持治理国家，都将自取败亡。世间的物性不同，人性各别，为政者要允许差异性与特殊性的存在与发展，不能强行压制。理想的政治应顺应自然；因势利导，去除一切酷烈政举；凡是奢费的行径，都不宜施行。

天道好还

天道：天理；好：常常会；还：回报别人。天道好还指天可主持公道，善恶终有报应。

《道德经》第三十章载："以道佐人主者，不以兵强天下，其事好还。"依照"道"的原则辅佐君主的人，不以兵力逞强于天下。穷兵黩武这种事必然会得到报应。军队所到的地方，荆棘横生，大战之后，一定会出现荒年。善于用兵的人，只要达到获胜的目的，不敢以武力逞强。达到目的不要妄自尊大，不要自我夸耀，不要骄傲自满，达到目的是出于不得已，不要逞强，事物强大到极点就会走向衰亡。这就是天道，无道就会衰亡得很早。天道好还启示我们：做人做事都要以德服人，这样才能受人欢迎尊敬。

天道好，还可以理解为一种社会规律，符合事物的发展规律，是不以人的意志为转移的客观存在。只有顺应天道，才可以自救，才可以壮大自身，成就事业。

佳兵不祥

兵：兵器，也指兵事和战争。佳兵不祥意为好用兵是不吉利的，即好战非祥事。

《道德经》第三十一章载："夫佳兵者，不祥之器，物或恶之，故有道者不处。”兵之用武器，是不祥之物，人人都厌恶它，所以得道行之人都不去碰它。

从此可以看出，老子是不主张用兵的，是反对战争的。但老子毕竟是伟大的哲学家，看问题是辩证的。春秋战国时代，战争是普遍的。国与国之间相互攻伐，战争规模日益扩大，动辄数万、数十万的兵力投入战争之中，伤亡极其惨重，而在战争期间受危害最大的，则是普通老百姓。所以，老子又说，战争“不得已而用之”，也是为了结束战争。用兵者应当“恬淡为止”，战胜了也不要得意洋洋，自以为是，否则就是喜欢用武杀人，变为无道之人。

老子对战争十分厌恶，强调佳兵不祥的主题，倡导的是对人生命尊严的维护及其伟大的博爱与和平精神。

知止不殆

止：止境，限度。殆：危险。知止不殆指知道适可而止的人就不会遇到危险，旧时劝人行事不要过分。

《道德经》第四十四章载：“名与身孰亲？身与货孰多？得与亡孰病？是故甚爱必大费，多藏必厚亡。故知足不辱，知止不殆，可以长久。”名望和生命谁更值得亲近呢？生命与财货谁更值得赞美呢？得到与失去谁更值得担忧呢？过分爱惜名声就要付出很大耗费，过多贮藏财物一旦损失也必然巨大。所以，懂得满足就不会受到屈辱，懂得适可而止就不会遇到危险，这样才可以长久平安。

知止不殆也是淡泊的为官智慧：时刻把握好行为分寸，该干什么，不该干什么，一定要心存敬畏，慎独自律，常修从政之德，常弃贪欲之害，认认真真做事，踏踏实实做人，干干净净做官，不悖原则，不越底线。

自知之明

自知：自己了解自己；明：高明、聪明，看清事物的能力。自知之明指了解自己的情况，对自己有正确的估计，能正确认识自己的长处与短处。

《道德经》第三十三章载："知人者智，自知者明。"了解他人的人很智慧，而了解自己的人才叫高明。

让我们看两个历史上自知之明的事例，会加深对这句成语的理解：

齐威王当上国王后整天只知道吃喝玩乐，喜欢听别人弹琴。邹忌携琴前去拜见齐威王，就是光说不弹，并把不弹琴的道理与治国联系起来，使齐威王明白治国的道理，齐威王任命邹忌为相国。邹忌以自身形象影响齐威王有自知之明。

陶渊明，在充分认知了自我后，发现"富贵非吾愿，帝乡不可期"，于是"采菊东篱下，悠然见南山"，留下了一段"不为五斗米折腰"的佳话。

自知之明是一个人智慧的体现，人不仅要认识自己的特点，而且要认识自己作为人的本性和应有的价值。只有正确认识自己，才能立德修身，自信人生，正确处理好多种关系，干好一番事业。

淡而无味

淡：薄，与"浓"相对。淡而无味指菜肴因盐少而没有味道。泛指清淡无味；亦形容说话、写文章内容平淡，无趣味。

《道德经》第三十五章载："执大象，天下往；往而不害，安平太。乐与饵，过客止。道之出口，淡乎其无味，视之不足见，听之不足闻，用之不足既。"掌握了"道"，天下就会前来归附，即使所有人都来归附，也都会相安无事，天下会安定太平。声色美食只能一时留住人的脚步，“道”说出来平淡无奇，也不值得看，不值得听，但可以受用终身。

有位老书生怀揣一颗冷淡的心，认为别人的话语是淡而无味的。有一天，他听客人说一条盐船被撞破之后所载的盐都倒进河里了。他摇摇头说：“淡而无味。”这种冷淡的人生态度是不足取的，有情趣的人才会创造丰富多彩的生活。

将夺固与

固，同“姑”。将夺固与指要想得到，必先给予。

《道德经》第三十六章载：“将欲歙之，必固张之；将欲弱之，必固强之；将欲废之,必固兴之；将欲取之,必固与之。是谓微明。柔弱胜刚强。”想要收拢的，必须暂且扩张它；想要削弱的，必须暂且增强它；想要废黜的，必须暂且兴盛它；想要夺取的，必须暂且给予它。这是微妙简明的道理。

三十六计的第十六计欲擒故纵与将夺固与是一个意思，故意先放开他，使他放松戒备，充分暴露，然后再把他捉住。

将夺固与是战争中的大智慧。懂得了取予之术的玄妙性和有效性，就能够赢得胜利。蒋介石围攻延安，毛泽东将夺固与，主动撤离延安，让胡宗南去占领。而最终用了不到三年时间，把蒋介石赶到了台湾岛，建立了中华人民共和国。

若存若亡

存：留在心里。亡相当于忘。若即或，有时的意思。若存若亡指有时记在心里，有时则忘掉。用以形容若有若无，难以捉摸。

《道德经》第四十一章载：“上士闻道，勤而行之；中士闻道，若存若亡；下士闻道，大笑之。”世上有三种人对“道”持有三种态度。悟性好的人听了道的理论，就积极努力地去实践；悟性一般的人听了道的理论，有时候相信，有时候不相信；悟性很差的人听了道的理论，就会大笑起来。之所以大笑，表现出鄙视、讥笑的语态，是因为持完全否定的态度。

这种对道的不同认知，受到年龄、经历、文化、修养、爱好、能力、悟性等方面的差异所限，实属正常，不足为奇。要想消除这种差异，达成共识，需要因材施教，也需要时间的积淀。

大器晚成　大音希声

大器晚成的原意是“铸造越大的器皿（如鼎、钟）越晚成型”，喻指越是大才能的人通常越晚成功。

大音希声指最大最美的声音乃无声之音。

《道德经》第四十一章载：“大方无隅，大器晚成，大音希声，大象无形。”

意思是：最方正的东西，反而没有棱角；最贵重的东西，总是最后才完成；最美妙的音乐，反而听来只有几个很简单的音符；最大的形象，反而看不见它的形体。

老子用列举的五种现象来说明道的无为境界。由于经历、学识和机遇不同，决定了每个人成功的时间有早有晚，年轻时的不得志与挫折磨难，并不影响坚持者的大器晚成。他把音乐分为自然和世俗两类，认为无为的自然的音乐、为道的音乐，无所不在，无所不容，是音乐的最高境界。人为的音乐，虽然动听，却是世俗的、暂时的，会令人耳聋，不宜提倡。

知足不辱

知足不辱即懂得满足才不会受到屈辱，表示不要有贪心，褒义上用于劝诫为人方面，也作知止不殆、知止不辱、知足不殆、知足不辱、知足知止。

《道德经》第四十四章载：“故知足不辱，知止不殆，可以长久。”

懂得知足常乐的道理就不会受到屈辱，懂得适可而止的道理就不会遇到危险。明白这些道理才可以保持安全长久。

知足不辱这句成语，后世不断引用：《汉书 · 疏广传》：“吾闻‘知足不辱’，‘功遂身退，天之道也’。”《晋书·凉武昭王李玄盛后尹氏传》：“知足不辱，道家明诫也。”《警世通言》卷三一：“常言道：‘知足不辱。’官人宜急流勇退，为山林娱老之计。”宋代苏轼《黄州安国寺记》：“寺僧曰继连，为僧首七年，得赐衣，又七年，当赐号，欲谢去，其徒与父老相率留之。连笑曰：‘知足不辱，知止不殆。’卒谢去。”

大巧若拙

大巧若拙指真正聪明的人，不显露自己，从表面看，好像笨拙。

第四十五章载：“大直若屈，大巧若拙，大辩若讷。”最正直的东西，就好像有弯曲一样；最灵巧的东西，就好像最笨拙似的；最卓越的辩才，看起来就好像很木讷似的。老子在这里讲的是人生智慧，在一般人看来可能是负面的、不足的，在老子看来实际上是智慧、是“有余”。

其实，人类再灵巧的工程师所造出的东西也比不上自然界的精巧。有许多东西看起来很笨拙，却比精巧的东西更有美感，更难以制造，关键是要拙得自然。

人觉悟之后会认识到：外表聪明的人往往给人一种威胁感，被人提防，结果聪明反被聪明误。这种聪明实际上是小聪明。真正的智者，遇事算大不算小，处事低调，为人豁达，做事有节适度，是大巧若拙的境界。

知足常乐

知足常乐指知道满足，就总是快乐。形容安于已经得到的利益、地位。《道德经》第四十六章载："故知足之足，常足矣。"懂得了知足常乐道理的富足，才是最长久的富足。

这种观点对于春秋时代贪得无厌的统治者来说，无疑是一种劝诫或者说是一种抗议。在今天，这种观点对于生命个体情绪的稳定和身心健康大有裨益。

"布衣桑饭，可乐终身"，这是古人知足常乐的表现。明朝金溪人胡九韶，家境贫困，一面教书，一面努力耕作，仅仅可以衣食温饱。每天黄昏时，胡九韶都要到门口焚香，向天拜九拜，感谢上天赐给他一天的清福。妻子笑他一天三餐菜粥，何谈清福？胡九韶认为：生在太平盛世，没有战争兵祸；全家人都能有饭吃，有衣穿，不至于挨饿受冻；家里床上没有病人，监狱中没有囚犯，这就是清福。

出生入死

出：出现于世上，也就是生。入：入于地下，也就是死。出生入死指从出生到老死的人生过程；后借以形容冒着极大危险，随时有死的可能；多用以赞扬不顾个人安危的献身精神。

《道德经》第五十章载："出生入死。生之徒十有三，死之徒十有三。人之生动之于死地，亦十有三。夫何故？以其生生之厚。"

意思是人的一生从出世开始，到入于地下而结束。属于长寿的人占到十分之三，属于短命的人占到十分之三，本来属于长寿的可是最终短命的，又占了十分之三。为什么会这样呢？原因在于很多人把个体的生命放在太突出的位置上了。

出生入死的献身精神之于人类社会是弥足珍贵的。没有先烈们出生入死，浴血奋战，就不会有和平时代的到来，更谈不上今天的幸福生活。

祸福相依

依：依傍。祸福相依指灾祸幸福相依傍，相互转化。比喻坏事可以引出好的结果，好事也可以引出坏的结果。

《道德经》第五十八章载："祸兮福之所倚；福兮祸之所伏。"灾祸啊，幸运的事情就包含在里面；幸福啊，危机就藏伏在它的深处。这一辩证观点主要宣扬世界的不确定性，世事难料，谁也不能预测未来。老子的这一哲学命题，历来为世人所称道。

塞翁失马的故事就是祸福相依的最好注解：

边境一户人家的马无缘无故跑到了胡人的住地。人们都前来慰问他。有个精通相术的老人说："这怎么就不能是一件好事呢？"过了几个月，那匹马带着胡人的良马回来了。人们都前来祝贺他们一家。那个老人说："这怎么就不能是一件坏事呢？"他家中有很多好马，他的儿子喜欢骑马，结果从马上掉下来摔得大腿骨折。人们都前来安慰他们一家。那个老人说："这怎么就不能是一件好事呢？"过了一年，胡人大举入侵边境一带，壮年男子都拿起弓箭去作战。靠近边境一带的人，绝大部分都死了。唯独这个人因为腿瘸的缘故免于征战，父子得以保全生命。

老子祸福相依的哲学观点，充溢着辩证色彩。我们要审时度势，善于把不利因素转化为有利因素，使坏事变成好事。

根深蒂固

根深蒂固亦作深根固柢。根：树根向四边伸的叫做根，向下扎的叫做柢（蒂）。比喻根基深厚牢固，不可动摇。积重难返、树大根深、盘根错节、坚不可摧、根深叶茂都是它的近义词。而头重脚轻、摇摇欲坠、摇摆不定、腾云驾雾则是它的反义词。

《道德经》第五十九章载："有国之母，可以长久，是谓深根固柢，长生久视之道。"依据"道"来治理国家，国家就可以长久延续下去。这就叫做根柢牢固，这就是长久存在的道理。

根深蒂固这句成语常常被后人引用，如:《韩非子·解老》："柢固则生长，根深则视久。"鲁迅《两地书·十一》："但我总还想对于根深蒂固的所谓旧文明，施行袭击，令其动摇，冀将来有万一之希望。"

以德报怨

德：恩惠。怨：仇恨。以德报怨指不记别人的仇，反而给他好处，指用道德公正的眼光看待与别人的仇恨。

《道德经》第六十三章载："大小多少，报怨以德。"把大的怨恨化为小的怨恨，把众多的怨恨减少。统治者应该用德政来应对百姓的怨恨。即只用德来报答怨恨。以德报怨，是老子顺应自然思想的体现，可以说是老子的人生观。这一观点对于我们正确处理人民内部矛盾，构建和谐社会具有积极意义。

李世民让魏徵做丞相是历史上以德报怨的典范。李世民发动玄武门事变，杀掉了自己的哥哥太子李建成，登上了帝位。而魏徵是李建成的手下，曾建议李建成灭了李世民。但结果却相反。李世民不仅灭了哥哥、弟弟，而且将他们的儿子家眷全部杀掉，婴儿也不能幸免。按说这样的人对魏徵，应该更是仇恨的。结果因为爱才，以德报怨，竟然成就了一段君臣融洽的千古佳话。

今天，我们掌握了以德报怨的处世方法，对于化解矛盾构建和谐社会具有积极意义。懂得以德抱怨的人，才会朋友遍天下，事业鼎盛。

轻诺寡信

轻诺，指轻易许诺。寡信，指很少守信用。信：守信约，守信用。轻诺寡信指轻易答应人家要求的人，一定很少守信用。

《道德经》第六十三章载："夫轻诺必寡信，多易必多难。"轻易许下的承诺必然很少能兑现，把事情看得很容易必然会遭遇很多困难。

老子的话是非常具有哲理性的。他说了"轻诺必寡信"之后，接着就说"多易必多难"，即把事情认为很容易的话，真正做起来就会有更多的麻烦。前半句话教育我们不要轻易许诺，只要许了诺就要认真践行，不要失去了信义，后半句教育我们不要轻视我们所遇到的事情或者对手，否则我们肯定会在做这件事的过程中缺乏后劲和必要的准备而失败。

自古至今，诚实守信都是人们的良好品德。建设诚信社会，需要人人诚实守信，抛弃轻诺寡信，唯此才能维护社会安定，促进经济发展，提高全民族的文明程度。

千里之行始于足下

千里之行始于足下指走一千里路，是从迈第一步开始的。比喻事情的成功，是从小到大逐渐积累起来的。

《道德经》第六十四章载：“合抱之木，生于毫末；九层之台，起于累土；千里之行，始于足下。”合抱的大树，生长于细小的幼苗；九层的高台，筑起于每一堆泥土；千里的远行，是从脚下第一步开始走出来的。

老子大生于小的观点，形象地说明了大的东西无不从细小的东西发展而来。同时告诫人们，无论做什么事情，都必须具有坚强的毅力，从小事做起，才可能成就大事业。

千里之行，始于足下。人生的每一步都很重要的。比如：司马迁遭受宫刑，是奇耻大辱，可是，他知道“死有重于泰山，有轻于鸿毛”。最终，他从屈辱中跨出了一步，坚持不懈，撰写了鸿篇巨制《史记》，成就了他辉煌的一生。

慎终如始

慎终如始指谨慎收尾，如同开始时一样，始终要谨慎从事。亦作慎终慎始。

《道德经》第六十四章载：“慎终如始，则无败事。”从始至终毫无懈怠，就不会有衰败之事。老子崇尚无为，凡事从点滴做起，善始善终，不急不躁，才会不败而成。这其实也是无为思想的表现。

大道至简，行之不易。从星星之火到燎原之势，从风云激荡到岁月静好，中国共产党人一路披荆斩棘、砥砺奋进，绘就出波澜壮阔、气势恢宏的历史画卷，离不开慎终如始的优良传统。1949 年 3 月，在党的七届二中全会上，毛泽东又提出“两个务必”的著名论断——“务必使同志们继续地保持谦虚、谨慎、不骄、不躁的作风，务必使同志们继续地保持艰苦奋斗的作风”。时刻保持警醒，永葆先进性、纯洁性，中国共产党才能团结带领全国各族人民夺取一个又一个伟大胜利。党员干部要弘扬这一优良传统，始终保持清醒头脑。

俭故能广

俭：节俭，同“简”。广：宽广，广泛。俭故能广指平素俭省，所以能够富裕。又解为行事简单方可广博。

《道德经》第六十七章载：“一曰慈，二曰俭，三曰不敢为天下先。慈，故能勇；俭，故能广；不敢为天下先，故能成器长。”第一件叫做慈爱；第二件叫做俭啬；第三件是不敢居于天下人的前面。有了这柔慈，所以能勇武；有了俭啬，所以能大方；不敢居于天下人之先，所以能成为万物的首长。

保持柔慈就会全力以赴；保持俭约，天下万物就能够广泛地为我所用。老子认为慈和俭是道赋予人类的天性，具备了慈就会变得勇，具备了俭就会变得广，这无疑是人性的光辉，应该发扬光大。

寸进尺退

寸进尺退指得到的少而失去的多，即得不偿失。比喻目光短浅，只看到眼前利益，不顾及长远利益，没有大局观念。相近的成语是得寸进尺，多比喻贪欲无止境；也谓努力不懈，循序渐进。

《道德经》第六十九章载："用兵有言，吾不敢为主而为客，不敢进寸而退尺。是谓行无行，攘无臂，扔无敌，执无兵。"领兵打仗有这样一句话："我不敢主动进犯，而愿意坚守，不敢前进一步而宁愿后退一尺。"这就叫做虽然有阵势，却无需排列；虽然有臂膀，却无需奋举；虽然面临敌人，却无需厮杀；虽然有兵器，却无需执握。面对春秋时期危机四伏的动荡形势，老子提出了以退为进的斗争方式和处世哲学。不执著地面对纷争，视野才不受局限，才可以随时根据局势调整策略。

同样，贪欲无止境的话，得到一寸就想再进一尺。茅盾《劫后拾遗》："不过小赵的话尽管有理，新来者还是得寸进尺。"梁启超《中国法理学发达史论》："此言专制国虽或偶得英明神武之主，行开明专制，国运骤进，然不能以此自安，以其不能常也。法治国虽进不必骤，而得寸进尺、计日程功。两者比较，惟法治可以为安也。"

被褐怀玉

被同披，穿在身上。褐：粗布衣服，穷人所穿。怀：怀揣。玉：美玉，指精神上的宝物。被褐怀玉指身穿粗布衣服而怀抱美玉，比喻虽是贫寒出身，但有真才实学。

《道德经》第七十章载："知我者希，则我者贵，是以圣人被褐而怀玉。"

其意为：理解我的太少，而能导循我道理的人就更为难得。因此得道的圣人就像外面穿着粗布衣服，怀里却揣着稀世美玉的人一样。老子"知我者希，则我者贵"的感叹并非孤芳自赏式的无病呻吟，他学识渊博，为人谦和睿智，在这里是启迪后人永远保持虚怀若谷的心态。

由此，我们可以看出老子对于自己学说的感叹：他认为自己的学说既容易明白也容易践行，但天下却没有知晓和践行的人。能够知晓老子思想的人比较少，能够去践行老子思想的人更是难能可贵。所以这些人表面上看似普通，但是胸中却怀着宝贝。

天网恢恢，疏而不漏

天网，指自然的范围。恢恢，广大，宽大。疏，稀疏。漏，漏失。天网恢恢，疏而不漏意思是天道公平，作恶就要受惩罚，它看起来似乎很不周密，但最终不会放过一个坏人，比喻作恶的人逃脱不了天法的惩处。

《道德经》第七十三章载："天网恢恢，疏而不失。"

意思是自然广阔无边，看似宽疏却无一丝漏失。

老子认为，人世上的一切都符合自然规律，这种规律控制着整个宇宙的演化，任何违背这种规律的人和事物都会遭受相应的惩罚。因此，老子主张以自然之理来应对人世，为人处世应该顺天道而行之。

"天网恢恢，疏而不漏"，是对犯罪分子的最终惩罚。犯罪行为是人类的公敌，国家和人民绝不能容忍犯罪分子逍遥法外，一定会进行坚决打击，给予正义的审判。这是清明政治的重要手段。

小国寡民

小国寡民指国家小，人民少。

《道德经》第八十章载："小国寡民，使有什伯之器而不用，使民重死而不远徙。"治理土地小、人民少的国家首先要珍视人民，人民不是被当作奴隶，也不是被武装起来去打仗，这样即使有各种各样的器具也用不上了。老百姓也重视自己的生命，不愿背井离乡，迁徙远方。这里反映了我国古代原始社会自由自在的生活方式。

晋朝时陶渊明写了一篇传诵千古的名篇《桃花源记》，勾勒出一个封闭、自然、恬静、美丽的幻想，同时也表达了他对社会黑暗的不满，反映了人民摆脱贫困和离乱的愿望。此文显然受到老子第八十章内容的影响，与老子的思想是一脉相承的。

鸡犬相闻　老死不相往来

鸡犬相闻指鸡鸣狗吠的声音都能听到，指人烟稠密。

老死不相往来指彼此不联系，不交流的情况。

《道德经》第八十章载："邻国相望，鸡犬之声相闻，民至老死不相往来。"邻近的国家互相望得见，鸡鸣狗叫的声音互相听得见，但他们各自吃自己国家丰富的食物，穿自己的衣服，按照自己的风俗生活，直到老死都不互相发生联系。

在人类漫长的历史中，各个民族和每一个国家都在书写着开疆拓土的历史，鸡犬之声相闻、老死不相往来的小国寡民情景从来都不是现实。

尤其是在信息网络时代，地球变成了小小的村落，国家与国家间你中有我，我中有你，是一个利益攸关的命运共同体。所以，开放共赢才是国家繁荣富强的基本国策。

墨子

墨子（生卒年不详），名翟，鲁阳人（今河南省鲁山县）。墨家学派的创始人，也是战国时期著名的思想家、教育家、科学家、军事家。墨家在先秦时期影响很大，与儒家并称“显学”。他提出了“兼爱”“非攻”“尚贤”“尚同”“天志”“明鬼”“非命”“非乐”“节葬”“节用”等观点。以兼爱为核心，以节用、尚贤为支点。墨子在战国时期创立了以几何学、物理学、光学为突出成就的一整套科学理论。当时的百家争鸣，有“非儒即墨”之称。墨子死后，其弟子依据墨子生平事迹的史料，收集其语录，完成了《墨子》一书传世。其中不乏成语数例。

不可胜数

胜：尽。不可胜数指数也数不过来。形容数量极多。

《墨子·非攻》载：“今师徒唯毋兴起，冬行恐寒，夏行恐暑，此不以冬夏为者也，春则废民耕稼树艺，秋则废民获敛。今唯毋废一时，则百姓饥寒冻馁而死者，不可胜数。今尝计军上：竹箭、羽旄、幄幕、甲盾、拨劫，往而靡弊腑冷不反者，不可胜数。又与矛、戟、戈、剑、乘车，其列住碎折靡弊而不反者，不可胜数。与其牛马，肥而往，瘠而反，往死亡而不反者，不可胜数。与其涂道之修远，粮食辍绝而不继，百姓死者，不可胜数也。与其居处之不安，食饭之不时，饥饱之不节，百姓之道疾病而死者，不可胜数。丧师多不可胜数，丧师尽不可胜计，则是鬼神之丧其主后，亦不可胜数。”现在假如军队出征，冬天行军害怕寒冷，夏天行军害怕暑热，这就是不可在冬、夏二季行军的意思。一到春天，就会荒废百姓翻耕种植；在秋天，就会荒废百姓收获聚藏。现在荒废了一季，那么百姓因饥寒而冻饿死的，就多得数不胜数。我们现在试着计算一下：出兵时所用的竹箭、羽旄、帐幕、铠甲、大小盾牌和刀柄，拿去用后弊坏腐烂不可返回的，又多得数不胜数；再加上戈矛、剑戟、兵车，拿去用后破碎弊坏而不可返回的，多得数不胜数；牛马带去时都很肥壮，回来时全部瘦弱，至于去后死亡而不能返回的，多得数不胜数；战争时因为道路遥远，粮食的运输有时中断不继，百姓因而死亡的，也多得数不胜数；战争时人民居处都不安定、饥饱没有节制，老百姓在道路上生病而死的，多得数不胜数；丧师之事多得数不胜数，军士因而阵亡的更是无法计算，鬼神因此丧失后代祭祀的，也多得数不胜数。

功成名就

功：功业。就：达到。功成名就指功绩取得了，名声也有了。

《墨子·修身》载：“原浊者流不清，行不信者名必耗。名不徒生而誉不自长。功成名遂，名誉不可虚假，反之身者也。”源头浊的流不清，行为无信的人名声必受损害，声誉不会无故产生和自己增长。功成了必然名就，名誉不可虚假，必须反求诸己。

谁都想功成名就，但必须勤奋努力。比如：晋代著名书法家王献之写字，用尽 18 缸水，终于成为一代书法大师；李时珍花了 31 年功夫，读了 800 多种书籍，写了上千万字笔记，游历了 7 个省，收集了成千上万个单方，为了了解一些草药的解毒效果，亲自吞服一些剧烈的毒药，最后写成了中国医药学的辉煌巨著——《本草纲目》。

以卵投石

以卵投石指拿鸡蛋去碰石头。比喻不估计自己的力量，自取灭亡。

《墨子·贵义》载：“以其言非吾言者，是犹以卵投石也，尽天下之卵，其石犹是也，不可毁也。”用别人的言论否定我的言论，就像用鸡蛋去碰石头一样。用尽天下的鸡蛋，石头还是这个样子，并不能毁坏它。

战国时期，墨子到齐国去的路上碰到一个算命先生，算命先生说他脸色不好，不宜前去。墨翟根本不相信他的这一套，说算命先生是迷信，迷信是战胜不了真理的，拿迷信来否定真理就好比“以卵击石”，对真理毫无损伤。

量体裁衣

量体裁衣指按照身材尺寸裁剪衣服，比喻做事从实际出发。

《墨子·鲁问》载：“量腹而食，度身而衣。”根据自己肚子的容量而吃饭，衡量自己的身体来做衣裳。

明朝嘉靖年间，北京城中有位裁缝名气很大，他裁制的衣服，长短肥瘦，无不合体。一次，御史大夫请他去裁制一件朝服。裁缝量好了他的身腰尺寸，又问：“请教老爷，您当官当了多少年了？”御史大夫很奇怪：“你量体裁衣就够了，还要问这些干什么？”裁缝回答说：“年轻相公初任高职，意高气盛，走路时挺胸凸肚，裁衣要后短前长；做官有了一定年资，意气微平，衣服应前后一般长短；当官年久而将迁退，则内心悒郁不振，走路时低头弯腰，做的衣服就应前短后长。所以，我如果不问明做官的年资，怎么能裁出称心合体的衣服来呢？”御史大夫认为这个裁缝高明，他不仅是按照成衣法量尺寸、定式样，而且善于把握对象的特点，从中悟出“短长之理”来。

兼而有之

兼而有之指同时占有或具有几种事物。

《墨子·法仪》载：“奚以知天兼而爱之，兼而利之也？以其兼而有之，兼而食之也。”墨子认为：天希望人相爱相利，不希望人相互厌恶和残害，这是因为天对人是全爱和全利的缘故，怎么知道天对人是全爱和全利的呢？因为人类全为天所有，天全部供给他们吃的。

推而广之，历史上的许多名人在才艺方面都是兼而有之的。比如：毛泽东是伟大的革命家、战略家、理论家，也是伟大的思想家、哲学家、诗人和书法家。我国的教育方针要求学生在德、智、体、美、劳诸方面全面发展；选拔干部要求德才兼备等。从中不难看出，兼而有之是个人和社会发展的客观要求。

何罪之有

何罪之有即“有何罪”，有什么罪呢？用反问的语气表示清白无辜，没有过错。

《墨子·公输》载：“闻子为梯，将以攻宋，宋何罪之有？”墨子《公输》这篇文章，记述了墨子出使楚国，用智慧说服楚国大夫公输盘（公输班）和楚王放弃意欲侵略宋国的企图："我在北方听说你造了云梯这种攻城的器械，将要用它去攻打宋国。宋国有什么罪呢？楚国土地方面有多余，却缺少百姓。杀掉楚国缺少的百姓而去争夺并不缺少的土地，不能说是聪明。"这是墨子"兼爱""非攻"主张生动而具体的体现。

由于时代背景、文化背景、国家文明程度的差异，何罪之有所指的无辜和罪过也有明显的区分。比如：古代时人们在自然界捕捉藏羚羊和仙鹤何罪之有，今天要如此就是违法犯罪。

以人为镜

以人为镜指把别人的成败得失作为自己的借鉴。

《墨子·非攻》载："君子不镜于水而镜于人。镜于水，见面之容；镜于人，则知吉与凶。"

《墨子·卷五》记载了这样一件事：春秋末期，一向称为中原霸主的晋国，内部变得四分五裂，实权逐渐由六家将军把持，他们是智氏、范氏、中行氏、赵氏、韩氏、魏氏。六家各有自己的地盘和武装，为了壮大自己，不断互相攻伐。后来，智氏的智伯瑶先后灭了范氏和中行氏，又会合三家的兵马，进攻赵襄子。这时，韩康子和魏桓子商议说："赵氏现在的命运，就是我们两家将来的命运。赵氏早晨灭亡了，我们在晚上就会跟着灭亡；赵氏在晚上灭亡了，我们明天早上也就会跟着灭亡。只有我们三家联合起来，共同打败智伯瑶，才能保证我们的安全。"于是韩、魏两家与赵氏里应外合、内外夹击打败了智伯瑶，三家共同瓜分了智氏的土地，壮大了自己，后来都成为战国七雄之一。墨子评论说："有才德的人，不以水为镜子，而是以人为镜子。因为以水为镜子只能照见自己的面容，而以人为镜子才能知道怎样做对自己有利，怎样做对自己不利。"

人们常把以人为镜与以史为鉴连用，也常说以人为镜可以明得失，以人为镜可以正衣冠。唐太宗李世民就是以人为镜的典范：魏徵在世时，在朝堂上经常对唐太宗激烈进谏、直言不讳，唐太宗纳谏如流，开创了“贞观之治”。魏徵死后，唐太宗哭得很伤心，说我有三面镜子，“以铜为镜，可以正衣冠。以史为镜，可以知兴替。以人为镜，可以明得失。”魏徵死了，也就失去了一面镜子。唐太宗是一个惜才、爱才的贤明君主，既赢得了大臣们的信任，也为后世所敬仰。

致远任重

致远任重指指担负重任而行于远方。常比喻人的才干卓越，可任大事。亦作任重致远。任，负担。致，达到。担负重大的任务，达到远大的目的。比喻志向远大。多用于鼓励勤奋进取。

《墨子・亲士》载：“良马难乘，然可以任重致远。”良马不容易乘坐，但可以载得重行得远。

一个人活在世上，如果没有理想，没有责任感，就不可能担当重任，促进自身强大，建设美好家园，推动社会进步。所以，要想走得更远，达到人生的辉煌境界，必须树立远大理想，勇于承担社会责任。

坚甲利兵

坚甲利兵指坚固的盔甲，锋利的兵器。形容精锐的部队。

《墨子・非攻》载：“于此为坚甲利兵，以往攻伐无罪之国。”在这个时候准备用坚固的铠甲和锐利的兵器，去攻打无罪的国家。

一个国家如果没有坚甲利兵，在国际上只能处于落后挨打的地位，1894年爆发的中日甲午战争就是明证。1890年时，北洋海军2000吨位以上的战舰有 7 艘，总吨位 2.7 万多吨；而日本海军 2000 吨位以上的战舰仅有 5 艘，总吨位约 1.7 万多吨。1892 年，日本提前完成了自 1885 年起的 10 年扩军计划，到甲午战争前夕，日本已建立了一支拥有 6.3 万名常备兵和 23 万预备兵的陆军，包括 6 个野战师和 1 个近卫师。战前日本海军有军舰 32 艘、鱼雷艇 24 艘，总排水量 7.2 万吨，超过了北洋海军。北洋海军自 1888 年正式建军后，就再没有增添任何舰只，舰龄渐渐老化，与日本新添的战舰相比，火力弱，射速慢，航速迟缓。北洋水师有军舰 25 艘,官兵 4000 人。清朝军事变革基本停留在改良武器装备的低级阶段，陆海军总兵力虽多达 80 余万人，但编制落后，管理混乱，训练废弛，战斗力低下。1891 年以后，北洋水师甚至连枪炮弹药都停止购买了。1894 年 7 月 25 日丰岛海战爆发，甲午战争开始，由于日本蓄谋已久，这场战争以中国战败、北洋水师全军覆没告终。清王朝迫于日本军国主义的军事压力，1895 年 4 月 17 日签订了《马关条约》，给中华民族带来空前严重的民族危机，大大加深了中国社会半殖民地化的程度。

齐心协力

齐心协力形容认识一致，共同努力。

《墨子·尚贤》载:《汤誓》曰:“聿求元圣，与之戮力同心，以治天下。”戮力同心即齐心协力，团结一致。

故事一：夏朝末年，君主夏桀非常残暴，对内实行残酷统治，百姓怨声载道，民不聊生。诸侯小国商的国君汤是一个贤明的君主，他找到大贤人伊尹辅佐，商国实力空前强大，汤见时机成熟，君臣戮力同心，齐心合力，终于灭掉夏朝。

故事二：西汉末年，王莽代汉称帝，改国号新，他的残暴统治引起绿林、赤眉等大规模农民起义。刘秀兄弟乘机加入绿林军，他们联合下江军王常、成丹、张卯。两军合并齐心同力、锐气益壮，没几天就歼灭了王莽的精锐部队甄阜和梁丘赐。

实践进一步证明：我们能够取得抗击新冠肺炎疫情和脱贫攻坚战的胜利，关键在于中国共产党的英明领导及举国上下的齐心协力。

鬼谷子

鬼谷子，姓王名诩，春秋时人。常入云梦山（在河南淇县境内）采药修道。因隐居清溪之鬼谷，故自称鬼谷先生。鬼谷子为纵横家之鼻祖，苏秦、张仪、孙膑与庞涓为其弟子。《鬼谷子》共有14篇，其中第十三、十四篇已失传。《鬼谷子》的版本，常见者有道藏本及嘉庆十年（1805）江都秦氏刊本。纵横家所崇尚的是权谋策略及言谈辩论之技巧，其指导思想与儒家所推崇之仁义道德大相径庭。因此，历来学者对《鬼谷子》一书推崇者甚少，而讥诋者极多。

捭阖纵横

捭阖：开合。纵横：合纵和连横的简称。捭阖纵横是战国时策士游说的一种方法，后称以辞令探测、打动别人，在政治和外交上运用分化与争取的手段为“捭阖纵横”，亦作“纵横捭阖”。

河南淇县有一处著名的风景名胜区叫云梦山，素有“云梦仙境”之称。相传这就是战国纵横家鬼谷子隐居的地方。鬼谷子，名王禅，传为魏国人，以隐于云梦山的鬼谷而得名。其学论变化无常，从黄老“心术”论世御事，讲求内外损益之理，演变为“反应”“揣”“摩”“捭阖”之术，为纵横家宗师。所著《鬼谷子》三卷，《隋书·经籍志》始见辑录，并列入纵横家。

战国时，魏国人张仪和东周洛阳人苏秦都是鬼谷子的学生。他们来到鬼谷,听鬼谷子讲“捭阖”“反应”“揣”“摩”“权”“谋”等12篇和“本经阴符”7篇。其中“捭阖”为本,捭者开也,阖者闭也。如果要在七国争雄局面中干一番事业,先要明“捭阖”。当世人主间,虽然有贤惠和不肖、智愚、勇怯之分,但是嗜欲满溢是他们共有的心病,明白以利来诱导他们,这就是捭;私下以谋来启发他们,这就是阖。运用捭阖之道,不能一成不变,以纵横反复,捭中有阖,阖中有捭……

后来,苏秦用“捭阖纵横”之术,游说六国,合纵抗秦,令强秦不敢西出函谷关达15年之久。继苏秦之后,张仪挟“连横”之术,为秦国瓦解了六国之盟,各个击破,终于奠定了大一统的基础。

鬼谷子在云梦山中,不仅培养了苏秦和张仪两个纵横大家,而且还培养了历史上著名的军事家孙膑和庞涓。所以,云梦山又有“中国古代第一军校”之称。如今的云梦山顶,人们建造了许多简陋的草亭,那里记录着几多鬼谷子和弟子们“捭阖纵横”的悲壮往事,也编织起了后代追寻美丽神话的摇篮……正是:“鬼谷三卷隐匡天下,兵家七国才出一门!”

救亡图存

救:拯救;亡:危亡;图:谋求;存:生存。救亡图存指拯救国家的危亡,谋求国家的生存。

《鬼谷子·中经》载:“圣人所贵道微妙者,诚以其可以转危为安,救亡使存也。”要学圣贤之人,懂得分辨真假道义的微妙变化,就可以结交到真守义的圣贤之人,有能力让国家转危为安,救亡图存。

放眼历史,近代仁人志士,探索救亡图存的道路,开展了一系列的运动:19世纪,引进西方先进生产技术,创办新式工业和学校的洋务运动;19世纪末以“扶清灭洋”为口号的义和团运动;1898年提倡科学文化的资产阶级改良运动;1911年推翻清王朝统治的辛亥革命;1915年“反传统、反孔教、反文言”的新文化运动。

这些救亡图存运动，彰显了中国人民不畏强暴、追求真理、向往光明、奋发图强的爱国主义精神，在历史上产生了重大的影响。

言多必失

言多必失意思是话说多了一定有失误。

《鬼谷子·中经》载：“故言多必有数短之处，议其短验之，动以忌讳，示以时禁，其人因以怀惧，然后结，以安其心，收语盖藏而却之，无见己之所不能于多方之人。”因为人言多时，必有失误之处。要议论他的失误处，并加以验证。要经常揭他忌讳的短处，并证明它是触犯了时政所禁止的。这样他就会因此而害怕，然后让他安心，对以前说过的话，也不再说了，暗中则藏起这些证据，秘不示人。而且，不能在众人面前，现出自己的无能之处。

《三国演义》中杨修之死就是一个言多必失的例证。杨修年少成名，过目不忘，别人的想法他一猜就知道。但是他的主上是曹操，在《三国演义》中是一个猜忌心强、心眼儿小的人物。几次杨修都猜中了曹操的想法。在鸡肋事件中杨修帮助夏侯惇解释了曹操暗示撤退的用意，从此曹操便注意到了杨修。不久，曹操就利用曹植、曹丕兄弟二人争夺权力的事件杀掉了杨修。

言多必失之成语及其历史故事给我们的启示是：少说多做，谨言慎行，谦虚谨慎，戒骄戒躁，才会有所作为，受人尊敬。

事无常师

事无常师指处事没有固定不变的准则，要择善而从。

《鬼谷子·忤合》载：“世无常贵，事无常师；圣人无常与，无不与；无所听，无不听；成于事而合于计谋，与之为主。合于彼而离于此，计谋不两忠，必有反忤；反于是，忤于彼；忤于此，反于彼。其术也，用之于天下，必量天下而与之；用之于国，必量国而与之；用之于家，必量家而与之；用之于身，必量身材气势而与之；大小进退，其用一也。必先谋虑计定，而后行之以飞箝之术。”世间没有永恒的高贵，事情没有固定的模式。圣人经常作为而无所不为，常听天下，而无所不听。假如事情必然能成功，而且又合乎计谋的原则，就应该以此作为主体。虽然合乎别国君主的意思，可惜却背离自己君主的原则，这就叫作“计谋不两忠”。其中必有顺逆的道理存在，既背叛自己君主，又忤逆别国君主；既忤逆自己君主,又背叛敌国君主,这就是“反忤之术”。将反忤之术运用到天下，一定要根据天下实际情况而运用它；用于治理邦国，一定要根据邦国实际情况运用它；用于治理家族，一定要根据家族实际情况运用它；用于个人，一定要根据自身才能气概运用它。总而言之，不论大小进退，其功用是相同的。因此，一定要先深谋远虑，定下计策谋略之后再运用“飞箝之术”。

懂得事无常师的道理，我们在现实生活中一定要从实际出发，避免主观主义和形而上学，善于学习和发挥他人的智慧优势，与时俱进，开拓创新。

虽覆能复

覆：翻倒；复：复原。虽覆能复指虽然已经翻倒，但还能复原。后也指反复无常的手段。

《鬼谷子·飞箝》载："用于人，则空往而实来，缀而不失，以究其辞。可钳而纵，可钳而横；可引而东，可引而西；可引而南，可引而北；可引而反，可引而覆。虽覆，能复不失其度。"如果把"飞箝"之术用于外交，可用华美的辞藻套出对方的实情，保持联系，勿使失误，以便考究游说的辞令。这样就可以把握关键实现合纵，也可以实现连横；也可以引而向东，也可以引而向西；可以引而向南，也可以引而向北；可以引而返还，也可以引而复去。虽然如此，还是要小心谨慎，不可丧失其节度。

做人做事不会一帆风顺，有失败有成功。对于失败，不能一蹶不振，应守信坚忍。跌倒了爬起来，吃一堑长一智，在失败中吸取经验教训，提高认识能力，尽快纠正错误，把事情办好。这就是虽覆能复的智慧。

闻声相思

声：名声。闻声相思指思慕、钦仰有声望的人。

《鬼谷子·内揵》载："君臣上下之事，有远而亲，近而疏；就之不用，去之反求；日进前而不御，遥闻声而相思。事皆有内揵，素结本始。或结以道德，或结以党友，或结以财货，或结以采色。用其意，欲入则入，欲出则出；欲亲则亲，欲疏则疏；欲就则就，欲去则去；欲求则求，欲思则思。若蚨母之从子也，出无间，入无朕，独往独来，莫之能止。"

君臣上下之间的关系复杂而微妙，有的身离君主很远反而关系密切，有的近在咫尺却关系疏远；有的投奔而来反而得不到起用，有的离开以后却被四处诏求；有的天天活动在君主眼前却得不到信任擢用，有的君主遥闻其名便朝思暮想他的到来。此皆由君臣之间内心相知的程度不同所致，本源于平素的交结。有的以道德交结，有的以党友交结，有的以财物交结，有的以美色交结。只要摸准了君主的心意，并善于迎合其意，那么想入政就能入政，想出世就能出世；想让君主亲近就能让他亲近，想让他疏远就能让他疏远；想投奔君主就能投奔，想离去就能离去；想让君主诏求就能得到诏求，想令君主思念就能被他思念。就如同青蚨母子之血涂钱可以相互招引一样，可以把君主吸引得密合无隙，就能在宫廷中独往独来，自由自在，谁也没法阻挡。

由此可见，能让人闻声相思的人，一定有过人之处，要么道德高尚，要么深谋远虑，要么技艺超群。而那些处心积虑，以钱财以美色贿赂人的人，是不可取的错误行径。

谋莫难于周密

谋莫难于周密指计谋最难得的在于周到严密。

《鬼谷子·摩篇》载："故谋莫难于周密，说莫难于悉听，事莫难于必成；此三者唯圣人然后能任之。故谋必欲周密；必择其所与通者说也，故曰：或结而无隙也。夫事成必合于数，故曰：道、数与时相偶者也。说者听，必合于情；故曰：情合者听。"谋必须周到缜密，游说要首先选择与自己可以相通的对象。所以说办事情要固若金汤，无懈可击。要想使所主持之事取得预期的成功，必须有适当的方法。所以说客观规律、行动方法以及天时都是互相依附的。进行游说的人要让对方听信，必须使自己的言语合于情理，所以说合情理才有人听。

广而言之，计谋也包括人生规划和国家社会的发展规划，必须周到严密，既要符合实际，具有可行性，又要深谋远虑，具有前瞻性。

乍同乍异

乍：忽然；同：一样；异：不同。乍同乍异指一会儿同意，一会儿不同意，形容言语或态度变化太快。

《鬼谷子·飞箝》载："凡度权量能，所以征远来近。立势而制事，必先察同异之计，别是非之语，见内外之辞，知有无之术；决安危之计，定亲疏之事；然后乃权量之。其有隐括，乃可征、乃可求、乃可用。引钩钳之辞，飞而钳之。钩钳之语，其说辞也，乍同乍异。其不可善者：或先征之，而后重累；或先重以累，而后毁之；或以重累为毁；或以毁为重累。其用或积财货、琦玮、珠玉、白璧、采邑以事之，或量能立势以钩之，或伺候见涧而钳之，其事用抵巇。"

只要善于揣度人的智谋，考量人的才干，就能吸引远近人才。要造成一种声势，使事情获得成功，就得先观察人们相同和不同之处，区别议论的是与非，了解对内对外的各种进言，掌握其真假，决定事关安危的计谋，确定与谁亲近和与谁疏远。然后再看看这样做的利弊得失。衡量这些关系时，如果还有不清楚的地方，就要进行研究，进行探索，使之为我所用。借用引诱使对方说出真情，然后通过恭维来钳制住对手。钩钳之语是一种游说辞令，其特点是忽同忽异。对于那些没法控制的对手，或者先对他们威胁利诱，然后再对他们反复试探；或者先对他们反复试探，然后再摧毁他们；或者在反复考验中，毁灭对方，或者把摧毁对方作为反复考验。想要重用某些人时，可先赏赐财物、珠宝、玉石、白璧和封地，以便对他们试探；或者通过衡量其才能创造气氛，来吸引他们；或者暗中观察，抓住他的把柄，钳制他，在这个过程中要运用抵巇的方法达到钳制的目的。

虚心平意

平：宁静。虚心平意指心意空舒宁静，如同说心平气和。

《鬼谷子·符言》载："安徐正静，其被节先肉。善与而不静，虚心平意，以待倾损。右主位。"如果身居君位的人能做到安祥、从容、正派、沉静，既会怀柔又能节制，愿意给予并与世无争，这样就可以心平气和地面对纷争，以上讲善守其位。

鬼谷子非常善于利用辩证关系，自己平心静意，却让对手无法安静。对手苦恼摸不着头绪，自己淋漓畅快，在从容淡定中获胜。在《鬼谷子·符言》篇里，鬼谷子提出了很多重要的思想，有些是指导人们找准自己的位置，有些是奉劝人们学会明辨是非，还有的是帮助人们名副其实。我们可以从中懂得很多道理，也可以促进我们修身养性。

春秋时期齐国管仲《管子·九守》："安徐而静，柔节先定，虚心平意以待须。"这是周文王与姜太公的对话。文王问：君主应该怎样临朝执政呢？太公说：君主要安详稳健而气质宁静，要柔和有节而胸有成竹，要善于与民协商问题而不固执己见，对人要谦虚而无私，处事要公正而不偏。

列　子

列子（约前450—前375），名御寇，又名寇，亦作圄寇。郑国圃田（今河南郑州）人，古帝王列山氏之后。战国前期道家代表人物，著名的思想家、哲学家、文学家、教育家。是介于老子与庄子之间道家学派承前启后的重要传承人物，是老子和庄子之外的又一位道家学派代表人物。其学本于黄帝老子，主张清静无为，归同于老庄，被道家尊为前辈。创立了先秦哲学学派贵虚学派（列子学），对后世哲学、美学、文学、科技、养生、乐曲、宗教影响非常深远。东汉班固《汉书·艺文志》“道家”部分录有《列子》八卷，早佚。今本《列子》八卷，从思想内容和语言使用上看，或为后人根据古代资料编著。全书共载民间故事寓言、神话传说等134则，题材广泛，有些颇富教育意义。

茫然自失

茫然：失意的样子。茫然自失指若有所失而又不知所以的样子，形容心中迷惘，自感若有所失。

《列子·仲尼》载：“颜回北面拜手，曰：‘回亦得之矣。’出告子贡，子贡茫然自失。归家淫思七日，不寝不食，以至骨立。”意思是颜回面向北拱手作揖说：“我也明白了。”他出来告诉了子贡。子贡莫名其妙，回家深思了七天，不睡不吃，以至骨瘦如柴。

茫然自失是一种消极情绪，当人们遭遇失败或受到他人指责时，往往会产生茫然自失的心态。一旦产生这种心态，会影响到工作乃至自己的发展。因此，必须立即调整，或向朋友、师长、家人倾诉，释放不良情绪，或者度假旅游释放自身压力，或者进行健身运动和入睡，使自己心情平静下来，弄清是非，明确方向，培育自信自强的能力，重新振作起来。

八荒之外

八荒之外指八面荒远的地方以外，形容极其旷远。

《列子·仲尼》载："虽远在八荒之外，近在眉睫之内。来干我者，我必知之。"此为老冉的弟子亢仓子对鲁侯说的话：如果有极隐微的东西，极弱小的声音，即使远在八方荒远之地以外，或近在眉睫以内，来干扰我的，我一定都能知道。我也不晓得是我的七窍四肢所感觉到的，还是心腹六脏所知道的，它自然而然就知道罢了。

八荒之外是统治者治理国家的一种境界。皇恩浩荡，即令是八荒之外的老百姓，也应该得到朝廷的恩典。

八荒之外也是许多人向往的一种人生境界，神游在八荒之外，境由心造，自由自在，奇妙无比。

随着科学技术的进步，人造卫星可以登月、可以触及火星，四海八荒已算不得什么了。

悲愁垂涕

垂：垂下。涕：泪。悲愁垂涕指因为悲哀、愁苦而落泪。

《列子·汤问》载："昔韩娥东之齐，匮粮，过雍门，鬻歌假食。既去而余音绕梁欐，三日不绝，左右以其人弗去。过逆旅，逆旅人辱之。韩娥因曼声哀哭，一里老幼悲悉，垂涕相对，三日不食，遽百追之。娥还，复为曼声长歌。一里老幼善跃抃舞，弗能自禁，忘向之悲也。乃厚赂发之，故雁门之人至今善歌哭，仿娥之遗声。"

从前韩娥东行到齐国去，不料缺粮，经过齐国的雍门时，以卖唱来糊口。离开后，那美妙绝伦的余音还仿佛在屋上的中梁之间缭绕，数日不绝于耳。周围的人都以为她并没有离开。韩娥经过一家旅店时，旅店的主人羞辱她，韩娥为此拉长声音痛哭不已。她的哭声弥漫开来，竟使整个村子的男女老少泪眼相向愁眉不展，人人都难过得许多天吃不下饭，急忙追赶且挽留她。韩娥回来了，又拖长声调高歌，引得乡里的老少个个欢呼雀跃，不能自禁，大家忘情地沉浸在欢乐之中，将以往悲苦都忘了。大家都送给她丰厚的财物。雍门那边的人，至今还善于唱歌表演，那是在效仿韩娥。

悲愁垂涕是人们情感的自然流露，无可挑剔。然而，当你自然流露了悲愁垂涕的情感之后，不能一蹶不振，要尽快走出来，积极应对变故，解决困难，化解矛盾。

多歧亡羊

多歧亡羊指点因岔路太多无法追寻而丢失了羊。比喻事物复杂多变，没有正确的方向就会误入歧途。也比喻学习过多过杂就不容易精深。

《列子·说符》载：杨子之邻人亡羊，既率其党，又请杨子之竖追之。杨子曰："嘻！亡一羊，何追者之众？"邻人曰："多歧路。"既反，问："获羊乎？"曰："亡之矣。"曰："奚亡之？"曰："歧路之中又有歧焉。吾不知所之，所以反也。"杨子戚然变容，不言者移时，不笑者竟日。门人怪之，请曰："羊贱畜，又非夫子之有，而损言笑者何哉？"杨子不答。心都子曰："大道以多歧亡羊，学者以多方丧生。学非本不同，非本不一，而末异若是。唯归同反一，为亡得丧。子长先生之门，习先生之道，而不达先生之况也，哀哉！"

杨子的邻人走失了一只羊。那人央请了许多亲戚朋友一道去寻找（丢失的羊），又请杨子的家僮也一同去追捕。杨子说："唉！走失了一只羊，何必要这么多人去寻找呢？"邻人说："因为岔路太多了！"杨子的家僮回来后，杨子问："找到羊了吗？"家僮说："丢掉了！"杨子问："怎会让羊走失呢？"家僮说："每条岔路的中间又有岔路，我们不知道要往哪条路走，所以只好回来了。"杨子听了，脸色变得很忧伤，过了些时候还不说话，整天闷闷不乐。他的学生觉得很奇怪，便问杨子说："羊不过是只贱畜，而且又不是老师的，为什么为了这事整天都不笑呢？"杨子没有回答他们。心都子就说："大道因为岔路太多而丢失了羊，求学的人因为方法太多而丧失了生命。学的东西不是从根本上不相同，从根本上不一致，但结果却有这样大的差异。只有归到相同的根本上，回到一致的本质上，才会没有得失的感觉，而不迷失方向。你长期在老师的门下，是老师的大弟子，学习老师的学说，却不懂得老师说的譬喻的寓意，可悲呀！"

这句成语告诉人们：研究学习，不要被各种表象所迷惑而迷失了方向，要透过现象看本质，始终把握住正确的方向，坚定不移地走下去。三心二意、朝三暮四，就会成为歧路亡羊。

响遏行云

遏：阻止；行云：飘动的云彩。响遏行云形容歌声嘹亮，响入云霄，连浮动着的云彩也被止住了。

《列子·汤问》载："薛谭学讴于秦青，未穷青之技，自谓尽之，遂辞归。秦青弗止，饯于郊衢，抚节悲歌，声振林木，响遏行云。薛谭乃谢求反，终身不敢言归。"

薛谭向秦青学习唱歌，还没有学完秦青的技艺，就以为学尽了，于是就告辞回家。秦青没有劝阻他，在城外大道旁给他饯行，秦青打着节拍，高唱悲歌。歌声振动了林木，那音响止住了行云。于是薛谭向秦青道歉，要求回来继续学习。从此以后，他一辈子也不敢再说要回家。

做任何事情，都要虚心向别人学习，达到精益求精。山外有山，人外有人，学海无涯，不能一叶障目，浅尝辄止，高傲自大。这正是响遏行云给予我们做事做人的道理。

怡然自得

怡然：安适愉快的样子。怡然自得形容高兴而满足的样子。

《列子·黄帝》载：黄帝既寤，怡然自得。召天老、力牧、太山稽，告之。曰："朕闲居三月，斋心服形，思有以养身治物之道，弗获其术。疲而睡，所梦若此。今知至道不可以情求矣。朕知之矣！朕得之矣！而不能以告若矣。"又二十有八年，天下大治，几若华胥氏之国，而帝登假，百姓号之，二百余年不辍。

黄帝梦醒以后，大彻大悟，得道了。召他的国师、地方诸侯、管山林的，对他们说：“我闭关斋心修道，研究怎样找出来‘养身’，怎样得神通，却永远做不到。我疲劳睡觉时，梦中到了一个地方，这个梦启发了我，知道大道不可以人情意识、物质的欲望去求。真正的这个道，有没有？有，但不可以世俗的观念来求。现在我悟到了，我也懂了，但我没有办法告诉你们。”黄帝得道之后，他的政治处理方式不同了，不是从前的办法，所以 28 年天下大治。与他梦中所到的那个国家一样，然后黄帝走了，老百姓都还怀念黄帝，悲伤了一二百年。

怡然自得是一种快乐的心境。只要我们不负韶华，勤于学习，努力工作，不断取得事业成就，得到社会的认可，就会怡然自得，幸福快乐。

绕梁三日

绕梁三日指环绕屋梁旋转三天。形容音乐声高昂激荡，虽过了很长时间，好像仍在回响。

《列子·汤问》载：“昔韩娥东之齐，匮粮，过雍门，鬻歌假食，既去而余音绕梁，三日不绝，左右以其人弗去。”

传说战国时期，一位叫韩娥的女子来到齐国，因为一路饥饿，断粮已好几日了，于是在齐国临淄城西南门卖唱求食。她美妙而婉转的歌声深深地打动了听众的心弦，给人们留下了深刻的印象。三天以后，人们还听到她歌声的余音在房梁间缭绕。

绕梁三日用以形容美妙的歌声和音乐的魅力。韩娥擅唱，余音竟能绕梁三日，可见音乐的魅力是巨大的，多么难以想象。无论是家庭教育，还是社会教育和学校教育，要善于借助音乐的魅力，去塑造人的品格。

齐人攫金

攫：夺取。齐人攫金比喻利欲熏心而不顾一切。

《列子·说符》载：昔齐人有欲金者，清旦，衣冠而之市，适鬻金者之所，因攫其金而去。吏捕得之，问曰："人皆在焉，子攫人之金何？"对曰："取金之时，不见人，徒见金。"

从前齐国有一个想要金子的人，一天清早，他穿好衣服戴好帽子就去了集市。走到卖金子的地方，抢了金子就离开。巡官抓住了他，问他："人们都在场，你怎么敢抢人家的金子呢？"那人回答说："我抓金子的时候，根本没看到人，只看到金子。"

这个故事告诉我们，追求物质财富，希望生活宽裕，是人之常情，但要取财有道，不能利欲熏心、见钱眼开，更不能鬼迷心窍而做出有悖人性、违法乱纪的事情；否则，就显得可笑可恨了。

如石投水

如石投水指像石头投入水里就沉没一样。原比喻想消灭形迹而终不能，后比喻互相合得来。

《列子·说符》载：白公问曰："若以石投水，何如？"孔子曰："吴之善没者能取之。"

白公胜对于微言密谋很感兴趣，一直问密谋的事情是否也能暴露。孔子认为所谓微言，只能心领神会，不待形之于语言，话一说出口，便谈不上保守住什么秘密了。"以石投水"，石与水是不可掺合的，后用以比喻想要消灭形迹，终归难办，隐瞒事物的行为，迟早是会被发现的。

所以，人心要善良，行为要光明磊落。

鸥鸟不下

鸥鸟不下指鸥鸟不愿飞下来。比喻察觉他人将伤害自己，加倍防范。

《列子·黄帝》载：海上之人有好鸥鸟者，每旦之海上，从鸥鸟游。鸥鸟之至者百往而不止。其父曰："吾闻鸥鸟皆从汝游，汝取来，吾玩之。"明日之海上，鸥鸟舞而不下也。

从前在海边上有个喜欢鸥鸟的人，每天早上到了海边，鸥鸟都会跟着他一起嬉戏玩耍。每次他去的时候，鸥鸟都会很快地停在他身边。他的父亲对他说："我听说鸥鸟都跟着你一起嬉戏玩耍，你去把鸥鸟抓来，让我玩一下。"第二天，当他再到海边的时候，鸥鸟就只在空中盘旋飞舞却不再停在他身边了。

绿色理念是当今时代的重要发展理念，我们要建设美丽中国，就应保护自然环境，保护动物，保护鸟类，并与之和谐相处。

未雨绸缪

绸缪：紧密缠缚。未雨绸缪指天还没有下雨，先把门窗绑牢。比喻事先做好准备工作。

《诗经·豳风·鸱鸮》载：迨天之未阴雨，彻彼桑土，绸缪牖户。

武王灭纣后，封管叔、蔡叔及霍叔于商都近郊，以监视殷遗民，号三监。武王死后，成王年幼继位，由叔父周公辅政，致三监不满。管叔等散布流言，说周公将不利于成王。周公为避嫌疑，远离京城，迁居洛邑。不久，管叔等人与殷纣王之子武庚勾结行叛。周公写一首《鸱鸮》诗与成王，大意是：鸱鸮啊鸱鸮，你夺走了我的孩子，不要再毁掉我的窝！趁着天未下雨，我要剥下桑根的皮修补好门窗，我的手已发麻，嘴已磨损，羽毛也将落尽，可是我的窝还在风雨中飘摇！这首诗以母鸟的口吻，反映了周公对国事的深切忧虑，但年轻的成王并未能了解周公的苦心，对此无动于衷。后来，成王无意中在石室发现了周公的祝辞，深深为之感动，就立即派人把周公请回镐京。周公回京后，成王派他出兵征讨三叔和武庚。周公足智多谋，很快平息了叛乱，周王朝的统治得到了巩固。后来，人们便用“未雨绸缪”这个成语比喻事先做好准备。

一个人做事情之前先做准备，把事情安排得有条不紊，说明这个人是一个做事很有计划的人，也是一个做事未雨绸缪的人。而未雨绸缪的人，往往是做事成功的人，勇于担当重任的人。

高山流水

高山流水比喻知己或知音。也比喻乐曲高妙。

《列子·汤问》载：“伯牙鼓琴，志在登高山，钟子期曰：‘善哉，峨峨兮若泰山！’志在流水，钟子期曰：‘善哉，洋洋兮若江河。’”

春秋时伯牙善弹琴，钟子期善听琴。一次伯牙弹琴时，琴声时若高山，时若流水，只有钟子期能领会其中的含意。后来就用“高山流水”比喻知音或知己。也用以比喻乐曲的高雅精妙。

乐曲的高雅美妙就像高山流水一样，这是音乐与自然的对话。推而广之，热爱自然，融入自然，就能领会自然的真谛，创造美好的生活。就人生而言，真正的知心朋友并不多，所以有知音难觅之说。但只要待人以诚，就可以交到朋友，珍惜朋友间的情谊，相互学习，相互支持，就能共同进步，享受高山流水的精妙。

疑邻盗斧

疑邻盗斧形容做人处事要实事求是，从实际出发，不能凭空猜想。

战国时期郑国列御寇《列子·说符》载："人有亡鈇者，意者邻之子，视其行步，窃鈇也；颜色，窃鈇也；言语，窃鈇也；动作态度，无为而不窃鈇也。俄而扣其谷而得其鈇，他日复见其邻人之子，动作态度，无似窃鈇者。"

从前有个人，丢了一把斧子。他怀疑是邻居家的儿子偷去了，便观察那人，那人走路的样子，像是偷斧子的；看那人的脸色表情，也像是偷斧子的；听他的言谈话语，更像是偷斧子的，那人的一言一行、一举一动，无一不像偷斧子的。

不久后，他在翻动谷堆时发现了斧子，第二天又见到邻居家的儿子，就觉得他言行举止没有一处像是偷斧子的人了。

这则寓言说明，主观成见是认识客观真理的障碍。当人以成见去观察世界时，必然歪曲客观事物的原貌。因此，我们看待事物，要摒弃疑邻盗斧的态度，一定要深入实际，调查研究，把握事物的本质。

杞人忧天

"杞"是古时国名，在现在的河南杞县。"忧天"即担心天塌地陷。杞人忧天比喻毫无必要的、没有任何根据的担心和忧虑。亦作杞国忧天、杞人之忧。

《列子·天瑞》载："杞国有人忧天地崩坠，身亡所寄，废寝食者。"

这是一个脍炙人口的古代寓言故事：杞国有一个人，整天忧心如焚，担心天塌地崩。另外一个人为他这种状况担心，去开导他说："天是一大团气体，不用怕它塌落。"那人又问："天如果真是一大团气体，太阳、月亮和星辰不是要掉下来吗？"开导者又说："太阳、月亮和星辰，也不过是气团中有光的东西，即使掉下来，也不会打伤人的。"那人又担心起地崩来，开导者又告诉他："地无非是泥土石块，四面八方，都堆积得结结实实，是不会崩裂的。"那人转忧为喜，开导者也高兴地放下心来。在实际生活中，不见得真有怕天塌地陷的人，古人对天地的解释也不完全正确。可是作为一种心理状态，一天到晚，怕这怕那，缩手缩脚，愁得睡不着觉、吃不下饭的人，却还是有的。这样，后人就把不必要无根据的忧虑称为杞人忧天。

"杞人忧天"亦作"杞国忧天""杞人之忧"。唐朝诗人李白在《梁甫吟》中有一句："杞国无事忧天倾"。宋人胡仔的《苕溪渔隐丛话后集·本朝杂记下》中说："李诚之才致高妙，守边有威信，熙宁初，荆公用事，议论不合，退居汶上……尝作《昭陵挽词》云：'尧民丧考无生意，杞国忧天有坏时。'"清人曾朴的《孽海花》第六回中说："在雯青却一面庆幸着同学少年，各膺重寄，正盼他们互建奇勋，为书生吐气；一面又免不了杞人忧天，代为着急，只怕他们纸上谈兵，终无实际，使国家吃亏。"第二十七回又说："当此战祸方殷、大局颇危之际，我料太后虽有成竹，决不敢冒昧举行。这是贤弟关心太切，所以有此杞人之忧。"

如今的杞县就是古时的杞国领地，位于河南省中部偏东古黄河大冲积扇的东南翼，东连睢县，西接通许，南临太康，北依兰考，东北与民权毗邻，西北与开封市区接壤，面积1243平方公里。商汤封夏少康之后于杞，名杞国，都雍丘（今县城），周武王复封为杞国，秦置雍丘县，隋置杞州，五代晋改杞县，后汉、周、北宋又改雍丘县，金复改杞县至今。

庄子

庄子（约前369—前286），名周，字子休，战国时代宋国人，今河南商丘民权县（有庄周墓）。我国历史上著名的思想家、哲学家、文学家。老子哲学思想的继承者和发展者，道家学派的代表人物。后世将他与老子并称为“老庄”，其哲学为“老庄哲学”。著作有《庄子》，共三十三篇，分“内篇”“外篇”“杂篇”三个部分，在哲学、文学上都有较高研究价值，名篇有《逍遥游》《齐物论》《养生主》。庄子的文章，想像力很强，文笔变化多端，具有浓厚的浪漫主义色彩，并采用神话或寓言故事形式，富有幽默讽刺的意味，对后世文学语言有很大影响。

东施效颦

效：仿效；颦：皱眉头。东施效颦比喻胡乱模仿，不但模仿不好，反而出丑。有时也作自谦之词，表示自己根底差，学别人的长处没有学到家。

《庄子·天运》载：“故西施病心而颦其里，其里之丑人见而美之，归亦捧心而颦其里。其里之富人见之，坚闭门而不出；贫人见之，挈妻子而去之走。彼知颦美，而不知颦之所以美。”翻译过来就是：西施因胸口痛，所以皱着眉头走在村子中，村中一个长得丑的人（东施）看见了，觉得她这样做很漂亮，回家后也捂着自己的心口走在村子中。村中的富人见了她，牢牢地关着大门不出去；穷人见了东施，带着妻儿躲开（她）。（东施）只知道皱着眉头会很美，却不知道皱眉头为什么会美。

这个故事告诉我们不要一味地模仿别人，要知道别人为什么这样做，这样做好在哪里。不然，最终只会成为笑话。

庖丁解牛

庖丁：厨工。解：肢解分割。庖丁解牛比喻经过反复实践，掌握了事物的客观规律，做事得心应手，运用自如。

《庄子·养生主》载："庖丁为文惠君解牛。手之所触，肩之所倚，足之所履，膝之所踦，砉然响然，奏刀騞然，莫不中音。合于桑林之舞，乃中经首之会。"厨师庖丁为梁惠王宰牛，手所接触的地方，肩所靠着的地方，脚所踩着的地方，膝所顶着的地方，都发出皮骨相离声，刀子刺进去时响声更大，这些声音没有不合乎音律的。它竟然同《桑林》《经首》两首乐曲伴奏的舞蹈节奏合拍。

一切事物都有它的客观规律，像庖丁解牛一样，掌握科学的方法，按规律办事，就能游刃有余，收到事半功倍之效。

越俎代庖

越：跨过。俎：古代祭祀时摆祭品的礼器。庖：厨师。越俎代庖指主祭的人跨过礼器去代替厨师办席。比喻超出自己的职责，越权办事或包办代替。

《庄子·逍遥游》载：尧让天下于许由，曰："日月出矣，而爝火不息，其于光也，不亦难乎！时雨降矣，而犹浸灌，其于泽也，不亦劳乎！夫子立而天下治，而我犹尸之，吾自视缺然，请致天下。"许由曰："子治天下，天下既已治也，而我犹代子，吾将为名乎？名者实之宾也，吾将为宾乎？鹪鹩巢于深林，不过一枝；偃鼠饮河，不过满腹。归休乎君，予无所用天下为。庖人虽不治庖，尸祝不越樽俎而代之矣。”唐尧把天下让给许由，说：“日月出来了，然而仍然不熄灭小火把，它和日月比起，不也是没有意义了吗？及时雨降了，然而仍然灌溉，它对于润泽不也是徒劳吗？先生存在，天下被治理，然而我仍然掌控它，我自己认为我不足，请允许我让出天下。”许由说：“您治理天下，已经很好。然而我仍然代替你，我带领天下难道为了名声吗？名声是已经治理天下这个事实的附属品，我带领天下是为了附属品吗？鹪鹩在森林筑巢，不过占一棵树枝；鼹鼠喝黄河里的水，不过喝饱自己肚皮。天下对我有什么用呢？你回去吧，算了吧，给我天下没有用的地方啊！厨师即使不做祭祀用的饭菜，管祭祀的人也不能越位来代替他下厨房做菜。”

越俎代庖给我们的启示在于：不要超出自己业务范围去处理别人所管的事；否则，将会乱套，把事情搞糟。

中规中矩

中：合乎。规、矩：测量的工具。中规中矩指合乎一定的标准或法则，比喻符合规矩、标准，平淡无奇。

《庄子·逍遥游》载：惠子谓庄子曰：“吾有大树，人谓之樗。其大本拥肿而不中绳墨，其小枝卷曲而不中规矩。立之途，匠者不顾。今子之言，大而无用，众所同去也。”庄子曰：“子独不见狸狌乎？卑身而伏，以候敖者；东西跳梁，不辟高下；中于机辟，死于罔罟。今夫斄牛，其大若垂天之云。此能为大矣，而不能执鼠。今子有大树，患其无用，何不树之于无何有之乡，广莫之野，彷徨乎无为其侧，逍遥乎寝卧其下。不夭斤斧，物无害者，无所可用，安所困苦哉！”

惠子对庄子说："我有棵大树，人叫它樗。它的树干疙里疙瘩不符合绳墨取直的要求，它的树枝弯弯扭扭不适应圆规和角尺取材的需要。虽然生长在道路旁，木匠连看也不看。现今你的言谈，大而无用，大家都会鄙弃它的。"庄子说："先生没看见过野猫和黄鼠狼吗？低着身子匍匐于地，等待那些出洞觅食或游乐的小动物。一会儿东，一会儿西，跳来跳去，一会儿高，一会儿低，上下蹿越，不曾想落入他们设下的机关，死于猎网之中。再有那斄牛，庞大的身体就像天边的云，它的本事可大了，不过不能捕捉老鼠。如今你有这么大一棵树，却担忧它没有什么用处，怎么不把它栽种在什么也没有生长的地方，栽种在无边无际的旷野里，悠然自得地徘徊于树旁，悠悠自在地躺卧于树下。大树不会遭到刀斧砍伐，也没有什么东西会去伤害它。虽然没有派上什么用场，可是哪里又会有什么困苦呢？"这个寓言故事启示我们，做事要有规矩，没有规矩不成方圆。只有这样，才能办成事，办好事。

庄周梦蝶

不知是庄周做梦变成了蝴蝶呢，还是蝴蝶做梦变成了庄周。这一成语发源于庄子故里宋国（今商丘）。

《庄子·齐物论》载："昔者庄周梦为胡蝶，栩栩然胡蝶也，自喻适志与！不知周也。俄然觉，则蘧蘧然周也。不知周之梦为胡蝶与，胡蝶之梦为周与？周与胡蝶，则必有分矣。此之谓物化。"

过去庄周梦见自己变成蝴蝶，很生动逼真的一只蝴蝶，感到多么愉快和惬意啊！不知道自己原本是庄周。突然间醒过来，惊惶不定之间方知原来我是庄周。不知是庄周梦中变成蝴蝶呢，还是蝴蝶梦见自己变成庄周呢？庄周与蝴蝶那必定是有区别的。这就可叫作物、我的交合与变化。

庄子通过对梦中变化为蝴蝶和梦醒后蝴蝶复化为己的事件的描述与

探讨，提出了人不可能确切地区分真实与虚幻和生死物化的观点。虽然故事极其短小，但由于渗透了庄子诗化哲学的精义，成为庄子诗化哲学的代表。由于庄周梦蝶包含了浪漫的思想情感和丰富的人生哲学思考，引发后世众多文人骚客的共鸣，成为了他们经常吟咏的题目。而最著名的莫过于李商隐所言“庄生晓梦迷蝴蝶，望帝春心托杜鹃”。

游刃有余

游刃有余指刀刃运转于骨节空隙中，有回旋的余地。比喻工作熟练，有实际经验，解决问题毫不费事。

《庄子·养生主》载：“彼节者有间，而刀刃者无厚。以无厚入有间，恢恢乎，其于游刃必有余地矣。”厨师庖丁解牛技艺高超，为梁惠王所叹服，问其所以如此的原因，庖丁回答说：“我这把刀用了 19 年了，解杀的牛也有几千头了，可是你看这刀刃还像是刚磨出来一样锋利。因为那牛体的骨节有空隙，刀口却薄得像没有厚度，把没有厚度的刀口插入有空隙的骨节，宽宽绰绰的，它对于刀的运转必然是大有余地的了。”

只有熟悉情况，掌握事物发展规律，运用正确的方式方法，做起事情来才会达到游刃有余的境界。

螳臂当车

当：阻挡。螳螂举起前腿想挡住前进的车子。螳臂当车比喻不自量力或抗拒不可抗拒的强大力量，必然导致失败。

《庄子·人间世》载：齐庄公出猎，有一虫举足将搏其轮。问其御曰：“此何虫也？”对曰：“此螳螂也。其为虫也，知进而不知退，不量力而轻就敌。”庄公曰:“此为人，而必为天下勇武矣!”回车而避之，而勇士归之。

春秋时，齐国的国君齐庄公，有一次坐着车子出去打猎，忽见路旁有一只小小的虫子，伸出两条臂膀似的前腿，想要阻挡前进中的车轮。庄公问驾车的人:“这是一只什么虫子?”驾车的人答道:“这是一只螳螂，它见车子来了，不知赶快退避，却还要来阻挡，真是不自量力!”庄公笑道:“好一个出色的勇士，我们别伤害它吧!”说着，就叫驾车的人车子靠边，让开它，从路旁走过去。这件事情很快就传开了。人们都说庄公敬爱勇士。便有好多勇敢的武士，纷纷来投奔他。但是，“螳臂当车”作为一句成语，却并不比喻出色的勇士，而是比喻自不量力的可笑人物。

相忘江湖

相忘江湖不是说曾经相识的彼此，因为感情或其他因素而断绝联系，而是指两个不包含爱或恨等感情色彩的陌生人。“忘”，是中国古人表达关于阴阳、矛盾时的一种惯用手法。

《庄子·大宗师》载:“泉涸，鱼相与处于陆，相呴以湿，相濡以沫，不如相忘于江湖。”原指两条鱼因泉水干涸，被迫相互呵气，以口沫濡湿对方来保持湿润。它们不禁怀念昔日在江湖中互不相识、自由自在的生活。

与其大家在生死存亡中互相帮助，备受煎熬，不如大家互不相识而能够自由自在地生活。庄子在这里以鱼类比，精辟表述了“道”通其变的观点。与其要人民在“天下无道”、黑暗混乱的日子里，彼此共度时艰守望相助，倒不如活在“天下有道”的世界里，大家各自互不相干地平静生活。比喻同在困难的处境里，用微薄的力量互相帮助；有时不妨放弃执着以全新的自我迎接世界。现多指在尘世中忘却彼此，不通音讯。亦多见于情感散文中，指放下对某种情感过于执着的追求，彼此放手。

鼓盆而歌

鼓：乐器名，此处作动词，击打、敲击。盆：古代量器。而：表示承接关系，然后；也作并列关系，一边一边。歌：歌唱。鼓盆而歌表示对生死的乐观态度，也表示丧妻的悲哀。

《庄子·至乐》载：庄子妻死，惠子吊之，庄子则方箕踞鼓盆而歌。惠子曰："与人居，长子老身，死不哭亦足矣，又鼓盆而歌，不亦甚乎！"

庄子的妻子死了，惠子（惠施）前往庄子家吊唁，只见庄子岔开两腿，像个簸箕似的坐在地上，一边敲打着瓦缶一边唱着歌。惠子说："你的妻子和你一起生活，生儿育女直至衰老而死，身死你不哭泣也就算了，竟然敲着瓦缶唱歌，不觉得太过分了吗？"

庄子说："不对的，我妻子初死之时，我怎么能不感慨伤心呢！然而考察她开始原本就不曾出生，不仅不曾出生而且本来就不曾具有形体，不仅不曾具有形体而且原本就不曾形成气息。夹杂在恍恍惚惚的境域之中，变化而有了气息，气息变化而有了形体，形体变化而有了生命，如今变化又回到死亡，这就跟春夏秋冬四季运行一样。死去的那个人将静静地寝卧在天地之间，而我却呜呜地随之而啼哭，自认为这是不能通达天命，于是就停止了哭泣。"

鼓盆而歌表现了庄子旷达的人生境界，他摆脱了鬼神对于人类生死命运的摆布，只把生死视为一种自然的现象，认为生死的过程不过是像四时的运行一样。明代文学家冯梦龙在《警世通言》中，记载了《庄子休鼓盆成大道》的故事。像庄子一样参透生死，明白了自然规律，就能真正达到天人合一的乐生境界。

呆若木鸡

呆：傻，发愣的样子。呆若木鸡指呆得像木头鸡一样，形容因恐惧或惊异而发愣的样子。

《庄子·达生》载：“鸡虽有鸣者，已无变矣，望之似木鸡矣；其德全矣，异鸡无敢应者，反走矣。”

纪渻子是春秋时训练斗鸡的行家，由于他的名声太响亮了，于是齐王也把他找来训练斗鸡。10天之后，齐王问他：“斗鸡现在训练得怎样了？”纪渻子回答说：“鸡的性情高傲，时候还不到。”又过10天后齐王又来问他：“这回斗鸡该训练好了吧？”纪渻子回答说：“还没有，它现在还不能沉住气呢。”一个月后齐王已经等得不耐烦了，可是纪渻子还是摇头说不行。又过了10天后，纪渻子告诉齐王斗鸡训练好了，那只斗鸡非常厉害，别的鸡一见到它就吓得像木头一样呆住，可见它真是天下无敌的斗鸡！

后来，“呆若木鸡”便演变为比喻人呆木不灵，失去知觉的样子，或形容人因恐惧或惊异而发愣的样子。“呆若木鸡”还有一层寓意，用来比喻精神内敛，修养到家，处世不争，以此来消除敌对情绪，化解矛盾。

君子之交淡如水

君子：古代指道德高尚的人，也称品行好的人为君子。交：交情。指君子之间建立在道义基础上的交情高雅纯净，清淡如水。君子之交淡如水亦作“君子之交如水”或“君子之交淡若水”。

《庄子·山木》载：“谓贤者之交谊，平淡如水，不尚虚华。”君子之间因心怀坦荡，所以无须存有戒备之心。不用讲究太多礼节及客套语，不用太过谦卑。可以轻松自然，心境如水一样清澈透明。

发生在唐贞观年间薛仁贵身上的事情，就是引用“君子之交淡如水”的经典故事。当时，薛仁贵尚未得志，与妻子住在一个破窑洞中，衣食无着落，全靠王茂生夫妇经常接济。后来，薛仁贵参军，跟随唐太宗李世民御驾东征时，被封为“平辽王”。到王府送礼祝贺的文武大臣络绎不绝，都被薛仁贵婉言谢绝了，唯一收下的是普通老百姓王茂生送来的“美酒两坛”。负责启封的执事官打开酒坛，吓得面如土色，因为坛中装的是清水！薛仁贵得知后，不但没有生气，而且命令执事官取来大碗，当众饮下三大碗王茂生送来的清水。并对在场的众官员说：“我过去落难时，全靠王兄夫妇经常资助，没有他们就没有我今天的荣华富贵。如今我美酒不沾，厚礼不收，却偏偏要收下王兄送来的清水，因为我知道王兄贫寒，送清水也是一番美意，这就叫君子之交淡如水。”此后，薛仁贵与王茂生一家关系愈加亲密。

君子之交淡如水也是做人的一种高尚品格，以诚相待，照规律办事，相互支持，不搞江湖义气，不做违反原则的事。

螳螂捕蝉，黄雀在后

螳螂正要捉蝉，不知黄雀在它后面正要吃它。螳螂捕蝉，黄雀在后比喻目光短浅，只想到算计别人，没想到别人在算计他。

《庄子·山木》载：“睹一蝉，方得美荫而忘其身，螳螂执翳而搏之，见得而忘其形；异雀从而利之，见利而忘其真。”看见一只蝉，正在浓密的树荫里美美地休息而忘记了自身的安危；一只螳螂用树叶作隐蔽打算见机扑上去捕捉蝉，螳螂眼看即将得手而忘掉了自己形体的存在；那只怪雀紧随其后捉住了螳螂得到了食物，却丧失了自身的真性。

《刘向·说苑·第九卷·正谏》：“园中有树，其上有蝉，蝉高居悲鸣饮露，不知螳螂在其后也！螳螂委身曲附，欲取蝉而不顾知黄雀在其旁也！黄雀延颈欲啄螳螂而不知弹丸在其下也！此三者皆务欲得其前利而不顾其后之有患也。”吴王欲伐荆，告其左右曰：“敢有谏者死！”舍人有少孺子，欲谏不敢，则怀丸操弹，游于后园，露沾其衣，如是者三旦。吴王曰：“子来，何苦沾衣如此？”对曰：“园中有树，其上有蝉，蝉高居悲鸣饮露，不知螳螂在其后也；螳螂委身曲附，欲取蝉，而不知黄雀在其旁也；黄雀延颈，欲啄螳螂，而不知弹丸在其下也。此三者皆务欲得其前利，而不顾其后之患也。”吴王曰：“善哉！”乃罢其兵。

吴王想要讨伐楚国，告诉左右大臣说：“我会杀死所有敢劝谏我不出兵的人！”吴王的侍从中有个年轻人想要劝谏吴王却不敢，就怀里藏着弹丸，手里拿着弹弓，在后院游荡，露水沾湿了他的衣服，像这样过了几天。吴王说：“你为什么要这样辛苦地沾湿衣服？”年轻人回答说：“园子里有一棵树，树上有一只蝉，蝉处在高处一边动听地鸣叫，一边吮吸着露水，却不知道螳螂在它的后面；螳螂缩着身子紧贴树枝，弯起前肢，想要取食抓蝉，却不知道黄雀在它的旁边；黄雀伸长脖子想要啄食螳螂，却不知道拿着弹弓的人在它的下面。这三者都必定想要得到眼前的利益，却不考虑身后的隐患。”吴王明白了其中的道理，便停止了出兵。

由此可见，目光短浅，没有远见，必招后患。这就告诉我们：在考虑问题、处理事情时，要深思熟虑，一定要考虑后果，目光远大，不要只顾眼前利益，而招致后患。

化腐朽为神奇

腐，烂也，败也，本义为腐烂变质。朽，腐烂，与腐同义。腐朽，一般指木料等含有纤维的物质由于长时期的风吹、雨打或微生物的侵害而朽烂，比喻思想陈腐、生活堕落或制度败坏腐朽庸俗的作风。神奇，神妙奇特的东西。化腐朽为神奇就是变坏为好，变死板为灵巧，变无用为有用。即把没有生机的物质或精神变得奇妙，出乎人的想象。

《庄子·知北游》载："故万物一也，是其所美者为神奇，其所恶者为臭腐；臭腐复化为神奇，神奇复化为臭腐。"对万物来说，最美丽的地方是神奇，最讨厌的地方是腐朽；腐朽可以化为神奇，神奇又可化为腐朽。

腐朽是一种形态，是指一种濒临于死亡的形态。通常情形下也会用来形容丧失活力、停滞、颓废、萎靡不振的社会心理。而化腐朽为神奇就是将短暂的、稍纵即逝的、有形的、物质的、有限的东西化为无形的、恒久的、精神性的东西。

后人常用化腐朽为神奇来比喻艺术家手法的精妙和独到，以及老师教书育人经验丰富、方法得当。

白驹过隙

白驹：白色骏马，比喻太阳；隙：缝隙。白驹过隙指像小白马在细小的缝隙前跑过一样，比喻时间过得极快，光阴易逝。

《庄子·知北游》载："人生天地之间，若白驹之过郤，忽然而已。"

人的生命太短暂，在天地间，就像白色骏马在细小的缝隙前一跃而过。庄子在文中描述了孔子有一次专程去向老子请教什么是"至道"，老子要孔子斋戒沐浴，说道："人的寿命是极为短暂的，好像白马驰过狭窄的空隙，一闪即逝。死是人从有形转化为无形，道即精神可以永远留在人世之间。"白驹过隙，可以理解为庄子对人生短暂而发出的感叹。

人生就如白驹过隙，稍纵即逝。一寸光阴一寸金，每个人都应珍惜光阴，在有限的生命里，为人民为国家做出自己积极的贡献。

涸辙之鱼

涸：干涸；辙：车轮的痕迹。涸辙之鱼指干涸车沟里的小鱼，比喻在困境中亟待援助的人。

涸辙之鱼与叙述庄子的寓言故事有关：庄子因家里贫穷，便向监河侯借粮。监河侯说：“好！我将要得到封地上的收入，会借你300两，可以吗？”

庄周生气地说：“我昨天来，在大道上听到呼救。回头看到车轮碾出的痕迹中有一条鲋鱼。我问鲋鱼是哪里来的,鲋鱼回答是东海海神的臣子，希望我用一点点水来救他活命。”

监河侯听了庄周的话后，问他是否给了水救助鲋鱼。庄子说：“我说可以，等我到南方，劝说吴王和越王，请他们把西江的水引到你这儿来，把你接回东海老家去罢！”

监河侯感到庄子的救助方法十分荒唐：“那怎么行呢？”

庄周答道：“是呀，鲋鱼听了我的主意，当即气得睁大了眼，说眼下断了水，没有安身之处，只需几桶水就能解困，你说的所谓引水全是空话大话，不等把水引来，我早就成了鱼市上的干鱼啦！”

远水解不了近渴，这是人们的常识。这篇寓言揭露了监河侯假大方、真吝啬的伪善面目。讽刺了说大话、讲空话，不解决实际问题之人的惯用伎俩。老实人的态度是少说空话，多办实事。

朝三暮四

朝三暮四指玩弄手法欺骗人。比喻常常变卦，反复无常。

《庄子·齐物论》载，“齐物论”包含齐物与齐论。庄子认为世界万物包括人的品性和感情，看起来是千差万别，归根结底却又是齐一的，这就是“齐物”。人们的各种看法和观点，看起来也是千差万别的，但世间万物既是齐一的，言论归根结底也应是齐一的，没有所谓是非和不同，这就是“齐论”。

《齐物论》中有一则寓言故事，“狙公赋芧，曰：‘朝三而暮四。’众狙皆怒。曰：‘然则朝四而暮三。’众狙皆悦。名实未亏而喜怒为用，亦因是也”。用今天的话就是：养猴人给猴子分果子，说：“早上分给三颗，晚上分给四颗。”猴子们听了非常愤怒。养猴人便改口说：“那么就早上四颗晚上三颗吧。”猴子们听了都高兴起来。三四之名和它们的总和其实没变，但猕猴却迷惑于颠倒之相而妄用喜怒。

其实，无论朝三暮四还是朝四暮三，众猴子所得到的都一样，猴子们因此喜怒显得十分可笑。由此告诫人们：无论形式怎样变化，其本质相同。人生漫长，不要计较得失。

津人操舟

津人，指渡船的船夫。操舟：划船。

《庄子·达生》载，颜渊问仲尼曰：“吾尝济乎觞深之渊，津人操舟若神。吾问焉曰：‘操舟可学邪？’曰：‘可。善游者数能。若乃夫没人，则未尝见舟而便操之也。’吾问焉而不吾告，敢问何谓也？”仲尼曰：“善游者数能，忘水也；若乃夫没人之未尝见舟而便操之也，彼视渊若陵，视舟若履，犹其车却也。覆却万方陈乎前而不得入其舍，恶往而不暇！以瓦注者巧，以钩注者惮，以黄金注者殙。其巧一也，而有所矜，则重外也。凡外重者内拙。”

《达生》是《庄子》第十九篇。所谓“达生”就是领悟生命的意义和价值。《达生》内容丰富，寓言故事众多，所揭示的人生哲理也很深刻。这个故事是说：颜渊问老师孔子：“我曾经渡过一个叫做觞深的深渊，摆渡人划船的技术高超，灵巧如神。我就问他：‘我可以学会划船吗？’他说‘可以，会游泳的人很快就能学会划船；如果会潜水的人，即使没有见过船也能立即会划船。’”颜渊跟孔子说，我问他其中的缘故，他却没有告诉我。于是颜渊问孔子，这是什么意思。孔子说：这是因为善于游泳的人虽然身在水中却不把水看得可怕，善于潜水的人把深渊也只看成丘陵陆地。他们面对各种危险情形，都可以应付自如。这样的人无论在什么地方都会自然无畏。同样一个人，在赌博时，用瓦片下注往往可以巧中，用玉钩下注就心存畏惧，用黄金下注就会头脑发昏，这是因为他看重身外之物而有所顾惜、心怀畏惧。所以说凡是看重身外之物的人，思想必然笨拙。

吕不韦

吕不韦（？—前235），姜姓，吕氏，名不韦，卫国濮阳（今河南濮阳西南）人。战国末年商人、政治家、思想家，秦国丞相。早年经商于阳翟（今河南禹州），扶植秦国质子异人回国即位，成为秦庄襄王，拜为相国，封文信侯，食邑河南洛阳十万户。带兵攻取周国、赵国、卫国土地，分别设立三川郡、太原郡、东郡，对秦王嬴政兼并六国的事业作出重大贡献。庄襄王去世后，迎立太子嬴政即位，拜为相邦，尊称“仲父”，权倾天下。因受到嫪毒集团叛乱牵连，罢相归国，全家流放蜀郡，途中饮鸩自尽。吕不韦主持编纂《吕氏春秋》（又名《吕览》），包含八览、六论、十二纪，汇合了先秦诸子各派学说，“兼儒墨，合名法，史称‘杂家’”。

刻舟求剑

刻舟求剑一般比喻死守教条，拘泥成法，固执不变通的人。

战国时期吕不韦《吕氏春秋·察今》载：“楚人有涉江者，其剑自舟中坠于水，遽契其舟，曰：‘是吾剑之所从坠。’舟止，从其所契者入水求之。舟已行矣，而剑不行，求剑若此，不亦惑乎？”

楚国有个渡江的人，他的剑从船中掉到水里。他立刻在那船（舷）上刻了记号，说：“这是我剑掉下去的地方。”船到目的地后停了下来，这个楚国人从他刻记号的地方跳到水里寻找剑。船已经行驶了，但是剑没有移动，像这样寻找剑，不是很糊涂吗？

剑落水中只会沉底，沉底就不动了，船却在不断移动。求剑人的认识同客观事实不一致，结果必然失败。这则成语是对教条主义的有力讽刺。人的思想认识如果不符合客观实际，总是把陈规旧章当成解决新问题的法宝，不仅不会把事情做成功，还会闹出笑话。这是朴素的唯物主义思想。

一窍不通

窍：洞，指心窍。一窍不通指没有一窍是贯通的，比喻一点儿也不懂。

《吕氏春秋·过理》载，“（纣）杀比干而视其心，不适也。孔子闻之，曰：‘其窍通，则比干不死矣’”。大概意思是说，如果纣王的心通了一窍，就不会做出糊涂事把比干杀了！

纣王与妃子妲己，一天到晚喝酒玩乐，根本不管国家的事。他听信妲己的话，杀了很多忠臣和无辜的老百姓。纣王的叔父比干忍无可忍，跑去劝谏纣王改邪归正，不要错杀无辜，应该重整朝纲，勤政为民。妲己得知比干劝谏纣王，怀恨在心，寻找机会加害比干。就对纣王说：“大王！如果比干真的是一个忠臣的话，您为什么不叫他把自己胸膛剖开，把他的心肝拿出来献给您呢！”纣王听信妲己的话，立刻下令赐比干剖胸而死。后来，这件事被记在《吕氏春秋》中，用来骂一个人非常愚蠢或是很糊涂。同时也可以比喻人对某种技艺或学术一无所知。

三豕涉河

三豕涉河比喻文字传写或刊印讹误。

三豕涉河出自《吕氏春秋·察传》：“子夏之晋过卫，有读史记者曰：‘

晋师三豕涉河。'子夏曰:'非也,是己亥也。夫己与三相近,豕与亥相似。'至于晋而问之,则曰晋师己亥涉河也。"

像这样听信传闻,不如不听。子夏到晋国去,经过卫国,有个读史书的人说:"晋军三豕过黄河。"子夏说:"不对,是己亥日过黄河。古文'己'字与'三'字字形相近,'豕'字和'亥'字相似。"到了晋国探问此事,果然是说,晋国军队在己亥那天渡过黄河。

《孔子家语·七十二弟子解》作"三豕渡河"。这个成语讽刺了不明辨是非、道听途说、误听误传的人。后多喻文字的讹误。

瞻蒲劝穑

瞻蒲劝穑指看见菖蒲初生,便督促农民及时耕种。

《吕氏春秋·士容论》载:"冬至后五旬七日,菖始生。菖者百草之先生者也,于是始耕。"冬至以后57天,菖蒲开始萌生。菖蒲是百草中最先萌生的。这时开始耕地。

这是古人对农时春耕经验的记载。农耕时代是自给自足的小农经济,日出而作,日落而息,什么时候种瓜,什么时候种豆,不能早也不能晚,只有抓住农时,才会有秋天的收获。当今时代,是现代化的农业,反季节种植农作物已是常见的现象。这是农业的发展进步。

盗钟掩耳

盗:盗窃。钟:古代一种乐器。盗钟掩耳指偷钟时捂住自己的耳朵,比喻自欺欺人,亦作掩耳盗铃。

《吕氏春秋·自知》载:"百姓有得钟者,欲负而走,则钟大不可负,以椎毁之，钟况然有音，恐人闻之而夺己也，遽掩其耳。”

从前有个人，发现别人家门口挂着一口很大的铜钟。他想偷，但一个人搬不动，想把它敲碎卖了，又担心敲钟时别人听到声音。后来他终于想出一个绝妙的主意，就是用棉花把自己的耳朵塞住，听不到自己敲钟的声音，然后去偷钟。结果在偷窃时被当场逮住。后以“盗钟掩耳”比喻自己欺骗自己。

这则寓言故事把掩耳盗钟者的愚蠢描写得很生动。后衍化为成语，劝告人们：如果做错了事自己假装不知道，如同捂着耳朵偷铃铛，自己欺骗自己，却欺骗不了别人。

箕山之节

箕山：古代传说唐尧时的隐士许由、巢父隐居的地方，在今河南登封县东南。节：名节，节操。箕山之节指归隐以保全节操，旧时用以称誉不愿在乱世做官的人，亦作箕山之志、箕山之操。

《吕氏春秋·求人》载，“昔尧朝许由于沛泽之中，曰：‘……请属天下于夫子。’许由辞曰：‘为天下之不治与？而既已治矣。自为与？啁噍巢于林，不过一枝；偃鼠饮于河，不过满腹。归已君乎！恶用天下？’遂之箕山之下，颍水之阳，耕而食，终身无经天下之色”。

从前尧到大泽之中拜见许由，说：“10个太阳都出来了，火把却还不熄灭，不是徒劳吗？您来做天子，天下一定能够大治，我愿把天下交给您治理。”许由推辞说：“这是为什么呢？要说是因为天下还不太平吧，可如今天下已经太平了；说是为了自己吧，须知鹌鹑在树林中筑巢，树木再多，自己也只不过占据一棵树枝；鼹鼠到河里喝水，河水再多，自己也只不过喝饱肚皮。您回去吧！我哪里用得着天下？”说罢，就去箕山脚下、颍水北岸种田为生，终生也没有过问天下的事情。

贪小失大

贪小失大指因为贪图小便宜而失掉大的利益，比喻只谋求眼前的好处而不顾长远的利益。

《吕氏春秋·权勋》载：“达子又帅其馀卒，以军于秦周，无以赏，使人请金于齐王，齐王怒曰：‘若残竖子之类，恶能给若金？’与燕人战，大败，达子死，齐王走莒。燕人逐北入国，相与争金于美唐甚多。此贪于小利以失大利者也。”达子又率领残兵驻扎在秦周，没有东西赏赐士卒，就派人向齐王请求金钱，齐王非常生气地说：“你们这些残存下来愚弱无能的家伙，怎么能给你们金钱？”齐军与燕国人交战，被打得大败，达子战死了，齐王逃到了莒。燕国人追赶败逃的齐兵进入齐国国都，你争我夺抢了很多金钱。这是贪图小利因而丧失了大利啊！后以“贪小失大”指因贪图小便宜而失掉更大的利益。

无论是个人，还是集体，要进步，要发展，都必须抛弃贪小失大的行为。比如，为了眼前短期的经济利益而忽略了环境保护，甚至破坏环境，是一种贪小失大的做法。发展经济必须确定绿色发展理念，把目光放长远，考虑到子孙后代的利益，保持可持续性。

连枝同气

连枝同气比喻同胞兄弟姐妹或情如兄弟的亲密关系，亦作同气连枝。

《吕氏春秋·精通》载：“故父母之于子也，子之于父母也，一体而两分，同气而异息。”

所以，无论父母对于子女来说，还是子女对于父母来说，实际都是一个身体而分为两处，精气相同而呼吸各异。

旧题汉苏武诗之一：“况我连枝树，与子同一身。”后以“连枝同气”比喻同胞兄弟姐妹或情如兄弟的亲密关系。

在祖国的大家庭里，各民族同胞都是连枝同气的兄弟姐妹，一定要团结一心，同舟共济，共筑梦想，实现中华民族的伟大复兴。

逐臭之夫

逐臭之夫指追逐奇臭的人。比喻嗜好怪癖，与众不同的人。

《吕氏春秋·遇合》载：“人有大臭者，其亲戚兄弟妻妾知识，无能与居者，自苦而居海上。海上有人说（悦）其臭者，昼夜随之而不能去。”有个身上发臭味的人，以致他的亲戚、兄弟、妻妾、相识的人，都不愿和他一起生活和交往。他自己苦恼至极，远离亲友，迁到海滨居住。海滨却有一个人非常喜欢他身上的臭味，昼夜跟随着他，一步也舍不得离开。后以“逐臭之夫”喻嗜好怪僻的人。

这句成语告诉我们：做人不能过于特殊。每个人都有脾气性格和兴趣爱好，而且各有不同，要了解别人，也要认识自己，求同存异，学会包容他人的优缺点。

韩非子

韩非子（约公元前280—前233），战国末期著名思想家、法家代表人物。尊称韩非子或韩子。韩王（战国末期韩国君主）之子，荀子的学生（今河南新郑人）。曾备受秦王嬴政赏识，但遭到李斯等人的嫉妒，最终被下狱毒死。他被誉为得老子思想精髓最多的二人之一（另一人为庄周）。著有《韩非子》一书，共55篇，10万余字，在先秦诸子散文中独树一帜。韩非子极为重视唯物主义与效益主义思想，积极倡导君主专制主义理论，目的是为君主专制提供富国强兵的霸道思想。

郑人买履

郑人买履既是成语，又是我国著名的寓言故事。履，即鞋。主要用来讽刺那些只相信教条而不顾客观实际的人。

《韩非子·外储说左上》是先秦法家集大成者韩非子的著作。这本书中记载了大量脍炙人口的寓言故事，如“自相矛盾”“守株待兔”“滥竽充数”“老马识途”等，蕴含着深刻的哲理，不仅有较高的文学价值，而且给人以智慧和启迪。

“郑人买履”的故事是这样的：有个郑国人想买双鞋子，自己先把脚量了量，记下了尺寸。当他跑到市场上买鞋时，发现记下的尺寸忘在家里了。于是又赶回去取。等他再来到市场，鞋店已经关门，只好空手回去。别人问他："你何不直接用脚试试？"他答道："我宁可相信量脚的尺寸，也不愿相信自己的脚。""郑人买履"是典型的本本主义和形而上学的做法，犯了这种错误，在生活和工作上就会遭受挫折。因此，它给人的启示是：想问题、办事情一定要从实际出发，实事求是。

从实际出发、实事求是的哲学观点，要求我们办事情或制定工作方针，不能只惟书惟上，一定要因地制宜、审时度势，根据变化发展的情况而发展变化，使我们的主观意识符合发展变化的实际，尽量避免主观主义和教条主义。只有这样，我们才能在生活和工作中，遵循事物发展的规律，充分发挥主观能动性，与人和睦相处，参与市场竞争，获取无限的乐趣和人生的成功。从这个意义上来说，"郑人买履"这一成语典故，虽然产生于几千年前的战国时期，听后令人啼笑皆非，但是它生发出来的深刻哲理，却永远放射着灼人的光辉。

韩非子是战国时期韩国人，他虽然出身在门第显赫的韩王家族，但一生没有做过官，原因是他有口吃的毛病，不善说会道，所以他即便多次向韩王进献变法图强的建议，也不能被韩王采纳和重用，一生郁郁不得志。然而，韩非子却是个才华横溢和有明确政治主张的人，他见那些王侯贵族不重用自己，就发奋著书立说。他有10万多字的文章传世，这在当时没有纸张的情况下，已经是很不容易的事了。韩非子的文章被后人整理成册，命名《韩非子》。韩非子是我国法家思想的集大成者。他在总结批判前期法家理论的基础上，成为古代法家学派最具代表性的人物和封建法治理论的奠基人。他提出的法、术、势三种理论观点，一直是封建统治者治国平天下的理论依据。

自相矛盾

矛，进攻敌人的刺击武器；盾，保护自己的盾牌。自相矛盾比喻自己说话做事前后抵触。

《韩非子·难势》载，“客有鬻矛与楯者，誉其楯之坚：物莫能陷也。”俄而又誉其矛曰：‘吾矛之利，物无不陷也’。人应之曰：‘以子之矛，陷子之楯，何如？’其人弗能应也”。

在战国时期，楚国有个卖矛和盾的人，他先夸耀自己的盾很坚硬，说：“无论用什么东西都无法破坏它！”然后，他又夸耀自己的矛很锐利，说：“无论什么东西都能被它破坏！”市场上的人质问他：“如果用你的矛去刺你的盾，它们将怎么样？”那个人无法回答，众人嘲笑他。无法被刺穿的盾牌和能刺破所有盾的长矛，是不可能共同存在的。世上不可能共同存在牢不可破的盾和无坚不摧的矛，这个楚国人片面地夸大了矛与盾的作用，结果出现无法自圆其说的局面。比喻说话做事前后抵触，不能自圆其说。启发我们做事说话皆应三思而后行。

滥竽充数

滥：失实的，假的。滥竽充数指不会吹竽的人混在吹竽的队伍里充数。比喻无本领的冒充有本领，次货冒充好货。

《韩非子·内储说上》载：“齐宣王使人吹竽，必三百人。南郭处士请为王吹竽，宣王说之，廪食以数百人。宣王死，湣王立，好一一听之，处士逃。”

战国时期，齐国的国君齐宣王喜欢音乐，尤其喜欢听吹竽，手下有300个善于吹竽的乐师。齐宣王喜欢热闹，爱摆排场，总想在人前显示做国君的威严，所以每次听吹竽的时候，总是叫这三百人在一起合奏给他听。有个名叫南郭的处士听说了齐宣王喜欢听合奏，觉得有机可乘，是个赚钱的好机会，就跑到齐宣王那里去，吹嘘自己说：“大王啊，听过我吹竽的人没有不被感动的，就是鸟兽听了也会翩翩起舞，花草听了也会合着节拍摆动，我愿把我的绝技献给大王。”齐宣王听得高兴，很爽快地收下了他，把他也编进那支300人的吹竽队中。从这以后，南郭处士就随那300人一块儿合奏给齐宣王听，和大家一样享受着优厚的待遇，心里极为得意。其实南郭处士他压根儿就不会吹竽。每逢演奏的时候，南郭处士就捧着竽混在队伍中，人家摇晃身体，他也摇晃身体，人家摆头，他也摆头，脸上装出一副动情忘我的样子，看上去比别人吹奏得更投入。南郭处士就这样靠着蒙骗混过了一天又一天，不劳而获地白拿着丰厚的薪水。但是好景不长，过了几年，爱听竽合奏的齐宣王死了，他的儿子齐湣王继承了王位。齐湣王也爱听吹竽，但他喜欢听独奏。于是齐湣王发布了一道命令，要这300个人轮流吹竽来给他欣赏。南郭处士急得像热锅上的蚂蚁，惶惶不可终日。他想来想去，觉得再也混不过去了，连夜收拾行李逃走了。

这个寓言比喻没有真才实学的人混在行家里面充数，或是用不好的东西混在好东西里充数。南郭先生也成了滥竽充数者的代名词。因此，我们只有勤学苦练，才能使自己具有真才实学，担当起重任。

战战栗栗　日慎一日

战战：戒惧的样子；栗栗：哆嗦，发抖。战战栗栗指因戒惧而小心谨慎的样子。

慎：谨慎。日慎一日指一天比一天谨慎，形容做事十分小心。

《韩非子·初见秦》载：“战战栗栗，日慎一日。”

俗话说，不做亏心事，不怕鬼敲门。只要为人光明磊落，公正无私，是一个坦荡君子，就不会战战栗栗过日子。但社会复杂，人世险恶，做人不能傲慢，不能目空一切，事事都要谨慎。因此，日慎一日的做事态度，是值得肯定的。

蚕食鲸吞

蚕食鲸吞指像蚕吃桑叶那样一步步侵占，像鲸吞食那样一下子吞并。比喻用各种方式侵占吞并别国的领土。

《韩非子·存韩》载："赵氏破胆，荆人狐疑，必有忠计。荆人不动，魏不足患也。则诸侯可蚕食而尽,赵氏可得与敌矣。愿陛下幸察愚臣之计，无忽。"大意为：赵氏吓破了胆,荆人像狐狸一样多疑,一定有保守的计策。荆人不动，魏国不值得我们忧患，而诸侯可以蚕食到完，赵氏可以从敌人那里得到。希望陛下认真考虑我的计策，不要忽视。

柳亚子《屈辱》诗中亦有："鲸吞蚕食言终验，敌弱朋强局已更。"

深不可测

深不可测指深得无法测量，比喻对事物的情况捉摸不透。深不可测有时也用变幻莫测来代替，用以指事物变化迅速，捉摸不定，变化多端，难以揣测。

《韩非子·主道》载："大不可量，深不可测，同合刑名，审验法式，擅为者诛，国乃无贼。"君主的决策要显得大不可量，深不可测，严格要求臣下言行一致，擅自行动就要严惩，这样国家就没有奸贼了。

深不可测也是一种有谋略智慧的表现。只有不断地学习,不断地积累，并善于总结经验教训，才能使其足智多谋、运筹帷幄、决胜千里，达到深不可测的境界。

负薪救火

负薪救火指背着柴草去救火。比喻用错误的方法去消除灾祸，结果使灾祸反而扩大。

《韩非子·有度》载："其国乱弱矣，又皆释国法而私其外，则是负薪而救火也，乱弱甚矣。"这些国家本已经混乱衰弱了，他们的群臣又都丢掉国法而营私舞弊，这好比背着干柴去救火，国家会更加混乱和衰弱。

战国时，魏国总是受到秦国的军事骚扰，并连连战败。几年下来，兵士阵亡无数，城池不断丢失，魏王因此寝食难安。大将段干子为了苟安，便向魏王建议把南阳割给秦国，请求休战议和。魏王本来对秦军的进攻十分恐惧，一心以为割让土地就可以求得太平，便打算割地议和。苏秦的弟弟苏代，一贯主张"合纵抗秦"，得知魏国割地求合的事后，就对魏王说："秦国贪得无厌，你这样用领土、主权，想换取和平，是办不到的，只要你国土还在，就无法满足秦国的欲望。现在这种求和方法，好比是抱着柴草去救火，柴草一把一把地投入火中，火怎么能扑灭呢？柴草一天不烧完，火是一天不会熄灭的。"尽管苏代讲得头头是道，但是胆小的魏王只顾眼前的太平，还是依大臣们的意见，一味屈膝求和，把魏国大片土地割让给秦国。后来秦军又大举进攻魏国，包围了国都大梁，掘开黄河大堤让洪水淹没了大梁城，魏国最终被秦国灭掉。

这个故事告诉人们：解决问题或消除灾祸，必须看清事物本质，用正确的方法去处理，否则只会使问题更加严重，灾祸继续扩大。

守株待兔

株：露出地面的树根。守株待兔比喻企图不经过努力而成功的侥幸心理，也比喻死守狭隘经验，不知变通。

《韩非子·五蠹》载。宋国有个农民，他的田地中有一截树桩。一天，一只跑得飞快的野兔撞在了树桩上，扭断脖子死了。于是，农民便放下他的农具日日夜夜守在树桩子旁边，希望能再得到一只兔子。然而野兔是不可能再次得到了，而他自己也被宋国人耻笑。如果用过去的治国方略来治理当今的百姓，这都是在犯守株待兔一样的错误呀！不能死守狭隘经验、墨守成规。

这句成语告诉我们：不知变通、死守教条的狭隘的思想方法是不可取的，不靠自己勤勤恳恳的劳动，而想靠碰好运过日子，是不会有好结果的。不要对任何的事情抱有侥幸幻想，不投机取巧，应主动努力，积极做事，才能有所收获。

买椟还珠

买椟还珠指买来装珍珠的木匣但退还了珍珠。比喻取舍不当，次要的东西比主要的还要好。

《韩非子·外储说左上》载：楚人有卖其珠于郑者，为木兰之椟，薰以桂椒，缀以珠玉，饰以玫瑰，辑以翡翠。郑人买其椟而还其珠。此可谓善卖椟矣，未可谓善鬻珠也。今世之谈也，皆道辩说文辞之言，人主览其文而忘有用。后人由此提炼出买椟还珠的成语。

春秋战国时期，楚国有一个卖珠宝的商人，经常来往于楚国与郑国之间，做些珠宝生意。有一天，他准备了一些珠宝，打算拿到郑国卖。为了招揽顾客，卖上好价钱，选了一些上等的木材，找工匠做成一个个精致新颖的木盒子，并且请技艺高超的雕刻师在盒子的外面刻上各种各样美丽的花纹。同时，他选用不同名贵的香料，把做好的盒子薰得香气迷人。盒子完工之后，看上去金光闪闪，闻上去芬芳迷人，真是不可多得的艺术品。这个珠宝商人小心翼翼地把珠宝放进特意做好的盒子里，带着这些珠宝，动身去了郑国。有个郑国人拿起盒子，仔细端详了一番，经过一番讨价还价后，把钱交给了珠宝商，就带着盒子走了。可是他刚走了没几步，却又折回来了，小心翼翼地打开盒子，取出里面的珠宝递给珠宝商说："刚才走得匆忙，竟然没发现盒子里有颗珠宝。这肯定是先生您放到里面去的，我是专程来归还珠宝的。"

郑国人还了珠宝便高兴地离开了，嘴里还小声地嘀咕着："这木匣太漂亮了，这可是让我赚到了。"珠宝商拿着郑国人还回来的珠宝，惊讶得合不拢嘴。

我们从故事中应吸取的教训是：做事情必须主次分明，不能像买椟还珠的人那样，只注重事物的外表，看不清事物的本质。只有看清事物的本质，分清主次，才能取舍得当。

法不阿贵

法，法律；阿，偏袒。法不阿贵指法律即使是对高贵的人，有权势的人也不徇情。形容执法公正，法律面前人人平等。

《韩非子·有度》载："法不阿贵，绳不挠曲。法之所加，智者弗能辞，勇者弗敢争，刑过不避大臣，赏善不遗匹夫。"

法律不偏袒地位高的人，准绳不迁就弯的东西，适用法律时，有智慧的人不能辩解，有勇力的人不能抗争，惩罚罪过不避开大臣，奖赏好事，不遗漏普通民众。

由此可以看到：法体现的是“一以贯之”的公平性、权威性。公正的司法更能让普通人看到社会的正义和希望。把法治作为治国理政的基本方式，让法治成为共同价值和信念，坚持法律面前人人平等，一视同仁。

唯唯诺诺

唯、诺，应答之声。唯，指地位或者辈分低的人对地位高或者辈分高的人的应答；诺，指地位或者辈分高的人对下级或者小辈分的应答。唯唯诺诺形容自己没有主意，一味附和、恭顺听从的样子。或形容一个人屈于权贵、侍奉权贵的小人样子。

《韩非子·八奸》载：“此人主未命而唯唯，未使而诺诺，先意承旨，观貌察色，以先主心者也。”这些人，君主没下令就应承，没支使就应承，事先领会君主的意图，察言观色来预先摸到君主的心意。这些人都是一致行动、一个腔调，统一口径和行动来改变君主心意的人。

唯唯诺诺地做人，只能是奴才。做人要自尊自信，不卑不亢。同时，不唯书唯上，要唯实，按规律办事，堂堂正正为人。

靡靡之音

靡靡：柔弱，萎靡不振。靡靡之音指使人萎靡不振的音乐。亦指颓废淫荡、低级趣味的乐曲。

《韩非子·十过》载：“此师延之所作，与纣为靡靡之乐也。”传说殷末乐师师延为纣王作曲，纣王听而倦。武王伐纣时，乐师师延抢琴东走，投濮水而死。自此，水中常有音乐声靡靡传出。

公元前534年，卫国灵公应邀去参加晋国虒祁宫庆典。朝辞帝丘，暮宿濮上，夜半入眠，朦胧之中忽有琴鼓丝竹之音，时隐时现，微妙悦耳。问及左右，都说听不见。便召来乐师涓。涓道：“先时，纣王命师延作靡靡之音，师延不肯，帝辛欲杀之，无奈而谱曲。纣王喜声色，朝歌暮舞，通宵达旦，遂失天下，师延乘舟濮水而下，至此投水而死，故有神曲出水，震惊世人也。”涓本想以此说服灵公禁声色，灵公却不介其意，越听越迷。至晋国后，灵公见虒祁宫如此富丽堂皇，诸侯济济无不称道，待酒酣将醉时，便唤涓曰：“过濮水所获妙曲，速援琴以助雅兴。”涓不肯，后迫于灵公之威，不得不弹。未等弹完，师旷厉声制止道：“此为亡国之音，不可听。夜有鬼神之声，世间必有冤情。”灵公亦不听劝阻，遂使歌伎伴乐起舞。

音乐美妙的旋律可以使人愉悦，也可以使人沉沦。关键在于自我的把控，工作之余，听听音乐，消除一下疲劳；单位逢年过节，搞个歌咏比赛，在活跃职工文化生活的基础上，激发朝气蓬勃的锐气；在遇到难题时，听一曲优美的音乐，放松一下情绪，从中汲取创造的智慧……这一切都是发挥音乐积极作用的生活方式。相反，沉迷于音乐，不务正业，成为追星一族，则误人害己。

危如累卵

危如累卵比喻形势非常危险，如同堆起来的蛋，随时都有塌下打碎的可能。

《韩非子·十过》载：“故曹小国也，而迫于晋、楚之间，其君之危犹累卵也，而以无礼莅之，此所以绝世也。”所以曹国是个小国，在晋国和楚国之间，他的君王所处的危险境地，就好像堆起来的蛋随时都有塌下打碎的可能，还对人无礼，不听谋臣的谏言，这是自绝于世的作为。

春秋时期，晋灵公为了享乐，下令修建一座九层高台，引起了人民的强烈不满。一些大臣也劝晋灵公，不要干这种劳民伤财的事。可是晋灵公执意不听，还说:“谁再来提意见，就杀谁。”有个大臣叫荀息，求见晋灵公，并表演了一个小戏法，他拿出 12 颗棋子一颗一颗地先平摆在地上，然后又拿出 9 个鸡蛋，一个一个地放上去。他先在棋子上面摆了 5 个，第 2 层再摆 3 个，第三层摆 1 个。晋灵公看着摆在堆尖上那个勉强搁住的鸡蛋，紧张地直叫:“太危险啦！太危险啦！”荀息这时意味深长地说:“这不算危险，还有比这更危险的事呢。您修建的九层高台，刚动工 3 年就闹得民不聊生，国库空虚，如果遭到外来侵略，咱们国家不就像这累起的鸡蛋一样危险吗？”晋灵公明白了这个道理,就下令停止筑台。《史记·范雎蔡泽列传》:“秦王之国，危于累卵，得臣则安。”

我们要有居安思危的意识，善于听取不同的意见，集中大家的智慧，及时地消除工作中的隐患，不能等到危如累卵时，才后悔不已，再采取措施补救，已无回天之力。

国富兵强

国富兵强指国家富裕，军队强盛。

《韩非子 · 孤愤第十一》载:“夫越虽国富兵强，中国之主皆知无益于己也，曰: 非吾所得制也。”越国虽然国富兵强，中原各国的君主都知道对自己没有什么好处，说:“不是我们所能控制的。”

国富兵强不是件容易的事情，历史上也演绎了悲壮的故事:

战国时期楚国诗人、政治家屈原，早年受楚怀王信任，任左徒、三闾大夫，兼管内政外交大事。他认识到和中原国家相比，落后的楚国政治体制积累了太多的弊端。如果想要生存，改革迫在眉睫。为实现振兴楚国的大业，对内他积极辅佐怀王变法图强，对外坚决主张联齐抗秦，使楚国一度出现了国富兵强的局面。

屈原的变法归结为六条：第一，奖励耕战以加强军事战略装备；奖励农耕以增加赋税，富国富民。第二，举贤能，唯才是举。第三，反壅蔽，即破除君臣与老百姓之间的沟通障碍，要让楚王下达的命令准确及时地传达至府衙和广大百姓；而臣民的意见也可以高速直达朝庭。第四，禁朋党，以律法的形式加以约束杜绝。第五，命赏罚，注重用严格的律条来约束将士的功过。第六，移风易俗。

屈原因改革遭贵族排挤毁谤，先后被流放至汉北和沅湘流域。秦将白起攻破楚都郢（今湖北江陵）后，屈原自沉于汨罗江，以身殉国。

恰恰相反，秦国的秦孝公即位以后，决心图强改革，便招贤任命商鞅为左庶长，在公元前356年和前350年，先后两次废井田、开阡陌，实行县制，奖励耕织和战斗，实行连座之法为主要内容的变法，使秦国经济得到发展，军队战斗力不断增强，成为战国后期最富强的集权国家，为秦始皇统一中国奠定了坚实的基础。

张仲景

张仲景(约150—219)，名机，字仲景，东汉南阳涅阳县(今河南省邓州市)人。东汉末年著名医学家，被后人尊称为医圣。张仲景广泛收集医方，写出了传世巨著《伤寒杂病论》。它确立的“辨证论治”原则，是中医临床的基本原则，是中医的灵魂所在 。

辨证论治

辨证论治是中医学名词，亦称辨证施治。辨证即根据祖国医学理论，运用“四诊”“八纲”等方法，辨别各种不同的征候，从脏腑、经络学说等整体观点出发，分析病人的体质特点及其疾病的反应，结合发病的时令、地区、环境差异等因素，研究其致病原因与发病原理的普遍性与特殊性，于同中求异，异中求同，作出确切的诊断。“论治”即根据辨证的结果，针对病情，确定表本缓急的治疗原则，选择汗、吐、下、和、温、清、补、消等恰当的治疗方法。辨证论治包含了系统的理、法、方、药内容。由于病机的变化不同，相同的疾病可以产生不同的征候，不同的疾病也可产生相同的征候，故同病可以异治，异病可以同治，在诊断和治疗上充分体现了原则性和灵活性相结合的特点。

辨证论治出自张仲景《伤寒杂病论》。张仲景的医学理论对我国古代医学的发展和保护人民的健康作出了巨大的贡献。后人研究他的医理，敬仰他的医德和医术，尊称他为“医圣”。他的《伤寒杂病论》是一部以论述传染病与内科杂病为主要内容的典籍，是中国临床医学之祖。《伤寒杂病论》共16卷，因战乱频繁，遗失不全了。后经过晋代名医王叔和整理编排为《伤寒论》与《金匮要略》二书，又经北宋“校正医书局”校勘，历代刻印数十次而流传至今。《伤寒论》共10卷，22篇，论述了外感热性病“伤寒”的病理、诊断、治疗和用药，确立了“辨证诊治”规律。《金匮要略》共6卷，25篇，包括治疗学的总论和内科杂病以及外科、妇产儿科、急救等40多科病的治疗方法。书中有许多可贵的医疗经验，如对肺痈、黄疸、痢疾等病的辨证和治疗，至今仍有很高的使用价值。张仲景的《伤寒杂病论》是我国第一部理、法、方、药兼备，理论与实践结合的临证诊疗专著，奠定了中医治疗学的基础，对中医学治疗急慢性传染病、流行病以及内科杂病等理论和技术的发展，曾产生过极其深远的影响。历代医学家围绕张仲景与该书内所阐发的理论问题和医疗技术问题展开热烈的争论，特别是围绕防治急性温热病的病因、辨证和治疗思想、选方用药等展开讨论，从而产生出不同的学派。例如：经方派与时方派之争，伤寒派与温病学派之争，促成了时方与温病学说的独立与发展壮大。

张仲景被宋代以后的医学家尊称为“医圣”，明清时人们为推崇和纪念他的成就，在其家乡河南南阳修建了医圣祠，年年纪念，引以为效法学习的先师。

安内攘外

攘：排除。安内攘外原就药的疗效而言，后多指安定内部，排除外患。

张仲景《伤寒论·太阳病上》载：“甘草甘平，有安内攘外之能。”

甘草有安内攘外之能，源于甘草甘平的品质。甘草是方剂里最常用的药物之一，有补脾益气、清热解毒、祛痰止咳、缓急止痛的功能。它还能调和诸药，所以，它也有中药“和事佬”和“国老”的美誉，在中药中的地位相当高。安内攘外也体现了中医治法理论的精华。在治疗疾病时，一个高明的医生，首先要懂得在祛除外邪之时，一定要调理身体的内环境。只有体内正气内存，祛除邪气才能事半功倍。

安内攘外后来被引用到政治领域，最典型的是：面对日本帝国主义的侵略，蒋介石不是立即对日宣战，率领全国军民与日寇血战到底，而是选择攘外必先安内的策略，即抗日之前，先统一内部，“清剿”红军。理由是：他名为领袖，实不过是一个松散的军阀联盟的盟主，要想与日军一战，必须先统一中国，集全国之力抵抗。实际上操作攘外必先安内的策略，就是借“剿共”之名，来统一全国，利用红军削弱各路军阀，同时利用国民党中央军的追击，把国民党的势力真正向全国扩展。但是，这个计划却背离了民心，在实施中引起了杨虎城、张学良等一些军阀的警觉，最终在西安事变后破产。

许慎

许慎（约58—约147)，字叔重，汝南召陵（今河南省漯河市召陵区人），东汉时期著名的经学家、文字学家。许慎编撰了世界上第一部字典《说文解字》，规范了汉字的形、音、义。许慎对汉语文字学作出杰出贡献，被尊称为“字圣”。

说文解字

《说文解字》是我国第一部系统分析字形、考究字源的文字学著作，是中国历史上的第一部字书。在我国古代，独体叫“文”，合体为“字”。所以，许慎把自己解说文字的著作叫作《说文解字》。

许慎，是我国东汉时期著名的经学家、文字学家、训诂学家和词汇学家。性情淳笃，自幼博学经籍，师从古文经学大师贾逵，曾任太尉南阁祭酒等职。许慎因形见义，部首排检，从和帝永元十二年（100）始创稿，历时22年，写成《说文解字》，全书15篇，收集小篆、古文、籀文（古代的一种字体，即大篆，相传是周宣王时太史籀所造），按收字形体和偏旁，对每个字进行解释，大体先说字义，即训诂，再说形体构造和读音，依据字的象形、指事、会意、形声、转注、假借六条体例解释文字，集西周以来文字之大成。全书共分450部，首创部首编排法，收集9353字，是中国第一部字典，是中国第一部考察字源、分析字形的书籍，是中国文字学上的开创性著作，是世界上第一部大字典。

中国文字的形、音、义，从古到今，是在不断演变的，要通晓古代典籍，没有文字学的知识是不行的。《说文解字》总结了先秦和两汉文字学的成果，给我们保存了汉字的形、音、义，是研究甲骨文、金文和古音、训诂不可缺少的桥梁。没有《说文解字》，甲骨文就无可辨认，群经诸子百家之说也无以明其义。将近2000年来，《说文解字》在中国逐步实现文字规范和统一过程中一直起着主导作用。在今天，它仍然是一部有权威的著作，训诂学和音韵学的专家学者，也常用它作为正音释义的根据。如果说秦始皇是用武力统一了中国的话，那么，许慎则是用一部书统一了中国的文字，规范了汉字的音、形、义，也规范了一种精神和一种文化的框架。因此，历代学者评价许慎的功绩为“可比孔子，可比周公”，并尊其为“百世之师”“儒林所宗”。

张衡

张衡(78—139),字平子。汉族,南阳西鄂(今河南南阳市石桥镇)人，东汉时期伟大的天文学家、数学家、发明家、地理学家、文学家。由于他的贡献突出，联合国天文组织将月球背面的一个环形山命名为“张衡环形山”，太阳系中的1802号小行星命名为“张衡星”。后人为纪念张衡，在南阳修建了张衡博物馆。

击钟鼎食

钟,是金属制的打击乐器。鼎,是古代烹煮用的器物。击钟鼎食原意是:古代高官显贵用食时，打着乐器，列着鼎器。形容生活优裕，奢侈豪华。亦作“鼎食钟鸣”和“钟鸣鼎食”。

张衡《西京赋》载:“击钟鼎食，连骑相过。”

张衡从小天资聪颖,勤奋好学,不仅精通《诗》《书》《礼》《易》《春秋》等儒家经典，而且对当时的著名文学家司马相如、扬雄等人的作品颇有研究。17岁那年，他外出游历，拜师访友，观山川之名胜，察各地之风俗人情，后又游学京师洛阳，一住就是五六年。广泛的求学游历，使张衡的学识大增，为他日后取得的成就打下了坚实的基础。100年，南阳郡太守鲍德仰慕张衡的才学，特聘他做主簿，当时，他才22岁。他在文学上写有《二京赋》《丝玄》《归田》等名篇，以浅显的文字直抒胸臆，深受时人的推崇。后人把他与司马相如、扬雄、班固并称为“汉赋四杰”。30

岁以后，他又转向天文历法的研究，并在京师任太史令，主管天文历法之事。任职14年，对我国天文历法进行了系统全面的探索，著作有《浑天仪图注》《灵宪》，并绘制了一部星图叫《灵宪图》。他认为：日有光，月亮自身不会发光，月光是由日光照射而产生的；月食是由地球遮住日光所造成的；他还测出了天空中的星体数目，在中原可见的星体达2500个。他关于地球是圆的见解比西欧人早1000多年。他的《灵宪》一书，在世界天文学史上占有重要地位。根据浑天学说，他于117年创造了世界上第一架能比较准确地演示天象的浑天仪，后经唐代的僧一行、梁令瓒，宋代的张思训等人的发展，制成了世界上最早的天文钟。经过6年的艰苦努力，132年，张衡终于造出了世界上第一架测定地震方位的仪器——候风地动仪。这是当时世界地震学最辉煌最先进的成就，直到1700年后，欧洲才制造出类似的地震仪器。张衡在文学、天文学上，尤其在地震学上的伟大成就，使他成为时代的骄傲和民族的骄傲，从而彪炳千古。

贾谊

贾谊(前200—前168)，洛阳(今河南洛阳)人，西汉初年著名政论家、文学家，时称贾生。贾谊少有才名，18岁时，以善文为郡人所称。文帝时任博士，迁太中大夫，受大臣周勃、灌婴排挤，谪为长沙王太傅，故后世亦称贾长沙、贾太傅。三年后被召回长安，为梁怀王太傅。梁怀王坠马而死，贾谊深自歉疚，抑郁而亡，年仅33岁。贾谊著作主要有散文和辞赋两类，深受庄子与列子的影响。散文的主要文学成就是政论文，评论时政，风格朴实峻拔，议论酣畅，代表作有《过秦论》《陈政事疏》等。其辞赋皆为骚体，形式趋于散体化，是汉赋发展的先声，以《吊屈原赋》《鹏鸟赋》最为著名。

揭竿而起

揭，高举；竿，竹竿，代旗帜。揭竿而起指砍了树干当武器，举起竹竿当旗帜，进行反抗。

汉代贾谊《过秦论》载："将数百之众，转而攻秦；斩木为兵，揭竿为旗。"

公元前209年，阳城(今河南登封东南)的地方官派出两名差官押着900名贫民壮丁，到渔阳(今北京市密云县)去防守边疆。这两个差官又从壮丁里挑选出两个身强力壮的人作屯长，让他们再去管理其余的壮丁。这两个屯长一个叫陈胜(字涉)，另一个叫吴广。陈胜、吴广一行往北拼命赶路,一点也不敢耽误。因为按照秦王朝的法令,误了日期,是要砍头的。可是，他们刚刚走了几天，才到大泽乡(今安徽宿县西南)，正赶上下大雨，只好扎了营，待天晴再走。雨又偏偏下个不停，眼看日期是耽误了，陈胜同吴广商量，说:“咱们即便走，误了日期，也是死；逃，给官府抓住，也是个死。反正是个死,不如大家一起反了,推翻秦二世,为老百姓除害。”吴广同意了陈胜的意见，并商定借着被秦二世害死的太子扶苏和深得群众拥戴的原楚国大将项燕的名头，以号召天下，攻打秦二世。

于是陈胜和吴广带着几个心腹，先把两个差官砍死，然后提着他们的头，向大家讲明了不起义造反就得白白地送死的道理。这几百人都表示愿意豁出性命跟着陈胜、吴广一块儿干。大伙儿砍伐树木为兵器，高举竹竿为旗帜，对天起誓，同心协力，推翻秦二世，替楚将项燕报仇。大家还公推陈胜、吴广做首领，一下子就把大泽乡占领了。大泽乡的农民一听陈胜、吴广他们起来反抗秦朝的暴政，青年子弟都纷纷拿着锄头、铁耙、扁担、木棍来营里投军。

高不可攀

攀，抓住高处的东西向上爬。高不可攀指高的手也攀不到，形容难以达到。也形容人高高在上，使人难接近。

汉代贾谊《陈政事疏·治安策》载:“高者难攀，卑者易陵，理势然也。”高高在上的人，让人难以接近，卑微的人，容易被人欺凌，这就是事理的发展趋势。

在科学不发达的古代，许多事情都是高不可攀的。比如：蜀道难，难于上青天。随着人类社会的进步,高速公路、高铁的建成,再加上飞机,穿越蜀道已是小事一桩。故事只能用神话让嫦娥奔月，但对于人类来说却是高不可攀的。而今，人造卫星是目前发射数量最多、用途最广、发展最快的航天器。人造卫星按照运行轨道不同分为低轨道卫星、中高轨道卫星、地球同步卫星、地球静止卫星、太阳同步卫星、大椭圆轨道卫星和极轨道卫星；按照用途划分，人造卫星又可分为通信卫星、气象卫星、侦察卫星、导航卫星、测地卫星、截击卫星等。这些种类繁多、用途各异的人造卫星为人类作出了巨大的贡献。由此可见，只要胸怀凌云壮志，就没有攀登不上去的高峰。

章甫荐履

章甫：古代一种礼帽。履：鞋。章甫荐履指帽子被踩在鞋子下。比喻上下颠倒，是非不分。

《吊屈原赋》载："章甫荐履，渐不可久兮；嗟苦先生，独离此咎兮。"帽冠低居在下，鞋履反高高在上；这种倒行逆施的行为是不会长久的。慨叹先生你真不幸啊，竟遭遇到这样的祸难！

章甫者履是个贬义词，多用于描写人际关系或用人方面。比喻倒行逆施。

包举宇内　并吞八荒

包举，统括；宇内，天地之间，即天下。包举宇内指并吞天下，占有一切。

八荒，指四方荒远的地方。并吞八荒指吞并天下。

贾谊《过秦论》载："秦孝公据崤函之固，拥雍州之地，君臣固守以窥周室，有席卷天下，包举宇内，囊括四海之意，并吞八荒之心。"秦孝公占据崤山、函谷关的坚固，拥有雍州的土地，君臣固守以窥视周室，有席卷天下，包举宇内，囊括四海，并吞八方，统一中国的雄心。

唐朝的开国皇帝李渊有包举宇内、并吞八荒之志。618 年，李渊听说隋炀帝在江都被宇文化及勒死的消息后，便把杨侑赶下了台，自己做了皇帝，建立了唐朝，历史上称他为唐高祖。隋炀帝虽然死了，但东都洛阳还在隋炀帝的孙子杨侗和大臣王世充手中。王世充拥立杨侗为皇帝，即隋越王，仍打着隋朝的旗号，继续与起义军为敌。李渊派李世民等先后消灭了各支起义军和割据势力，直到 623 年，才使唐统一中国的战争基本结束。

斐然向风

斐然向风意思是翩然地闻风归向。

贾谊《过秦论》载："天下之士，斐然向风，若是者何也？"天下的士人顺服地慕风向往，为什么会像这样呢？

历史上斐然向风的典型例子有：秦统一后，百姓渴望社会安宁。秦朝统治者却忘乎所以，十余年间，不断动用民力：筑长城、修驰道、戍五岭、造阿房宫、建骊山墓等，征用劳力数百万人。丁男不足，就征发女子承担转输的苦役。秦律名目繁多，诛罚苛刻，一人犯法，亲戚邻里都要连坐。秦朝统治者的横征暴敛已远远超出社会所能承受的限度，最终导致了社会矛盾的激化，造成普天之下民怨沸腾的局面。陈胜吴广揭竿而起，连楚霸王项羽和刘邦也斐然向风，最终秦朝被刘邦的汉王朝所取代。

韩愈

韩愈（768—824），字退之，河南河阳（今河南省孟州市）人，世称“韩昌黎”“昌黎先生”。唐代杰出的文学家、思想家、哲学家、政治家。贞元八年（792），韩愈登进士第，两任节度推官，累官监察御史。贞元十九年（803），因论事而被贬阳山，后历都官员外郎、史馆修撰、中书舍人等职。元和十二年（817），出任宰相裴度的行军司马，参与讨平“淮西之乱”。元和十四年（819），又因谏迎佛骨一事被贬至潮州。晚年官至吏部侍郎。年五十七，追赠礼部尚书，谥号“文”，故称“韩文公”。宋元丰元年（1078 年），追封昌黎伯，并从祀孔庙。 韩愈是唐代古文运动的倡导者，被后人尊为“唐宋八大家”之首，与柳宗元并称“韩柳”，有“文章巨公”和“百代文宗”之名。他提出的“文道合一”“气盛言宜”“务去陈言”“文从字顺”等散文的写作理论，对后人很有指导意义。著有《韩昌黎集》40 卷，《外集》10 卷，《师说》等。

同工异曲

工，是精致、巧妙的意思；曲，指乐曲。同工异曲原意是同样工巧而曲调各有不同，比喻同样高深的造诣而风格情调各有不同。

韩愈《进学解》：“子云相如，同工异曲。”

西汉时期有名的文学家司马相如和扬雄都是以词赋见长，司马相如是汉景帝时期的人，作品有《子虚赋》《上林赋》，辞藻华丽；扬雄是汉成帝时人，作品有《甘泉赋》《河东赋》，主张修政。由此，韩愈评价说“子云相如，同工异曲”。

北宋文学家、书法家黄庭坚在《豫章文集·跋刘梦得〈竹枝歌〉》中说：“刘梦得《竹枝》九章，词义高妙……比之杜子美《夔州歌》，所谓同工而异曲也。”

《竹枝词》是巴渝之地（今重庆市所辖三峡流域）民歌中的一种。常伴以舞蹈，吹短笛伴奏，节奏鲜明欢快，歌声激越清脆。刘禹锡于穆宗长庆二年（822）正月至长庆四年（824）夏在夔州任刺史。《竹枝词》两组共11首，是在夔州所作。歌词内容丰富，表现普通百姓生活中的喜怒哀乐，有游子思乡之情，有爱情的欢乐与忧愁，有对世态炎凉、人情冷暖的感慨，有民俗风情的写照，有劳动生活的场景。歌词的风格明快活泼，有浓郁的生活气息和鲜明的民俗特色。

《夔州歌十绝句》是唐代诗人杜甫的组诗作品。这组诗主要写夔州（今重庆奉节）的山川形势、自然风光、古迹名胜和风土人情。第一首点明地点，突出夔州形胜，统领全篇。第二首承上写夔州山高水险。第三首转写政治上的兴衰成败。第四、五、六首，再写夔州风景优美。第七首写夔州物产丰富，水路方便。第八首记述楚王宫，并插入诗人的遐想。第九首特记武侯祠。第十首总结全篇，并照应第一首。这10首绝句内容相关，首尾呼应，在体例、语言方面有如夔州民歌《竹枝词》，而每首末两句都对偶成韵，显示了诗人吸取民歌营养并有所创新的特点，是竹枝的别唱。

袖手旁观

袖手旁观指把手笼在袖子里，在一旁观看。比喻置身事外，既不过问，也不协助别人，亦作冷眼旁观或漠不关心。与此相反，则是挺身而出。

袖手旁观出自韩愈《祭柳子厚文》:“不善为斫，血指汗颜；巧匠旁观，缩手袖间。”不擅长砍削，手指出血，脸上冒汗。技艺精巧的工匠把手笼在袖子里，在一旁观察，不过问，不帮忙。

见义勇为、扶危济困、乐于助人是一种传统美德，当我们遇见有困难的人需要帮助时，不能冷漠袖手旁观，要想办法尽力帮助他渡过难关。

千钧一发

钧：古时 30 斤为一钧。千钧一发指千钧重量吊在一根头发丝上。比喻情况万分危急。

韩愈《与孟尚书书》载：“群儒区区修补，百孔千疮，随乱随失，其危如一发引千钧。”儒学家虽然对圣贤经典小有修补，但社会百孔千疮，战乱频仍，经典散佚。先王之道在这样的形势下要流传下来，危险得有如千钧一发。

被授予“最美奋斗者”荣誉称号的刘英俊舍己救人的故事，就是这个成语的最好注释：

1966 年 3 月 15 日早晨,刘英俊和战友们驾着 3 辆马拉炮车外出训练，在佳木斯公共汽车站附近，他驾的炮车辕马被汽车喇叭声所惊，突然向人群冲去，这时有 6 个儿童被吓呆了，孩子们的生命受到严重威胁。

在千钧一发的时刻，他把缰绳在胳膊上缠了几道，猛力一拉，使惊马前蹄腾空而起，紧接着他不顾自己生命危险，手撑辕杆，从辕杆下面用双脚猛踩马的后腿，马突然倒下，车翻了，6 名儿童安然脱险，他却被压在翻倒的车马底下，身负重伤。目睹这场舍己救人英雄行为的群众，一拥而上，急忙将他救起，把他抬送到附近的职工医院抢救。这时，许多候车的乘客、上班的工人、上学的学生，都被他的英勇行为所感动，关心地紧跟在后面。几百名群众和战士，纷纷要求为他献血。由于伤势过重，抢救无效，刘英俊最终光荣牺牲。

刘英俊救下的6名儿童是曹文和、赵继、赵英、赵俊、王照国、刘继英。赵继、赵英和赵俊是亲兄弟，他们3人与刘继英都是为了纪念刘英俊而改了名字。1976年曹文和入伍来到刘英俊生前所在团高机连服役。

再接再厉

接，接战；厉，磨快，引申为奋勉、努力。再接再厉指公鸡相斗，每次交锋以前都先磨一下嘴。比喻继续努力，再加一把劲。

韩愈《斗鸡联句》载："一喷一醒然，再接再厉乃。"用水喷鸡，使之清醒，如此继续努力，磨砺鸡喙参加战斗。

毛泽东的《七律·人民解放军占领南京》有句："宜将剩勇追穷寇，不可沽名学霸王。"意思是：应该趁现在这敌衰我盛的大好时机，痛追残敌，解放全中国。不可学那贪图虚名，放纵敌人而造成自己失败的楚霸王项羽。正是这种再接再厉的精神和勇气，中国共产党才推翻了蒋家王朝，建立了新中国。

飞黄腾达

飞黄，传说中神马名；腾达，上升，引申为发迹，宦途得意。飞黄腾达形容骏马奔腾飞驰。比喻骤然得志，官职升得很快。多用于贬义。

韩愈《符读书城南》诗："飞黄腾踏去，不能顾蟾蜍。"神马腾空飞起，看不到地上的癞蛤蟆了。

韩愈为勉励自己的儿子韩符好好读书，写了首题为《符读书城南》的诗。诗中写道：有两个邻居男孩容貌相像，又都灵巧可爱。由于一个好学，一个不爱读书，渐渐就分出高低了。到20多岁时，他们的区别就如清水沟和污水渠一样明显；当三十而立时，一个就像龙，在官场上飞黄腾踏（如神马飞腾直上），连连升迁，而另一个还像癞蛤蟆一样在地上爬。

插翅难飞

插翅难飞指插上翅膀也难飞走。比喻陷入困境，怎么也逃脱不了，即使插上一对翅膀都飞不出去。

韩愈《寄崔二十六立之》诗："安有巢中鷇，插翅飞天陲。"天边哪里有尚在巢中待哺的鷇儿，可以插翅飞到天边去的呢？

唐宪宗元和七年(812)春天，韩愈由尚书职方员外郎降为国子监博士，仕途再次失意，写这首诗寄给老友崔立之，抒发自己的牢骚与感慨。这首长诗共164句，在叙述崔立之仕途经历和回忆二人友谊的基础上，表明自己的人生态度。最后把一对银杯中的一个赠给崔君，既作为答礼，又遥想二人归隐后举杯对饮，畅叙友情。

这句成语通俗易懂，常为后世引用，如：元代高文秀《保成公径赴渑池会》第一折：则不与他城子,便相如插翅也飞不出函谷关去。姚雪垠《李自成》第一卷第十二章："插翅难飞，体上天好生之德，网开一面，谕令尔等速速投降，免遭杀戮。"

坐井观天

坐井观天指坐在井底看天。比喻眼界小，见识少。

唐代韩愈《原道》载："坐井而观天，曰天小者，非天小也。"青蛙坐在井里看天，把天看得只有井口那么大，其实天并不小。人们常用"坐井观天”这个成语来形容那些目光狭小、见识短浅，而又自以为是的人。

《原道》通过青蛙和小鸟对天的大小的争论，告诉我们一个道理：站得高，才能看得远；看问题，认识事物，站得要高，看得要全面，不然就会像青蛙那样犯了错误还自以为是。

耳濡目染

濡，沾湿；染，沾染。耳濡目染指耳朵经常听到，眼睛经常看到，不知不觉地受到影响。

韩愈《清河郡公房公墓碣铭》载：“目擩耳染，不学以能。”眼睛经常看到，耳朵经常听到，不知不觉地受到影响，不用专门学习就有了相应的才能。这是此篇散文中最有名的一句话。

与此成语相关的历史故事：

王献之是我国大书法家王羲之的第七个儿子，自幼聪明好学，不仅喜欢书法，也喜欢画画儿。他七八岁开始跟着父亲学书法。有一次，王羲之看他正聚精会神地练习书法，便悄悄走到他背后，突然伸手去抽王献之手中的毛笔，王献之握笔很牢，没被抽掉。父亲很高兴，夸赞他握笔姿势不错，将来一定能成大器。后来，王献之成了东晋时期我国著名的书画家、诗人，他和自己的父亲并称为“二王”，他们父子又和张芝、钟繇一起被称为“书中四贤”。

耳濡目染之于家庭教育和学校教育意义非凡，家长和教师的言传身教，在思想、道德、行为、举止、气质、风度、知识、能力等方面对子女、对学生的身心发展起着重要作用。因此家长和教师必须注重自身修养。

无与伦比

伦比：类比，匹敌。无与伦比指事物非常完美，没有能跟它相比的。

韩愈《论佛骨表》载："数千百年以来，未有伦比。"

《论佛骨表》是韩愈于元和十四年（819）向唐宪宗上的一篇奏表。该表中心论点是"佛不足事"，集中表现了作者坚决反对唐宪宗拜迎佛骨这一迷信举动，充分显示了作者反佛明儒的坚定立场和英勇无畏的战斗精神。"数千百年以来，未有伦比。"韩愈为了让皇帝接受批评，就歌颂皇帝是神圣、英明的，几千年来没有人比得上。他的奏表始终展现了摆事实、讲道理、诚恳劝谏的风范。

无与伦比作为溢美之词，在人们的日常生活中和各类文章里经常得以运用，如：中国共产党的历史功绩，无与伦比，光耀千秋。泰山之美，无与伦比。徐悲鸿画马，无与伦比。爱因斯坦的相对论，在科学发展史上居于无与伦比的地位。

触目惊心

触目惊心指看见某种严重情况，心里感到震惊。

韩愈《昌黎集·贞曜先生墓志铭》载："及其为诗，刿目怵心。"

《贞曜先生墓志铭》是韩愈为孟郊写的一篇墓志铭。全文由"序"和"铭"两部分组成，序中作者交代了作序缘由、孟郊生平与去世的有关情况，并作了评述；第二部分为铭文。孟郊也是唐代的文学家，读书广博又求精深，自身修养和待人接物接近圆满，气色平和可亲，态度严肃可畏。韩愈赞他写诗雕琢词汇，语句惊人，往往令人触目惊心。

触目惊心不仅用来赞叹文人用词的精妙，更多用于对重大事件的惊叹，以引起人们的警觉和重视。如：苏联的解体触目惊心，我们必须吸取教训。车祸的惨状让人触目惊心，我们一定要遵守交通规则，保证生命安全。汶川大地震，令人触目惊心。

秀外慧中

秀：秀丽；慧：聪明。惠中：聪慧的资质。秀外慧中指外表秀丽，内心聪明。

韩愈《送李愿归盘谷序》：“曲眉丰颊，清声而便体，秀外而慧中。”《送李愿归盘谷序》写于唐德宗贞元十七年（801）。800年，韩愈来长安求官，一直未能如愿。他心情沉重，牢骚满腹，借写这篇临别赠言来吐露他的抑郁心情，表达他对官场丑恶的憎恨和对隐居生活的向往。文章主旨是通过对李愿归隐盘谷的议论间接表现出来的。在这里他描写李愿的家妓面貌：眉毛弯曲，面颊丰满，声音清脆，体态轻盈，外貌秀丽，内心聪慧，跳起舞来，轻薄的衣襟飘然而动，长长的衣袖遮掩面容。

秀外不一定慧中，表面的美丽不代表内心的善良。惠中是修炼出来的，只有追求上进、不断学习、严于律己的人，才能塑造美丽的心灵，达到秀外慧中的境界，受到人们的称赞。

痛定思痛

痛定思痛指悲痛的心情平静以后，再追想当时所受的痛苦。常含有警惕未来之意。

韩愈《与李翱书》载：“今而思之，如痛定之人，思当痛之时，不知何能自处也。”今天想起来，就像痛刚好了的人回想当初疼痛的时候，不知道如何面对自己。

痛定思痛也是一种人生智慧，它告诉人们：遇到问题和困难，要认真进行分析总结，反省自身，哪些地方做错了，吸取什么教训，采取何种方式摆脱危机，战胜困难，迎来光明。

落井下石

落井下石指看见人要掉进陷阱里，不伸手救他，反而推他下去，又扔下石头。比喻乘人有危难时加以陷害。

韩愈《柳子厚墓志铭》载：“落陷阱，不一引手救，反挤之，又下石焉者，皆是也。”

朋友落入陷阱，也不伸一下手去救，反而借机推挤他，再往下扔石头，到处都是这样的人啊！《柳子厚墓志铭》是韩愈为已故好友柳宗元所创作的墓志铭，讲述了柳宗元的家世、为人、政绩等，包括了世系、卒葬、子嗣等墓志铭应该有的内容。通过对柳宗元生平事迹的综合概述，作者高度赞扬了柳宗元的文章学问、政治才能和道德品行，对柳宗元受排挤、长期遭贬、穷困潦倒的经历给予深切的同情，对柳宗元的一生给予高度的评价。

就道德而言，落井下石是不光彩的行为。对于人的过错，要用惩前毖后、治病救人的态度来对待，允许人犯错误并改正错误，不能一下子置人于死地。

雷厉风行

厉：猛烈。雷厉风行指像雷那样猛烈，像风那样快，果断、干净利索。比喻执行政策法令严厉迅速。也形容办事声势猛烈，行动迅速。

韩愈《潮州刺史谢上表》载："陛下即位以来，躬亲听断，旋乾转坤，关机阖开，雷厉风飞。"

唐朝时期，韩愈因反对唐宪宗迎佛骨而被贬潮州刺史。他到任后写《潮州刺史谢上表》歌颂唐宪宗能够躬亲听政、旋乾转坤、机关阖开、雷厉风行。唐宪宗觉得他很忠心就改授他为袁州刺史，后又调为国子祭酒。

做事情要取得成效，必须有雷厉风行的作风，不能敷衍拖沓。而雷厉风行作风的形成，关键在于平时的严格要求，在于持之以恒坚持。

诗词歌赋

本书所选取的都是与河南有关的，或是《诗经》中《郑风》和《卫风》中的少量成语，因为当时的郑国和卫国都在河南境内；或是杜甫、白居易、刘禹锡、李商隐诗中的成语，因为他们都是河南人。还有一些不是河南人，如南唐的李煜，宋朝的范仲淹、苏轼等，但凡选取他们创造的成语，都是发生在河南境内。

《诗经》

《诗经》是我国最早的一部诗歌总集，收集了西周初年至春秋中叶(前11世纪至前6世纪)的诗歌，共311篇。《诗经》的作者佚名，绝大部分已经无法考证，传为尹吉甫采集、孔子编订。诗经在内容上分为《风》《雅》《颂》三个部分。《风》是周代各地的歌谣;《雅》是周人的正声雅乐，又分《小雅》和《大雅》;《颂》是周王庭和贵族宗庙祭祀时用的乐歌，又分为《周颂》《鲁颂》和《商颂》。《诗经》内容丰富，反映了劳动与爱情、战争与徭役、压迫与反抗、风俗与婚姻、祭祖与宴会，甚至天象、地貌、动物、植物等方方面面，是周代社会生活的一面镜子。孔子曾概括《诗经》宗旨为"无邪"，并教育弟子读《诗经》以作为立言、立行的标准。至汉武帝时，《诗经》被儒家奉为经典，成为"六经"及"五经"之一。

人言可畏

人言：别人的评论，指流言蜚语。畏：怕。人言可畏指在背后的议论或诬蔑的话很可怕。

《郑风》为《诗经》国风中的内容，十五国风之一。为先秦时代郑地民间民歌。春秋时代郑国的统治区大致包括今河南的中部和河南省邻省的一些地方。《郑风》就是这个区域的诗。

《诗经·郑风·将仲子》载："将仲子兮，无逾我里，无折我树杞。岂敢爱之？畏我父母。仲可怀也，父母之言亦可畏也。将仲子兮，无逾我墙，无折我树桑。岂敢爱之？畏我诸兄。仲可怀也，诸兄之言亦可畏也。将仲子兮，无逾我园，无折我树檀。岂敢爱之？畏人之多言。仲可怀也，人之多言，亦可畏也。”求求你，我的仲子，别翻越我家门户，别折了我种的杞树。哪是舍不得杞树啊，我是害怕父母。仲子你实在让我牵挂，但父母的话，也让我害怕。求求你，我的仲子，别翻越我家围墙，别折了我种的绿桑。哪是舍不得桑树啊,我是害怕兄长。仲子你实在让我牵挂，但兄长的话，也让我害怕。求求你，我的仲子，别越过我家菜园，别折了我种的青檀。哪是舍不得檀树啊，我是害怕邻人的毁谗。仲子你实在让我牵挂，但邻人的毁谗，也让我害怕。

懂得了人言可畏的道理，就会严格要求自己，遵纪守法，按规律办事，避免固执己见，骄傲自满，做出违背道德和违反人民利益的事情。

孔武有力

孔：甚，很。孔武有力形容人很有力气。

《诗经·郑风·羔裘》载：“羔裘如濡，洵直且侯。彼其之子，舍命不渝。羔裘豹饰，孔武有力。彼其之子，邦之司直。羔裘晏兮，三英粲兮。彼其之子，邦之彦兮。”穿着润泽羔皮袄，为人正直又美好。就是这样一个人，不怕牺牲为君劳。穿着豹饰羔皮袄，高大有力为人豪。就是这样一个人，国家司直当得好。羊羔皮袄真光鲜，素丝装饰更灿烂。就是这样一个人，国家杰出的人选。

孔武有力指的是身强力壮的人。我们的教育就包括培养学生健康的体魄。只有身心健康的人，才能为国家为人民做更多的事情，做更大的贡献。

颜如舜华

颜如舜华形容女子相貌姣好，好像木槿花开放。亦作颜如舜英。

《诗经·郑风·有女同车》载：“有女同车，颜如舜华，将翱将翔，佩玉琼琚。彼美孟姜，洵美且都。有女同行，颜如舜英，将翱将翔，佩玉将将。彼美孟姜，德音不忘。”有位姑娘和我在一辆车上，脸儿好像木槿花开放。跑啊跑啊似在飞行，身佩着美玉晶莹闪亮。姜家大姐不寻常，真正美丽又漂亮。有位姑娘与我一路同行，脸儿像木槿花水灵灵。跑啊跑啊似在飞翔，身上的玉佩叮当响不停。姜家大姐真多情，美好品德我常记心中。

由此，我们不难看出，颜如舜华不仅形容女子相貌之美，而且美好的品德也是其中应有之义。

泣涕涟涟

涕，眼泪；涟涟，涕泪下流貌。泣涕涟涟比喻思念的痛苦。

《卫风》为《诗经》国风中的内容，十五国风之一。邶、鄘、卫三诗统称为“卫风”。据说周武王灭殷以后，便将纣的京都沬（今河南淇县西北）附近地区封给纣的儿子武庚禄父，并将其地分而为三：北为邶（今河南汤阴县东南），南为鄘（今河南汲县东北），东为卫（今河南淇县附近）。后周公又合并三地为卫，连同原殷民一起封给康叔，建都殷墟（今河南淇县），号卫君。

《诗经·卫风·氓》载：“乘彼垝垣，以望复关。不见复关，泣涕涟涟。既见复关，载笑载言。尔卜尔筮，体无咎言。以尔车来，以我贿迁。”爬上那垛破土墙，遥向复关凝神望。复关远在云雾中，不见情郎泪千行。

情郎即从复关来，又说又笑喜洋洋。你去卜卦求神仙，没有凶兆心欢畅。赶着你的车子来，为我搬运好嫁妆。

夙兴夜寐

夙兴夜寐意思是指早起晚睡，形容非常勤奋。

《诗经·卫风·氓》载："三岁为妇，靡室劳矣；夙兴夜寐，靡有朝矣。言既遂矣，至于暴矣。兄弟不知，咥其笑矣。静言思之，躬自悼矣。"婚后多年守妇道，繁重家务不辞劳。起早睡晚不嫌苦，忙里忙外非一朝。谁知家业已成后，渐渐对我施凶暴。兄弟不知我处境，个个见我哈哈笑。静下心来细细想，独自伤神泪暗抛。

夙兴夜寐修身，才会不断提高道德水平，实现知行合一、建功立业。如：秦朝李斯《泰山刻石》："皇帝躬圣，既平天下，不懈于治，夙兴夜寐，建设长利，专隆教诲，训经宣达。"李大钊《青春》："纵子为尽瘁于子之高尚之理想，圣神之使命，远大之事业，艰巨之责任，而夙兴夜寐，不遑启处，亦当于千忙万迫之中，偷隙一盼。"

信誓旦旦

信誓，表示诚意的誓言；旦旦，诚恳的样子。信誓旦旦指誓言说得真实可信。

《诗·卫风·氓》载："及尔偕老，老使我怨。淇则有岸，隰则有泮。总角之宴，言笑晏晏。信誓旦旦，不思其反。反是不思，亦已焉哉！"这句的意思是当年发誓偕白头，如今未老心先忧。淇水滔滔终有岸，沼泽虽宽有尽头。回想少时多欢乐，谈笑之间露温柔。海誓山盟犹在耳，哪料反目竟成仇。莫再回想背盟事，既已终结便罢休！

从知行合一的意义来说，信誓旦旦可分为两种：一种是说到做到的真诚誓言，一种是只说不做的空头誓言。做人要真诚，一言既出，驷马难追，一诺千金，守信用，言必信，行必果。

投木报琼

投木报琼原指男女相爱互赠礼品，后用以指报答他人对待自己的深情厚谊。

《诗·卫风·木瓜》载："投我以木瓜，报之以琼琚。匪报也，永以为好也！投我以木桃，报之以琼瑶。匪报也，永以为好也！投我以木李，报之以琼玖。匪报也，永以为好也！"你将木瓜投赠我，我拿琼琚作回报。不是仅为答谢你，珍重情意永相好。你将木桃投赠我，我拿琼瑶作回报。不是仅为答谢你，珍重情意永相好。你将木李投赠我，我拿琼玖作回报。不是仅为答谢你，珍重情意永相好。

滴水之恩，当涌泉相报，这句俗语与投木报琼的寓意一样，无论他人给予了我们什么，是多是少，我们都要在行动上加倍地报答。由此看来，投木报琼是做人的美德。

南北朝民歌

南北朝民歌篇制短小，抒情多于叙事。由于南北的长期对峙，北朝又受鲜卑贵族统治，政治、经济、文化以及民族风尚、自然环境等都大不相同，因而南北民歌也呈现出不同的色彩、情调与风格。南朝民歌中的抒情长诗《西洲曲》和北朝民歌中的叙事长诗《木兰诗》，分别代表着南北朝民歌的最高成就。

扑朔迷离

扑朔、迷离：分别形容兔被提起双耳悬空时，雄兔四脚乱蹬（扑朔），雌兔双眼半闭（迷离）。扑朔迷离形容事物错综复杂，不易看清真相。亦作“迷离扑朔”。

南北朝民歌《乐府诗集·横吹曲辞五·木兰诗》：“雄兔脚扑朔，雌兔眼迷离；两兔傍地走，安能辨我是雄雌。”

这是一个脍炙人口的故事：花木兰是一个勤劳善良的农家姑娘，整天忙着纺线织布。当北方边境上发生战事皇帝下诏书在百姓中征兵时，花木兰因父亲年迈体衰，不能上战场打仗，而弟弟又因年纪还小不能替父从军，忧愁得吃不下饭，睡不好觉。她灵机一动，就想用女扮男装的办法替父亲去应征。于是，她跑到市场上买来骏马，配好鞍鞯、辔头，跟着男子们一块儿出征了。谁知这一去就是12年，木兰出生入死，转战千里。将士们有许多都战死疆场，木兰却侥幸地活着回来了。皇帝犒赏凯旋的功臣，问木兰想要什么，木兰唯一的请求就是让她骑上千里马，早一点回到家乡去。当木兰重新回到自己居住的房子时，她兴奋不已，打开窗子，坐在床上，脱下战袍，换上女儿装，对着镜子把头梳成女人的样式，并在额头上贴一块花黄，变得十分漂亮。此时，战场上并肩作战的伙伴们来探望木兰，全都被木兰妩媚的女人形态惊呆了，一块行军打仗 12 年，竟然不知道木兰是个女子。是啊！雄兔四脚跳跃，雌兔双眼半闭，两只兔子在地上一块跑，怎么辨别出哪个是雄兔哪个是雌兔呢？真是扑朔迷离呀！这个脍炙人口的故事，被后人编成各式剧本，世代传唱，经久不衰。

现在，河南省虞城县城南的营廓镇北 1 公里处，依然矗立着木兰祠，俗称孝烈祠。旧祠院建筑物百余间，多唐槐翠柏，殿内有木兰雕像，立碑 60 余通。一通为元统二年（1334）所立的《孝烈将军祠像辨正记》，一为清嘉庆十一年（1806）所立《孝烈将军祠像辨误正名记》。碑文记载：木兰姓魏，隋代人，女扮男装，代父从军，屡立战功，帝封尚书不受，又欲纳宫中，以死相拒，谥孝烈将军。

关于木兰的姓氏，还有一说是姓花。明代徐渭的《明盛杂剧》载木兰语说："妾身姓花名木兰，祖上在西汉时以六郡良家子世住河北魏郡。"豫剧经典名作《花木兰》即从此说。关于木兰的结局，传统说法是根据《木兰辞》中"愿借明驼千里足，送儿还故乡"两句，断定木兰胜后辞官不受，衣锦还乡，不知所终。但据清朝时期的《商丘县志》的《烈女》载：木兰代父从军，后凯旋，天子嘉其功，封尚书，不受，恳奏回归故里。天子想把木兰纳入宫中，她坚决不从，遂自尽。天子惊恐，追赐将军，谥孝烈。《河南通志》所载略同。木兰祠中的几副楹联，读起来令人感奋："大智大勇使须眉动魄，至孝至忠知巾帼丹心。""十年沙场万代楷模，一片贞心四海崇敬。""代父从军成大孝，卫国戍边固金瓯。"花木兰用"扑朔迷离"的行为，演绎了代父从军流传世代的故事。

杜甫

杜甫（712—770），字子美，自号少陵野老。汉族，祖籍襄阳，河南巩县（今河南省巩义）人。杜甫共有约1500首诗歌被保留了下来，多集于《杜工部集》，在中国古典诗歌中的影响非常深远，是伟大的现实主义诗人，被后人称为“诗圣”，他的诗被称为“诗史”。《春望》《北征》和“三吏”“三别”等名作，脍炙人口，传诵至今，许多诗句都成为了后人引用的成语。

润物细无声

润物细无声指悄然无声地滋润着大地万物，让人们在不知不觉中受益。

杜甫《春夜喜雨》：“好雨知时节，当春乃发生。随风潜入夜，润物细无声。野径云俱黑，江船火独明。晓看红湿处，花重锦官城。”

这是描绘春夜雨景，表现喜悦心情的名作。好雨似乎会挑选时辰，降临在万物萌生之春。伴随和风，悄悄进入夜幕。细细密密，滋润大地万物。浓浓乌云，笼罩田野小路，唯有江边渔船上的一点渔火放射出一线光芒，显得格外明亮。等天亮的时候，那潮湿的泥土上必定布满了红色的花瓣，锦官城的大街小巷也一定是一片万紫千红的景象。今天，人们常常用“润物细无声”来形容好教师和思想政治工作者。

后世常用润物无声这句成语来赞美教学方法得当、教学效果显著的教师，也用来表彰善于言传身教成效显著的思想政治工作者。

无边落木萧萧下，不尽长江滚滚来

无边落木萧萧下，不尽长江滚滚来，这是诗，也是成语。落木，指秋天飘落的树叶；萧萧，模拟草木飘落的声音。此成语指无边无际的树木萧萧地飘下落叶，望不到头的长江水滚滚奔腾而来，比喻形势、局面顺利美好。

无边落木萧萧下，不尽长江滚滚来出自杜甫的《登高》：“风急天高猿啸哀，渚清沙白鸟飞回。无边落木萧萧下，不尽长江滚滚来。万里悲秋常作客，百年多病独登台。艰难苦恨繁霜鬓，潦倒新停浊酒杯。”

这是一首最能代表杜诗中景象苍凉阔大、气势浑涵汪茫的七言律诗。前两联写登高闻见之景，后两联抒登高感触之情。由情选景，寓情于景，浑然一体，充分表达了诗人长年飘泊、忧国伤时、老病孤愁的复杂感情。而格调却雄壮高爽，慷慨激越，高浑一气，古今独步。后世常引用“无边落木萧萧下，不尽长江滚滚来”形容美好局面或大好形势的不可阻挡。

并蒂芙蓉

蒂，花或瓜果跟枝茎相连的部分；芙蓉，荷花别名。并蒂芙蓉指两朵荷花并生一蒂，比喻夫妻相亲相爱，也比喻两者可以相媲美。

杜甫《进艇》诗：“俱飞蛱蝶元相逐，并蒂芙蓉本自双。”

并蒂芙蓉《进艇》是唐肃宗上元二年（761）杜甫在成都所作。此时的杜甫已至知天命之年，无情的岁月把他从一个胸怀大志的少年变成历经沧桑的中年人，好在还有好友高适和表弟王十五的倾囊相助，他能够在成都西郊的浣花溪边上盖起了草堂，与妻儿过上一段风平浪静的日子。浣花溪岸边的蝴蝶缠缠绵绵翩翩双飞，你追我逐；溪水上的荷花如双栖鸳鸯一般，并蒂双双。这是杜甫安居草堂生活的真实写照。

三国东吴有一对姊妹花叫大乔和小乔，姐姐大乔嫁给了孙策，妹妹小乔嫁给了周瑜。这对姊妹花还是曹操的梦中情人。明朝人高启在《过二乔宅》诗中把大乔小乔比作并蒂芙蓉，此诗读来耐人寻味："孙郎武略周郎智，相逢便结君臣义。奇姿联璧耀江东，都与乔家做佳婿。乔公虽在流离中，门楣喜溢双乘龙。大乔娉婷小乔媚，秋水并蒂开芙蓉。二乔虽嫁犹知节，日共诗书自怡悦。不学分香歌舞儿，铜台夜泣西陵月。"

惨淡经营

惨淡，苦费心思；经营，筹划。惨淡经营指费尽心思辛辛苦苦地经营筹划，后指在困难的境况中艰苦地从事某种事业。

杜甫《丹青引赠曹将军霸》："诏谓将军拂绢素，意匠惨淡经营中。"

曹霸是盛唐时期著名的画马大师，安史之乱后，潦倒漂泊。唐代宗广德二年（764），杜甫和曹霸在成都相识，他十分同情曹霸的遭遇，写下了这首《丹青引赠曹将军霸》。这两句诗的意思是：皇上命令你展开丝绢准备作画，你匠心独运惨淡经营刻苦用功。

惨淡经营作为褒义词，常被后人引用，如：清代叶燮《原诗》："杜甫七言长篇，变化神妙，极惨淡经营之奇。"邹韬奋《经历·惨淡经营之后》："这样惨淡经营之后，这一所房屋，在那条贫民窟的街道上简直是一所很整洁的屋子了。"

文采风流

文采，才华；风流，遗风。文采风流形容人富于才华，风雅潇洒。横溢的才华与潇洒的风度。亦指才华横溢与风度潇洒的人物。

杜甫《丹青引赠曹将军霸》诗："英雄割据虽已矣，文采风流今尚存。"虽然刘备、孙权和曹操的三分天下已经结束了，但曹操的才华横溢与风度潇洒至今还存在。

当代作家孟南星创作的一部都市重生小说名字叫《重生之文采风流》，故事讲的是：重生到一个与地球相似且推崇文言文的世界，写《和空姐同居的日子》，引发纯爱狂潮；写《天龙八部》《小李飞刀》成为新派武侠宗师；写《明朝那些事》，掀起明史热等等。

英姿飒爽

英姿，英勇威武的姿态；飒爽，豪迈矫健。英姿飒爽形容英俊威武、精神焕发的样子。

杜甫《丹青引赠曹将军霸》诗："褒公鄂公毛发动，英姿飒爽来酣战。"褒公鄂公的毛发似乎都在抖动，他们英姿飒爽好像是正在酣战。

毛泽东博古通今，在诗词中常创造性地引用成语典故，对英姿飒爽的引用，见《七绝·为女民兵题照》："飒爽英姿五尺枪，曙光初照演兵场。中华儿女多奇志，不爱红装爱武装。"

读书破万卷　下笔如有神

破，突破；卷，书籍册数。读书破万卷形容读书很多，学识渊博。

下笔如有神指写文章时，文思奔涌，如有神力；形容文思敏捷，善于写文章或文章写得特别好。

杜甫《奉赠韦左丞丈二十二韵》:“读书破万卷，下笔如有神。”

先后读熟万卷书籍,好像有神。读书只有读透书,博览群书,写起文章,才能下笔敏捷，得心应手，有如神助一般。

万卷书其实没多少。一部《全唐诗》500 卷,一套《二十五史》3782 卷,《资治通鉴》294 卷，一部小小的《古文观止 》有 12 卷。因为卷本指串起来的竹简，古人一卷书的篇幅，只相当于现在的一章。一个人从 7 岁起，一天读 3 卷书，到不了 20 岁就能破万卷书。据文献记载，中国古代著书之数达 3.5 万种之多。在科举制度时代，能读过百种以上的书，就算是很博学的人了，秀才、举人也不过如此。

“读书破万卷,下笔如有神”对我们中国人来说,妇孺皆知,人人会说,不仅仅用来夸赞学识渊博的人，而且成为父母教子的经典名句。你要想成为学问渊博、见多识广的人，就要“读万卷书，行万里路”。

指挥若定

指挥若定意思是指挥起来就像一切都事先规定好了似的，形容指挥者胸有成竹，镇定从容。

杜甫《咏怀古迹》之五:“伯仲之间见伊吕，指挥若定失萧曹。”伊尹、吕尚难分伯仲，不相上下，指挥军队作战镇定从容，让萧何、曹参都为之失色。

《咏怀古迹五首》是杜甫于唐代宗大历元年 (766) 在夔州 (治今重庆奉节) 写成的组诗。这五首诗分别吟咏了庾信、宋玉、王昭君、刘备、诸葛亮等人在三峡一带留下的遗迹，赞颂了五位历史人物的文章学问、心性品德、伟绩功勋，对这些历史人物凄凉的身世、壮志未酬的人生表示了深切的同情，并寄寓了自己仕途失意、颠沛流离的身世之感，抒发了自身的理想、感慨和悲哀。组诗语言凝练，气势浑厚，意境深远。

从古至今，上下几千年，中国历史上涌现了不少杰出的青年人才。尤其是现代，为建立新中国而征战的将帅群星荟萃，最杰出的就是中国共产党、人民军队、新中国的缔造者毛泽东。他在井岗山斗争中，以灵活机动的战略战术，粉碎了国民党军队的三次“围剿”；在长征途中，四渡赤水，兵逼贵阳，巧渡金沙江，飞越大渡河，摆脱了敌人的重重包围；在抗日战争中，指挥八路军、新四军挺进敌后，开辟抗日根据地，展开游击战争，奋斗到抗战的最后胜利；在解放战争中，指挥百万大军取得了辽沈、淮海、平津三大战役的胜利，建立了新中国。毛泽东可谓是指挥若定用兵如神的千古典范。

炙手可热

炙：烤。炙手可热指手一靠近就感觉很烫。比喻气焰盛、权势大。

杜甫《丽人行》：“炙手可热势绝伦，慎莫近前丞相嗔。”

唐玄宗李隆基年轻时是一个很有作为的皇帝，但是，唐玄宗后来任用李林甫为丞相，政治开始腐败。745 年，他封杨玉环为贵妃，纵情声色，奢侈荒淫，政治越来越腐败。李林甫死后，唐玄宗便任命杨国忠做丞相，一时之间，杨家兄妹权势熏天，他们结党营私，把整个朝廷搞得乌烟瘴气，以致不久后就爆发了安禄山、史思明叛乱。此诗是天宝十二年（753）春所作，讽刺杨国忠兄妹骄奢淫逸。此二句诗的意思是：杨家权势炙手可热，没有人能与之相比；你千万不要走近前去，以免惹得丞相发怒生气。

“炙手可热”在唐代是一个流行的贬义词，用来讥讽那些位高权重者的作威作福。后来收入明代程氏编纂的启蒙读物《幼学琼林》，也就在汉语应用中凝固下来。改革开放年代，炙手可热的感情色彩发生了逆转，出现了褒义化趋势，如：今天的冷门股票，明天就可能炙手可热。再如：电子商务前景光明，电子商务师将成为21世纪炙手可热的职业之一。

白衣苍狗

苍：灰白色。白衣苍狗意思是天上的浮云形状像白衣，一会儿又变得像黑狗；后用此比喻世事变化无常；也作“白云苍狗”。

杜甫《可叹》诗：“天上浮云如白衣，斯须改变如苍狗。”

《可叹》诗是一首写人的叙事诗，诗中的主人公，是和杜甫同时代的诗人王季友。王季友年轻时家贫，以卖草鞋为生，出身富家的妻子柳氏嫌弃他，离家出走。王季友在贫困孤苦中发奋攻读，后来考上状元，成为一代名流，离弃他的柳氏后来又回到他身边。这样跌宕起落的人生，使杜甫大为感叹。秋天高空白云聚成许多形状，起初很像一件白衫，瞬息之间能使之变成苍狗。看的人可以会意为各种动物或什物。白云与苍狗是两种毫不相干的事物，但世情之冷暖和舆论却能使他们发生关联和使之变化无常。这种事古往今来都一样，人世间是无奇不有！

南宋人张元干的《瑞鹧鸪》词引用了“白衣苍狗”这个成语，且构思新颖，含义深远，耐人寻味：“白衣苍狗变浮云，千古功名一聚尘。好是悲歌将进酒，不妨同赋惜余春。风光全似中原日，臭味要须我辈人。雨后飞花知底数？醉来赢取自由身。”读此词既能感触到南宋偷生苟安的悲剧，又能体会到词人心灵遭受压抑的激愤。

冰壑玉壶

冰壑，山沟里像冰一样洁净的水；玉壶，玉制的壶。冰壑玉壶比喻人的品德高尚，心地纯洁。亦作玉壶冰。

杜甫《入奏行赠西山检察使窦侍御》载：“窦侍御，骥之子，凤之雏，年未三十忠义俱，骨鲠绝代无。炯如一段清冰出万壑，置在迎风寒露之玉壶。”这几句是在叙述窦侍御的履历，记其美质忠心，喻其廉操清望。我们从中悟到的是：为人、处事、做官，须透明如水，品性高洁。

初唐杰出诗人骆宾王,在政治还不稳定的历史时期,在“寒更”“凉夕”的时刻，感受“无边落木”的秋夜，面对就要离别的友人，吟出了《送别》诗，表达对友人的离别的不舍之情：“寒更承夜永，凉夕向秋澄。离心何以赠，自有玉壶冰。”意思是：寒夜的敲更声接续着这漫漫长夜，清凉的夜晚像秋天那般澄澈。离别时难以割舍，拿什么赠送给你呢？我这自有装在玉壶中冰一样的真心。

与杜甫“冰壑玉壶”相近的是王昌龄的“一片冰心在玉壶”，《芙蓉楼送辛渐》：“寒雨连江夜入吴，平明送客楚山孤。洛阳亲友如相问，一片冰心在玉壶。”王维也写有《赋得清如玉壶冰》的诗。杜甫、王昌龄、王维虽然年龄有差别，但他们都是盛唐诗人。由此人们常用玉壶冰来形容人的高尚品格。

冰雪聪明

冰雪：喻纯净清澈。聪明：聪敏有智慧。冰雪聪明比喻人聪明非凡。近义词为聪明伶俐。形容小孩头脑机灵，活泼且乖巧。

杜甫《送樊二十三侍御赴汉中判官》诗："冰雪净聪明，雷霆走精锐。"即聪明的人却没有高尚的人品，精锐的军队失去了奔雷闪电的气势。诗中表达杜甫对朝廷用人不当的指责。

古人形容人的聪明非凡，不一定非用冰雪聪明，还有类似的或相近的词。比如：韩愈《送李愿归盘谷序》："曲眉丰颊，清声而便体，秀外而慧中。"意思是，弯弯曲曲的眉毛，丰厚的脸颊，清脆的声音，得体大方的衣着，秀气的外表却又有聪慧的内心。施耐庵《水浒全传》第四十九回："原来这乐和是一个聪明伶俐的人，诸般乐品学着便会；作事见头知尾；说起枪棒武艺，如糖似蜜价爱。"曹雪芹《红楼梦十二曲·世难容》："气质美如兰，才华馥比仙。"

别开生面

生面：新的面目。别开生面比喻另外创出一种新的形式或局面。原意是凌烟阁里的功臣画像本已褪色，经曹将军重画之后才显得有生气。后人用来描述奇特有创意的活动、文笔或者绘画，很多场景可以用。

杜甫《丹青引赠代曹将军霸》："凌烟功臣少颜色，将军下笔开生面。"这是杜甫称赞曹霸绘画高超的诗句，原意是凌烟阁里的功臣画像本已褪色，经曹将军重画之后才显得有生气。

唐代著名的画家曹霸，擅长于画人物和马，受到唐玄宗的宠幸，长安城里的王公贵族和官府人家，都以藏有他的画为荣。长安北面的太极宫中，有一座著名的凌烟阁。阁内四壁上绘有唐朝二十四位开国功臣的肖像，是著名画家阎立本画的。由于年代已久，大部分已经剥落，有的甚至难以辨认。为此，玄宗把曹霸召来，要他重新画过。不久，二十四位功臣的肖像重放光彩，并且以崭新的风格展现在人们面前。玄宗越看越满意，马上叫侍从取来许多金帛赏赐给曹霸，并且封他为左武卫将军。

后来他获罪，被削去官职，降为平民，只得离开长安。杜甫在成都了解了曹霸的身世和遭遇后，非常同情和感慨，就写了这首丹青诗。后来，曹雪芹在《红楼梦》第六十四回也出现别开生面一词："今日林妹妹这五首诗，亦可谓命意新奇，别开生面了。"

发人深省

发，启发；省，醒悟。发人深省指启发人深刻思考，有所醒悟。

杜甫《游龙门奉先寺》诗："欲觉闻晨钟，令人发深省。"

这首诗当作于唐玄宗开元二十三年(735)，当时杜甫自吴越归东都洛阳，夜宿龙门奉先寺，有感而发，写下这首诗。

此诗叙写了龙门夜景及若有所悟的心境，表现了诗人青年时期的敏锐感受能力和对佛教的初步认识。"欲觉闻晨钟，令人发深省"的意思是：将醒之时听到佛寺晨钟敲响，一声声扣击心弦，令人生发深刻的警悟。

狼来了的故事发人深省：

从前，有个放羊娃，每天都去山上放羊。一天，他觉得十分无聊，就想了个捉弄大家寻开心的主意。他向着山下正在种田的农夫们大声喊："狼来了！狼来了！救命啊！"农夫们听到喊声急忙拿着锄头和镰刀往山上跑，他们边跑边喊："不要怕，孩子，我们来帮你打恶狼！"农夫们气喘吁吁地赶到山上一看，连狼的影子也没有！放羊娃哈哈大笑："真有意思，你们上当了！"农夫们生气地走了。第二天，放羊娃故伎重演，善良的农夫们又冲上来帮他打狼，可还是没有见到狼的影子。放羊娃笑得直不起腰："哈哈！你们又上当了！哈哈！"大伙儿对放羊娃一而再再而三地说谎十分生气，从此再也不相信他的话了。过了几天，狼真的来了，一下子闯进了羊群。放羊娃害怕极了，拼命地向农夫们喊："狼来了！狼来了！快救命呀！狼真的来了！"农夫们听到他的喊声，以为他又在说谎，大家都不理睬他，没有人去帮他，结果放羊娃的许多羊都被狼咬死了。

这个寓言故事发人深省：说谎是一种不好的行为，它既不尊重别人，也会失去别人对自己的信任。我们应该培养诚恳待人的良好品质，心存希望，身处逆境临危不惧，心中就会充满阳光。

翻手为云，覆手为雨

翻手为云，覆手为雨比喻玩弄手段，反复无常。

杜甫《贫交行》：“翻手作云覆手雨，纷纷轻薄何须数。君不见管鲍贫时交，此道今人弃如土。”

杜甫生在盛唐走向衰弱的时期，他深切体会到上层社会的世态炎凉，人情淡薄，看到的都是尔虞我诈，不禁想起了春秋时期的管鲍之交的真情友谊。于是抚今思古即兴作《贫交行》。意思是：有些人交友，翻手覆手之间，一会儿像云的趋合，一会儿像雨的纷散，变化多端，这种贿赂之交、势利之交、酒肉之交是多么地让人轻蔑愤慨、不屑一顾！古人管仲和鲍叔牙贫富不移的君子之交，却被今人弃之如粪土。

《惊鸿一面》歌词有这么一句：“翻手作云覆手雨，纷纷轻薄何须数，金盆洗手止风雨。”这里引用了翻手为云覆手为雨的成语，但意思却不同，是借势表达很有手段很厉害的意思。

济世之才

济世：拯救时世。济世之才指能够拯救时世，治理国家的人才。

杜甫《奉待严大夫》：“殊方又喜故人来，重镇还须济世才。”意思是：殊方偏国又喜逢故人到来，军事重镇还需要拯救时世的人才。

济世之才之于周公再恰当不过了。周公，曾先后辅助周武王灭商、周成王治国。其政绩，《尚书大传》概括为：“一年救乱，二年克殷，三年践奄，四年建侯卫，五年营成周，六年制礼乐，七年致政成王。”

在武装镇压商纣王子武庚和周武王兄弟管叔、蔡叔、霍叔及东方各国武装反叛以后，“制礼作乐”，制定和完善宗法、分封等各种制度，使西周奴隶制获得进一步的巩固。

周公以商朝灭亡和“三叔”等武装反叛活动为鉴，特别重视奴隶主贵族及其子弟的政治道德教育、治术教育和勤政教育，要求“敬德保民”“明德配天”“明德慎刑”“有孝有德”“力农无逸”等，主张充分发挥“颂”“诰”对奴隶主及平民的教育作用，并提出以治绩考察、选任官吏的原则。他一生礼贤下士。

周公是中国古代伟大的政治家，同时又是中国古代教育的杰出开创者。3000 多年前的周公，对中国古代礼制和教育的发展曾起过巨大作用。

倾盆大雨

倾盆大雨形容雨下得像从盆中倾倒出来的一样。指又大又急的雨。

杜甫《白帝》诗：“白帝城中云出门，白帝城下雨翻盆。”这首诗写于大历元年 (766)，时杜甫在夔州。这两句以城门云气翻滚、城下大雨倾盆，衬托白帝城的高。

有的诗人也写倾盆大雨，但不直白，也很有韵味，如：明代刘基的《五月十九日大雨》：“风驱急雨洒高城，云压轻雷殷地声。雨过不知龙去处，一池草色万蛙鸣。”意思是：疾风驱使着骤雨倾倒在高城，乌云密布，雷声隆隆，大地仿佛都在震动。一会儿，那兴云作雨的龙挟着雷电乌云离去，眼前出现的是池塘水溢，青草滴翠，万蛙齐鸣。

后来，宋代大诗人苏轼在《雨意》诗中，也用到了这个成语：“烟拥层峦云拥腰，倾盆大雨定明朝。”由于“倾盆大雨”形象的比喻，且好记好用，所以几乎人人会用，成为世代传承的俗语。

雾里看花

雾里看花意为年老眼花，看花像隔了一层雾一样；比喻对事物看不真切。

杜甫《小寒食舟中作》：“春水船如天上坐，老年花似雾中看。”这首诗是杜甫在去世前半年多，即大历五年（770）春停留潭州（今湖南长沙）的时候所写，表现他暮年落泊江湖而依然深切关心唐王朝安危的思想感情。这两句诗的意思是：春来水涨，江河浩荡，在舟中漂荡起伏犹如在天上云间；身体衰迈，老眼昏蒙，看岸边的花草犹如隔着一层薄雾。

阎肃先生引用这句成语创作了《雾里看花》歌词，谱成曲后由那英演唱，煞是好听：“雾里看花，水中望月，你能分辨这变幻莫测的世界，涛走云飞，花开花谢……借我借我一双慧眼吧，让我把这纷扰，看得清清楚楚，明明白白，真真切切……”

蜻蜓点水

蜻蜓点水指蜻蜓在水面飞行时用尾部轻触水面的动作。比喻做事肤浅不深入。

杜甫《曲江二首》：“穿花蛱蝶深深见，点水蜻蜓款款飞。”意思是：蝴蝶在花丛中穿行，时隐时现。蜻蜓缓缓飞动，时而点着水面。

蜻蜓虽然是生活在陆地上的昆虫，整日翱翔在空中，但它们的幼虫却要生活在水里。为了繁衍后代，它必须选择在有水的地方产卵，受精卵要在水中才能孵化，于是蜻蜓用尾巴点水的方法，把受精卵排到水中，卵到了水中附着在水草上，不久便孵出幼虫（幼虫叫水虿），在水中生活一段时间后，便沿水生植物的枝条爬出水面，变成了展翅飞翔的蜻蜓。

诗人郭小川《沉重的教训》有句："下乡只是蜻蜓点水式的，还要带白馒头。"

广厦万间

厦：大屋子。有很多宽敞的屋子。广厦万间形容受到保护、得到周济的人很多。

杜甫《茅屋为秋风所破歌》："安得广厦千万间，大庇天下寒士俱欢颜，风雨不动安如山。" 此诗叙述作者的茅屋被秋风所破，以致全家遭雨淋的痛苦经历，抒发了自己内心的感慨，体现了诗人忧国忧民的崇高思想境界，是杜甫诗中的典范之作。这三句诗的意思是：如何能得到千万间宽敞高大的房子，普遍地庇覆天下间贫寒的读书人，让他们开颜欢笑。表现阔大境界和愉快情感的词儿如"广厦""千万间""大庇""天下""欢颜""安如山"等，构成了铿锵有力的节奏和奔腾前进的气势，恰切地表现了诗人从"床头屋漏无干处""长夜沾湿何由彻"的痛苦生活体验中迸发出来的奔放的激情和火热的希望。这种奔放的激情和火热的希望，咏歌之不足，故嗟叹之："呜呼！何时眼前突兀见此屋，吾庐独破受冻死亦足！" 诗人的博大胸襟和崇高理想，至此表现得淋漓尽致。

广厦万间在杜甫的时代，乃至中华人民共和国建立前夕，都是人们的理想愿望。随着新中国的建立，到改革开放新时代，中国共产党带领全国各族人民，不懈奋斗，消除了贫困，广厦万间的梦想变为了现实，人民安居乐业，尽享太平盛世。

玉树临风

玉树，传说中的仙树；临风，迎着风。玉树临风形容人玉树一样风度潇洒，秀美多姿。亦作“临风玉树”。

杜甫《饮中八仙歌》：“宗之潇洒美少年，举觞白眼望青天，皎如玉树临风前。”意思是：崔宗之是一个洒脱英俊的少年，豪饮时高举酒杯，用白眼仰望青天，睥睨一切，旁若无人。喝醉后，宛如玉树迎风摇曳，不能自持。

《唐伯虎点秋香》里，周星驰饰演的唐伯虎流着鼻血，口中振振有词地说道：“小弟我亦是人称玉树临风胜潘安，一树梨花压海棠的小淫虫周伯通。”引来观众满堂哄笑，其中的“玉树临风胜潘安，一树梨花压海棠”两句话自此便广为流传。

刘禹锡

刘禹锡（772—842），唐代文学家、哲学家，字梦得，洛阳人，自称“家本荥上，籍占洛阳”。有“诗豪”之称。贞元九年（793），进士及第，初在淮南节度使杜佑幕府中任记室，为杜佑所器重，后从杜佑入朝，为监察御史。后历任朗州司马、连州刺史、夔州刺史、和州刺史、主客郎中、礼部郎中、苏州刺史等职。会昌时，加检校礼部尚书。卒年70，赠户部尚书。刘禹锡诗文俱佳，涉猎题材广泛，有《陋室铭》《竹枝词》《杨柳枝词》《乌衣巷》等名篇。哲学著作《天论》三篇，论述天的物质性，分析“天命论”产生的根源，具有唯物主义思想。有《刘梦得文集》，存世有《刘宾客集》。

感激涕零

涕：眼泪。零：落。感激涕零指因感激而流泪。感激涕零形容极度感激。

刘禹锡《平蔡行》诗有：“路旁老人忆旧事，相与感激皆涕零。”

《平蔡行》叙述了唐代一件极为有名的历史事件：

唐玄宗李隆基，在他执政后期先后任用了李林甫、杨国忠为宰相，自己则一心纵欲享乐，国势迅速衰弱。“安史之乱”后，地方藩镇的割据势力不断坐大。宪宗元和九年（814），割据一方的淮西节度使吴少阳死去，他的儿子吴元济为总揽军政大权，自领军务，纵兵焚烧掳掠附近各县。唐王朝多次派兵进击叛军，都未能取胜。元和十二年（817），宰相裴度督师讨伐吴元济，部将李愬为前锋。李愬抓住时机，率军出击，连连取胜，并在第二年冬天大雪之时，突袭蔡州成功，俘获了吴元济。老百姓纷纷走上街头相互庆祝。老人们一边回忆着多年来因藩镇割据所带来的深切痛苦，一边享受因官军收复蔡州所带来的兴奋，一时间竟高兴得老泪横流。刘禹锡有感于不负众望的李愬的机智进攻，以及宰相裴度的有效调度，挥笔写下这具有史诗性质的七言古诗《平蔡行》："汝南晨鸡喔喔鸣，城头鼓角音和平。路旁老人忆旧事，相与感激皆涕零。"

案牍劳形

案牍：公文。文书劳累身体。案牍劳形形容公事繁忙。

刘禹锡《陋室铭》："山不在高，有仙则名。水不在深，有龙则灵。斯是陋室，惟吾德馨。苔痕上阶绿，草色入帘青。谈笑有鸿儒，往来无白丁。可以调素琴，阅金经。无丝竹之乱耳，无案牍之劳形。南阳诸葛庐，西蜀子云亭，孔子云：何陋之有？"山不在于高，只要有仙人居住就会出名；水不在于深，只要有蛟龙栖留住就显神灵。这是一间简陋的居室，因我的美德使它芳名远扬。苔藓爬上台阶染出一片碧绿，草色映入竹帘映得漫屋青色。这里谈笑的都是博学多识的人，来往的没有不学无术之徒。平时可以弹奏清雅的古琴，阅读泥金书写的佛经。没有繁杂的音乐搅扰听觉，没有文牍公务劳累身心。似南阳诸葛亮的草庐，如西蜀扬子云的草屋。孔子说："这有什么简陋的呢？"

此铭文集描写、抒情、议论于一体。通过具体描写"陋室"恬静、雅致的环境和主人高雅的风度，表述了作者不与世俗同流合污，洁身自好、不慕名利、两袖清风的情怀。

芒寒色正

芒寒色正指星光清冷色纯正。也借以称颂人的品行高洁正直。

刘禹锡《柳河东集序》载:“天下文士，争执所长，与时而奋，粲焉如繁星丽天，而芒寒色正，人望而敬者，五行而已。”

柳宗元临死前留下遗书，希望刘禹锡给他编纂遗稿。这篇文章，就是刘禹锡将柳宗元的遗稿整理成集后所写的序言。文中先从文章与政治的关系写起，指出柳宗元的文章在当时就很受重视；然后概括介绍柳宗元的生平，点出他的临终所托；末尾引用韩愈的评价，充分肯定柳宗元在中国文学史上的重要地位。上述一段可译为:“天下的文人学士，争先恐后地以自己的所长，乘着当时风尚而奋起，光辉灿烂，如同繁星布满整个天空。而其中光芒逼人、色泽雅正，使人望而生敬的，只有金、木、水、火、土五星罢了。”

平地风波

平地风波指平地上起风浪。比喻突然发生意料不到的纠纷或事故。

刘禹锡《竹枝词九首》:“常恨人心不如水，等闲平地起波澜。”意思是：总是怨恨人心比不了这江水，无缘无故也会平地掀起波澜。

《竹枝词》原名“竹枝”“竹枝歌”“竹枝曲”，本是乐府《近代曲》名。最早为巴人口头传唱的民歌。人民边舞边唱，用鼓和短笛伴奏。赛歌时，谁唱得最多，谁就是优胜者。刘禹锡非常喜爱这种民歌，他学习屈原作《九歌》的精神，采用了当地民歌的曲谱，制成新的《竹枝词九首》，描写当地山水风俗和男女爱情，富于生活气息。体裁和七言绝句一样。但在写作上，多用白描手法，少用典故，语言清新活泼，生动流畅，民歌气息浓厚。

苏轼《三思归》诗中有："儿言世情恶，平地风波起。"明代许仲琳《封神演义》第三十回中有："纣王见贾氏坠楼而死，好懊恼，平地风波，悔之不及。"

东边日出西边雨，道是无晴却有晴

"晴"与"情"谐音。这句成语的意思是说：东方太阳出来了，而西边还下着雨。说天晴吧，又有雨；说下雨吧，还有晴的地方。东边日出西边雨，道是无晴却有晴用来比喻表面上似无情，而内心却含情的矛盾之情，一语双关。

刘禹锡《竹枝词二首》："杨柳青青江水平，闻郎江上唱歌声。东边日出西边雨，道是无晴却有晴。"

这是用民歌体写的恋歌，用双关隐语来表达恋情，是民歌中常用的手法。这首诗由于运用双关隐语的巧妙，常被人们所称道和引用。从前两句诗意看，大概女方在杨柳飘拂、波平浪静的江边行船，听到岸上爱恋她的青年男子在对她唱歌言情。后两句是写女方从男方歌词中所获的印象，同时关合着景物描写。

用谐音双关语来表达思想感情，是我国从古代到现代民歌中常用的一种表现手法。刘禹锡的《竹枝词》用此方法来表达青年男女的爱情，贴切自然，含蓄明朗，音节和谐，历来为人们所喜爱所传诵。

白居易

白居易（772—846），字乐天，号香山居士，又号醉吟先生，祖籍太原，到其曾祖父时迁居下邽，生于河南新郑。官至翰林学士、左赞善大夫。白居易的诗歌题材广泛，形式多样，语言平易通俗，是唐代伟大的现实主义诗人。846年，白居易在洛阳逝世，葬于香山。有《白氏长庆集》传世，代表诗作有《长恨歌》《卖炭翁》《琵琶行》等。

秋月春风

秋月春风意思是秋夜的月，春日的风。指美好的时光。

白居易《琵琶行》载："今年欢笑复明年，秋月春风等闲度。"意思是："年复一年都在欢笑打闹中度过，秋去春来美好的时光白白消磨。"后来，人们把"秋月春风等闲度"这句诗，简化引申为"秋月春风"这个成语，用来比喻美好的年华，也指良辰美景。

杨慎所作的《三国演义》开篇词《临江仙》："滚滚长江东逝水，浪花淘尽英雄。是非成败转头空。青山依旧在，几度夕阳红。白发渔樵江渚上，惯看秋月春风。一壶浊酒喜相逢。古今多少事，都付笑谈中。"意思是：滚滚长江向东流，不再回头，多少英雄像翻飞的浪花般消逝。争什么是与非、成功与失败，都是短暂不长久。只有青山依然存在，依然日升日落。江上白发渔翁，早已习惯于四时的变化。和朋友难得见了面，痛快地畅饮一杯酒。古往今来的纷纷扰扰，都成为下酒闲谈的材料。

暮去朝来

暮去朝来意思是黄昏过去，清晨又到来，形容时光流逝，时间过得很快。

白居易《琵琶行》:“弟走从军阿姨死，暮去朝来颜色故。”意思是:“教坊的兄弟参军去了，当家的阿姨也死了，暮去朝来我也年老色衰。”

白居易还写了一首《杂曲歌辞·浪淘沙》，其中两句:“暮去朝来淘不住，遂令东海变桑田。”意思是：海水每天从朝霞渐起到暮色渐至不停地推涌着大地，冲洗着大地，致使浩瀚无际的东海变成令人赞叹的美丽桑田。

宋代晏殊《清平乐》诗云:“词萧娘劝我金卮，殷勤更唱新词。暮去朝来即老，人生不饮何为？”元代马致远《青衫泪》楔子有句:“妾身裴兴奴，自从与白侍郎相伴，朝来暮去，又早半年光景。”

门前冷落

门前冷落指人失势以后，前来交往的人很少。也作“门庭冷落”。

白居易《琵琶行》:“门前冷落车马稀，老大嫁作商人妇。”意思是说:“琵琶女随着时间的流逝，红颜老去，光顾的客人就很少了，嫁给了商人做妻子。”

现在有不少退休的老人害怕门前冷落，总希望单位的领导或同事常来家里看望。其实退休了的人要学会休闲独处，才有益于身心健康。我们应向苏东坡学习，他善于以茶养性，心灵的杯盏里永远有绿茶舒展，尤把佳茗比作佳人，让人别开生面。杭州藕香居茶室将他的“从来佳茗似佳人”一句，与他的名作《饮湖上初晴后雨》中的“欲把西湖比西子”，组成了一副茶联“欲把西湖比西子，从来佳茗似佳人”。奇妙而工整，让人顿生绿叶漂泊、茶香缕缕之意。

杜鹃啼血

杜鹃鸟，俗称布谷。春夏季节，杜鹃彻夜不停啼鸣，啼声清脆而短促，唤起人们多种情思。如果仔细端详，杜鹃口腔上皮和舌部都为红色，古人误以为它啼得满嘴流血，凑巧杜鹃高歌之时，正是杜鹃花盛开之际，人们见杜鹃花那样鲜红，便把这种颜色说成是杜鹃啼的血，杜鹃啼血形容鸟类啼声的悲苦，常用以形容哀痛至极。

白居易《琵琶行》:“其间旦暮闻何物？杜鹃啼血猿哀鸣。”意思是:“在这里早晚能听到的是什么呢？尽是杜鹃猿猴那些悲凄的哀鸣。”

相传有两只杜鹃，雌鸟卧病于巢，雄鸟早出晚归觅食。一日，雄鸟出而不归，雌鸟残喘等待数日，竭尽全力飞出，呼唤雄鸟，痛不欲生，口中滴血。雌鸟飞过之处，血滴于地，开出片片血红的鲜花，映红了山岗大地。

关于杜鹃啼血的传说，民间有多种，比较典型的是杜鹃鸟啼血后化作了杜鹃花。比如：古时蜀帝杜宇，死后仍舍不得离开他的子民，其灵魂便化作一只鸟，名叫杜鹃鸟，“不如归！不如归”的叫声一直不停，最后口吐鲜血滴在树上，便开出了血红色的花，后人为纪念杜宇，便称此花为杜鹃花。

司马青衫

司马，古代官名；青衫，唐制，文官八品、九品服青。唐朝时白居易曾贬官为江州司马。司马的衣衫为泪水所湿。司马青衫指形容极度悲伤。

白居易《琵琶行》:“座中泣下谁最多？江州司马青衫湿。”意思是:“在座中谁流的眼泪最多？我江州司马泪水湿透青衫衣襟。”

白居易任江州司马，在送客上船时，偶然听得琵琶声，于是邀请琵琶女演奏。在和琵琶女对话中，白居易了解了琵琶女的身世，觉得他们两人命运相同，写出了“同是天涯沦落人，相逢何必曾相识”的名句，并为之泪湿青衫。

元代王实甫《长亭送别》有句:“淋漓襟袖啼红泪，比司马青衫更湿。”清代褚人获《坚瓠七集·琵琶亭》有句:“洪武初,〔沈韶〕避征辟，泛舟游襄汉,次九江,登琵琶亭,月下仿佛闻歌声,有司马青衫感。”林觉民《与妻书》有句:“司马青衫，吾不能学太上之忘情也。”

千呼万唤

千呼万唤比喻多次呼唤，再三催促。

白居易《琵琶行》:“千呼万唤始出来，犹抱琵琶半遮面。”意思是:“千呼万唤她才缓缓地走出来，怀里还抱着琵琶半遮着脸面。”

越剧《红楼梦》“宝玉哭灵”一折中有句台词:“林妹妹呀，如今是千呼万唤唤不归，上天入地难寻见。”

越剧《牡丹亭还魂记》“千呼万唤感神灵”一折中柳梦梅唱道:“千呼万唤感神灵，苍天不负有情人。不枉我，千里迢迢把你找。总盼望，今日面会意中人。深感小姐一片情，留画题诗将我等。”

此时无声胜有声

此时无声胜有声喻提默默无声却比有声更感人。

白居易《琵琶行》:“别有幽怨暗恨生，此时无声胜有声。”意思是:“像另有一种愁思幽恨暗暗滋生；此时闷闷无声却比有声更动人。”后来引申为更能表现内心深处的感情，或比喻某种高尚行为给予人们的深刻感受。

唐诗瑰丽，有许多诗篇都给人以此处无声胜有声的感觉，如张继的《枫桥夜泊》:“月落乌啼霜满天，江枫渔火对愁眠。姑苏城外寒山寺，夜半钟声到客船。”在这首诗中，诗人精确而细腻地讲述了一个客船夜泊者对江南深秋夜景的观察和感受，勾画了月落乌啼、霜天寒夜、江枫渔火、孤舟客子等景象，有景有情，有声有色。

同是天涯沦落人，相逢何必曾相识

同是天涯沦落人指同是漂泊沉沦在他乡异域的人，或大家都是有不幸遭遇的人。

相逢何必曾相识指相逢即成知己，不必要从前认识才算故人。

白居易《琵琶行》:“同是天涯沦落人，相逢何必曾相识。”意思是:“我们俩同是天涯沦落的可悲人，今日相逢何必问是否曾经相识。”

这句成语不断被后人引用。蒋志光作词作曲《同是天涯沦落人》:“……同是天涯沦落人，在这伤心者通道上同行，也许不必知道我是谁，无谓令你令你令你令你又再又再考虑。相逢何必曾相识，在这一息间相遇有情人，也许不必知道我是谁，无谓令你令你令你令你再度再度洒泪……”

比翼连枝

比翼：鸟名。传说此鸟一目一翼，须两两齐飞。比翼连枝比喻夫妇亲密不离。

白居易《长恨歌》：“在天愿作比翼鸟，在地愿为连理枝。”这两句诗非常好懂，即：在天愿为比翼双飞鸟，在地愿为并生连理枝。

这句成语的经典传诵是黄梅戏《天仙配》中的选段：“树上的鸟儿成双对，绿水青山带笑颜……从今再不受那奴役苦，夫妻双双把家还。你耕田来我织布，我挑水来你浇园。寒窑虽破能避风雨，夫妻恩爱苦也甜。你我好比鸳鸯鸟，比翼双飞在人间。”

碧落黄泉

碧落，即天上、天界；黄泉，即地下。碧落黄泉泛指宇宙的各个角落。

白居易《长恨歌》：“上穷碧落下黄泉，两处茫茫皆不见。”意思是：升天入地遍寻天堂地府，都毫无结果。

这句成语在街谈巷议中经常被提到。电视剧《碧落黄泉》即以此定名，它讲述了一个发生在民国时期，一位正直的医师遭到迫害的故事。为攫取“柳枝接骨”的不传之秘，一位有身份的乡绅，不惜沉沦为丐、毒杀亲女、伤残外孙、逼疯女婿，演绎了一出惨绝人寰的世间悲剧。而这位正直的医师，为弘扬华夏医学的道统真谛，子承父业、五年寻师、无怨无悔、碧落黄泉，奏出了一曲荡气回肠的人生壮歌。

此恨绵绵

绵绵：延续不断的样子。此恨绵绵指遗恨缠绕心头，永远不能逝去。

白居易《长恨歌》：“天长地久有时尽，此恨绵绵无绝期。”意思是：即使是天长地久，也总会有尽头，但这生死遗恨，却永远没有尽期。

此恨绵绵流传至今，最靓丽的是君洛未央创作的《此恨绵绵无绝期》。这是一本古代言情类型的小说，小说的主角是林月华、江风御，内容主要讲述了林家嫡女，毒手无双，一人可抵千军万马。可惜的是，她之所以修炼毒术，皆是为了一个男人。为了这个男人能得偿所愿，她不惜忍辱负重，换来的却是冷嘲热讽和羞辱。可当所有误会解开，发现他们已经错过太多。

梨花带雨

梨花带雨指像沾着雨点的梨花一样。原形容杨贵妃哭泣时的姿态，后用以形容女子的娇美。

白居易《长恨歌》：“玉容寂寞泪阑干，梨花一枝春带雨。”意思是：寂寞忧愁颜，面上泪水长流，犹如春天带雨的梨花。

梨花带雨也有故事：苏妲己未嫁殷纣王之前，长得漂亮，是一位淡定从容的女子，过着普通安和的生活。纣王坐拥天下，遇到妲己之后，才觉得先前一切都抵不上她的回眸一笑。在她面前，自己俨然不再是犀利的君主，只是一个柔情似水的男子。她用梨花带雨的娇艳，不断索取，使纣王酒池肉林、日日买醉、夜夜笙歌，只要和妲己在一起，他就快乐无比。慢慢地，妲己已经变成了一个被宠坏了的孩子，只要她所反感、所厌恶的人，都让纣王将其杀掉，害死了很多无辜的忠臣。

梨园弟子

梨园弟子原指唐玄宗培训的歌伶舞伎，后泛指戏剧演员。亦作梨园子弟。

白居易《长恨歌》："梨园弟子白发新，椒房阿监青娥老。"意思是：歌伶舞伎们都开始长出白发，皇宫的侍卫和美貌的宫女也开始老去。

戏剧界雅称梨园，演员称梨园弟子，缘起唐代。唐代设教坊，为培养宫庭音乐人才的机构。唐玄宗是一位出色的音乐家，亲自培养乐工。梨园便是唐玄宗培养乐工的地方。梨园弟子是从太常乐工中精选的，以器乐人才居多，有几百人之众，阵容庞大，由唐玄宗亲自组织排练。唐玄宗创作《霓裳羽衣舞》流传至今。唐玄宗的梨园弟子每年一考核，不合格的弟子就会被辞退，梨园绝没有滥竽充数之人在里面，这大大地保证了梨园弟子技艺超群的权威。唐玄宗时代是戏曲人才的黄金时代，为了得到庇护，戏剧人自称梨园弟子，从此便成为后世演艺界的代称。

天旋地转

天旋地转指天地转动。比喻重大的变化，也形容眩晕时的感觉或闹得极凶。

白居易《长恨歌》："天旋地转回龙驭，到此踌躇不能去。"意思是：叛乱平息后，君王重返长安，路过马嵬坡，睹物思人，徘徊不前。

天旋地转也可分开用，如：汉代扬雄《羽猎赋》："壁垒天旋，神抶电击。"唐代杜甫《续得观书迎就当阳居止》诗："天旋夔子国，春近岳阳湖。"

宋代王安石《过刘贡甫》诗:“天旋日月不少留，称意人间宁易得。”

天旋地转亦作天摇地动，如:清代钱彩《说岳全传》第四十三回:“这场大战，真个是天摇地动，日色无光。”

野火烧不尽，春风吹又生

野火烧不尽，春风吹又生意思是:无情的野火只能烧掉干叶，春风吹来大地又是绿茸茸的。比喻富有生命力的新生事物，任何力量也扼杀不了。

白居易《赋得古原草送别》:“离离原上草，一岁一枯荣。野火烧不尽，春风吹又生。远芳侵古道，晴翠接荒城。又送王孙去，萋萋满别情。”这首诗是作者少年时代的作品，也是当时传颂的名篇。诗的第一句点题，第三、四两句从第二句“一岁一枯荣”这一现象生发开来，咏春草生命力的顽强。第五、六两句进一步渲染了春草欣欣向荣的无限生机。“古道”“荒城”又紧扣着题中的“古原”，并为下两句言送别画出了一幅春郊古原图。最后两句再从正面把题中“送别”的意思补足。全诗结构严谨，格调清新，通过对荒原野草的赞颂，反映了作者积极进取的精神。

八一电影制片厂拍摄的战争剧情片《野火春风斗古城》，片名应是从此成语中提炼出来的。

李 贺

李贺(790—816),字长吉,唐代河南福昌(今河南洛阳宜阳县)人,27 岁英年早逝。他是中唐时期的浪漫主义诗人，是“长吉体诗歌开创者”,有“诗鬼”之称。他所写的诗大多是慨叹生不逢时和内心苦闷,抒发对理想、抱负的追求；对当时藩镇割据、宦官专权和人民所受的残酷剥削都有所反映。

石破天惊

石破天惊原形容箜篌的声音，忽而高亢，忽而低沉，出人意料，有难以形容的奇境。后多比喻文章议论新奇惊人。

李贺《李凭箜篌引》:“女娲炼石补天处，石破天惊逗秋雨。”这是一首七言古诗，此诗运用一连串出人意料的比喻，传神地再现了乐工李凭创造的诗意浓郁的音乐境界，生动地记录下李凭弹奏箜篌的高超技艺，也表现了作者对乐曲有深刻理解,具备丰富的艺术想象力。全诗语言俏丽，构思新奇，独辟蹊径，对乐曲本身，仅用两句略加描摹，而将大量笔墨用来渲染乐曲惊天地、泣鬼神的动人效果，大量的联想、想象和神话传说，使作品充满浪漫主义气息。其中的两句:“女娲炼石补天处，石破天惊逗秋雨。”形容李凭的箜篌弹得好，使得正在补天的女娲入了迷，忘了自己的职责，结果石破天惊，秋雨倾盆。比喻文章、议论或事态的发展出奇而惊人。

《党史故事100讲》第二集《西安事变，石破天惊》，讲述了张学良和杨虎城在西安华清池发动“兵谏”，在中共中央的主导下，最终促成国共合作和抗日民族统一战线的初步形成。

黑云压城城欲摧

欲，即将要；摧，即毁坏。黑云压城城欲摧指敌军已到达城门，好像要把城墙压塌似的。比喻恶势力一时嚣张造成的紧张局面。

李贺《雁门太守行》：“黑云压城城欲摧，甲光向日金鳞开。”既写景又写事，渲染兵临城下的紧张气氛和危急形势，并借日光显示守军威武雄壮。

唐朝中后期，国内藩镇割据，边境也不安宁，经常战火不断，将士们英勇抗击外族入侵。李贺见此情景，深表忧虑，同时对将士们由衷敬佩，即兴作诗《雁门太守行》，这是运用乐府古题创作的一首描写战争场面的诗歌。此诗用浓艳斑驳的色彩描绘悲壮惨烈的战斗场面，奇异的画面准确地表现了特定时间、特定地点的边塞风光和瞬息万变的战争风云。全诗意境苍凉，格调悲壮，具有强烈的震撼力和艺术魅力。

刘白羽在《雷电颂》中引用了这句成语：“在黑云压城城欲摧的关头上，郭老虽已高龄，但他忠贞之心坚如金石。”

雄鸡一声天下白

雄鸡一声天下白指雄鸡一叫，天下大亮。

李贺《致酒行》：“我有迷魂招不得，雄鸡一声天下白。”意思是我有迷失的魂魄，无法招回，雄鸡一叫，天下大亮。比喻自己的政治操守不可改变，纵然穷愁潦倒也不会放弃自己的理想。表现了诗人对政治理想的坚持，对美好未来的憧憬。诗句有形有神，有声有色，历来是广为传诵的名句。

《致酒行》是劝酒致词之歌，通过对主父偃和马周两个古人故事的叙述，抒发诗人遭受迫害后的一种哀愤之情，表达其虽备受挫折但凌云之志不改之意。全诗以抒情为主，并运用主客对白的方式，具有情节性，语言新奇警迈，诗意豪健警拔，音情高亢，别具一格。

毛泽东的《浣溪沙·和柳亚子先生》创造性地引用了这句成语："一唱雄鸡天下白，万方乐奏有于阗。"

天若有情天亦老

天若有情天亦老指倘若上天也有感情，也会随着岁月蹉跎而老去的，形容强烈的伤感情绪，也指自然法则是无情的。

李贺《金铜仙人辞汉歌》："衰兰送客咸阳道，天若有情天亦老。"

李贺因病辞职，由京师长安赴洛阳途中所作的《金铜仙人辞汉歌》，借金铜仙人辞汉的史事，来抒发兴亡之感、家国之痛和身世之悲。全诗设想奇特，而又深沉感人；形象鲜明，而又变幻多姿；词句奇峭，而又妥帖绵密。此诗充满了浪漫主义色彩。特别是其中的"衰兰送客咸阳道，天若有情天亦老"诗句，已成为传诵千古的名句。

《蓼花洲闲录》记载：宋初石延年赠友联中，以李贺诗"天若有情天亦老"为上联，对出下句"月如无恨月长圆"，不仅词性声律等恰相对仗，而且意境深远，与上句两相联配，自然融为一体。一语既出，惊动四座。

欧阳修在《减字木兰花》中引用了这句成语："伤怀离抱，天若有情天亦老。"

毛泽东在《七律·人民解放军占领南京》中引用了这句成语："天若有情天亦老，人间正道是沧桑。"

李商隐

李商隐是晚唐时期的著名诗人，字义山，号玉溪生，又号樊南生。怀州河内（今河南沁阳）人。生于唐宪宗元和八年（813），唐文宗开成二年（837）进士，累官东川节度使判官，校检工部员外郎等。因受牛李党争影响，仕途多艰，潦倒终生，卒于大中十二年（858）。他是晚唐诗歌大家，与杜牧并称“小李杜”，又与温庭筠齐名，世称“温李”。他存留下来的诗有600余首，收录在《玉溪生诗集》和《樊南文集》里，其数量和质量在晚唐诗坛上均属上乘，具有独占鳌头的地位。其诗题材广泛，内容丰富，其政治诗、咏怀诗、咏物诗、咏史诗中皆不乏脍炙人口、流传千古的不朽之作，而他创作的那些精致缠绵、韵味深厚、意境迷离的爱情诗，更是他诗歌艺术的独特创造。特别是他的“无题”爱情诗，素材都来自他青年时期的恋爱生活，是他诗歌的精华所在，为后代诗人提供了丰富的艺术营养，起到了明显的借鉴作用。

心有灵犀一点通

灵犀：犀牛角在古代被视为灵异之物，它中央有一道贯通上下的白线，被认为是有灵的。心里有犀牛角上那样的灵线，两人的心就合在一起了。这就是“心有灵犀一点通”的原意。最初是来比喻恋爱着的男女，两颗心相通，想念的情谊是一样的。后来引申为两人心心相印。“心有灵犀一点通”亦作“一点犀通”“一点灵犀”“心有灵犀”。

李商隐《无题二首》:“昨夜星辰昨夜风，画楼西畔桂堂东。身无彩凤双飞翼，心有灵犀一点通。隔座送钩春酒暖，分曹射覆腊灯红。嗟余听鼓应官去，走马兰台类转蓬。”

这首诗的前两句点名宴会的时间和地点，在星辰闪烁、春风习习的良宵里，在画楼生辉、桂堂飘香的环境中，诗人热切地期待在宴会上与意中人相会。三四句以形象的比喻抒发了对意中人的一往情深。五六句写宴会上的热闹场面：隔座的人们在酒暖灯红的气氛中，游戏欢笑；而自己因不见所期待的意中人，隔座的欢腾反而引起了自己的惆怅。最后两句写自己在惆怅之余，只好随着报晓的更鼓快快离去，骑着马到兰台应官事，好像随风飘荡的蓬草似的。诗中所写的不能与意中人遇合的惆怅情怀，实际隐喻着诗人所追求的政治理想不能实现的愁闷。

这句成语被后人不断引用，宋代董颖《薄媚·第七煞衮》有句：“正一点犀通,遽别恨何已！”元代王仲诚《中吕粉蝶·满庭芳》中说:“人间罕有，沉鱼落雁，月闭花羞，蕙兰性一点灵犀透，举止温柔。”秦牧《叠句的魅力》这样说：“大师们的艺术手法，常常是心有灵犀一点通的。”赵朴初《故宫惊梦》:“心有灵犀，老谱新翻一局。”

春蚕到死丝方尽

丝：双关语，“思”的谐音。春蚕到死丝方尽比喻情深谊长，至死不渝。意思是春蚕结茧到死时丝才吐完，蜡烛要燃尽成灰时像泪一样的蜡油才能滴干。这里生动地比喻男女之间的爱情至死不渝，成为一曲悲壮的千古绝唱。

李商隐《无题》:“春蚕到死丝方尽，蜡炬成灰泪始干。”

唐代以来，有的人不愿意标出能够表示主题的题目时，常用“无题”

作诗的标题。李商隐在十五六岁的时候，即被家人送往玉阳山学道。其间与玉阳山灵都观女氏宋华阳相识相恋，但两人的感情却不能为外人明知，而作者的内心又奔涌着无法抑制的爱情狂澜，因此他只能以诗记情，并隐其题，从而使诗显得既朦胧婉曲又深情无限。这首《无题》诗，以女性的口吻抒写爱情心理，在悲伤、痛苦之中，寓有灼热的渴望和坚忍的执着精神，感情境界深微绵邈，极为丰富。

后人常用这句诗对敬业者进行赞誉。

没齿难忘

没齿：终身。一辈子也忘不了。没齿难忘一般用于形容对别人的恩情或关怀终生不能忘记。

李商隐《为汝南公华州贺赦表》："司马谈阙陪盛礼，没齿难忘。"司马谈，西汉夏阳（今陕西韩城）人。他学富五车，后来做了汉武帝的太史令，掌管天时星历，还职掌记录，搜集并保存典籍文献。这个职位是武帝新设的官职，可以说是武帝为司马谈"量身定制"的。因此，司马谈对武帝感恩戴德又尽职尽责。由于责任心极强，司马谈在临死的时候，拉着儿子司马迁的手，边哭边嘱咐说："余先，周室之太史也；自上世尝显功名于虞夏，典天官事……今汉兴，海内一统，明主贤君忠臣死义之士，余为太史而弗论载，废天下之史文，余甚惧焉！汝其念！"并认为，"且夫孝，始于事亲，中于事君，终于立身。扬名于后世以显父母，此孝之大者"。这就是司马谈的《命子迁》。司马谈希望自己死后，司马迁能继承他的事业，更不要忘记撰写史书，并认为这是"大孝"。他感到自孔子死后的400多年间，诸侯兼并，史记断绝，当今海内一统，明主贤君、忠臣义士等的事迹，作为一名太史而不能尽到写作的职责，内心十分惶惧不安。所以他热切希望司马迁能完成他未竟的大业。司马迁不负父亲之命训，最终写出被誉为“史家之绝唱，无韵之离骚”的《史记》，名垂青史。

人间重晚晴

人间重晚晴原指人们珍视晚晴天气，后多用以比喻社会上尊重德高望重的老前辈。

李商隐《晚晴》：“天意怜幽草，人间重晚晴。”意思是：“老天爷同情那幽僻处的小草，人世间也珍惜着傍晚时的晴天。”这两句诗写久雨后傍晚转晴的景象与感受。久雨转晴，傍晚云开日霁，万物顿觉增彩生辉，人的精神也为之一爽。诗人既不泛泛写晚晴景象，也不作琐细刻画，而是独取生长在幽暗处不被人注意的小草，虚处用笔，暗寓晚晴，并进而写出他对晚晴别有会心的感受。

人间重晚晴，敬老助老是中华民族的传统美德，我们应该努力发扬光大。

三头两面

三头两面指看对方的脸色而改变态度。比喻善于迎合奉承和玩弄两面手法。亦作两面三刀。

李商隐《杂纂·愚昧》：“三头两面趋奉人。”杂纂是各类琐杂事物的辑述，或汇集和编纂。此句的意思是：玩弄两面手法去迎合奉承人。

三头两面的人是没有好下场的，比如：东汉末年名将吕布，汉末群雄之一。先后为丁原、董卓的部将，后与司徒王允合力诛杀董卓，旋即被董卓旧部李傕等击败，依附袁绍。与曹操争夺兖州失败后，吕布袭取徐州，割据一方。建安三年十二月吕布于下邳被曹操击败并处死。

金风玉露

金风：秋风，秋天在五行中属金。玉露：秋露。金风玉露原指牛郎织女七夕相会，现多指男女相爱相知相伴相守，泛指秋天的景物，一般用来描写爱情。

李商隐《辛未七夕》："由来碧落银河畔，可要金风玉露时。"意思是：牛郎织女七夕相会在天上的银河畔，虽然短暂却宝贵难得。因为那是熬过整整365天才赢得的一夕短暂的聚首。

这句成语也被后人引用，北宋秦观《鹊桥仙》："纤云弄巧，飞星传恨，银汉迢迢暗度，金风玉露一相逢，便胜却人间无数。柔情似水，佳期如梦，忍顾鹊桥归路。两情若是久长时，又岂在朝朝暮暮。"清朝纳兰性德《齐天乐·塞外七夕》："白狼河北秋偏早，星桥又迎河鼓。清漏频移，微云欲湿，正是金风玉露。两眉愁聚。待归踏榆花，那时才诉。只恐重逢，明明相视更无语。　人间别离无数。向瓜果筵前，碧天凝伫。连理千花，相思一叶，毕竟随风何处？羁栖良苦！算未抵空房，冷香啼曙。今夜天孙，笑人愁似许！"

蝶粉蜂黄

蝶粉：梅花之片。蜂黄：梅花之须。蝶粉蜂黄指古代妇女粉面额黄，妆扮美容。

李商隐《酬崔八早梅有赠兼示之作》："何处拂胸资蝶粉，几时涂额藉蜂黄。"在什么地方拂胸擦抹梅花之片，几时妆扮额头用梅花之须。妇人的胸部和面额用蝶粉（梅花之片）蜂黄（梅花之须）来装扮，美丽可人。

宋代罗大经《鹤林玉露》卷四：“《道藏经》云：‘蝶交则粉退，蜂交则黄退。’周美成词云‘蝶粉蜂黄浑退了’正用此也。而说者以为宫妆，且以退为褪，误矣。”宋代周邦彦《满江红》词：“蝶粉蜂黄都褪了，枕痕一线红生肉。”

这句成语也可单作蝶粉用，如元代王实甫《西厢记》：“蝶粉轻沾飞絮雪，燕泥香惹落花尘。”意思是：蝴蝶翅上的细粉轻轻地沾在雪花一般漫天飞舞的柳絮上，燕子所衔的泥土混和着落花的清香。这两句生动地表现了蝴蝶在蒙蒙飞絮中翩翩起舞，燕子在阵阵落花中来往穿行的暮春景色。不仅词清句丽，而且有优美的情思，可用以描写富有动感的春色。

花明柳暗

花明柳暗指垂柳浓密，鲜花夺目，形容柳树成荫、繁花似锦的春天景象，也比喻在困难中遇到转机。亦作柳暗花明。

李商隐《夕阳楼》：“花明柳暗绕天愁，上尽重城更上楼。”

“花明柳暗”，说明时值春色烂漫的季节，大自然本应是一派生机盎然的天地。但是李商隐却使如许春色蒙上了一层万里愁云万里凝的黯淡色彩，成了“绕天愁”。因为人的一生总有许多波折，花明柳暗之景让人生起无限愁绪，就像登上很高的城楼才发现前方还有更高的楼。

明朝刘基《忆王孙》诗：“花明柳暗绕天愁，赵女乘春上画楼。”清朝范阳洵《重修袁家山(袁可立别业)碑记》：“爰从而歌曰：‘花明柳暗兮，恍是仙源；吹笛鸣剑兮，鹤唳青天。神其醉止兮洞中高眠；佑我苍生兮，亿万斯年。’”

有关柳暗花明的例子有：唐朝王维《早朝》诗之二：“柳暗百花明，春深五凤城。”唐朝武元衡《摩诃池送李侍御之凤翔》：“柳暗花明池上山，高楼歌酒换离颜。”

碧海青天

碧海青天原是形容嫦娥在广寒宫夜夜看着空阔的碧海青天，心情孤寂凄凉。后比喻女子对爱情的坚贞。

李商隐《嫦娥》:“嫦娥应悔偷灵药，碧海青天夜夜心。”意思是：嫦娥应该后悔偷取了长生不老之药，如今空对碧海青天夜夜孤寂。

清朝冒襄《影梅庵忆语》:“夜之时逸，目之气静，碧海青天，霜缟冰净。”

香港无线 TVB 于 1983 年出品的古装电视剧《赖布衣妙算玄机》主题曲，即是《碧海青天》:“让碧海将青天来抱拥，让世间山川秀色织出千回梦，愿相皆悠悠绿里访清风，共你高山深处，觅得安乐重重，看山见情操，看水见怀抱，让大地情怀奋发万里心，翻山跨峻岭，四处觅发掘藏龙，让那风与水将身心来抱拥，为你找到福山荫海，清幽千年共，尽享幸福万种。”

大杀风景

大杀风景意思是损害景物，破坏人的兴致。今泛称败人兴致为大杀风景。亦作大煞风景。

李商隐很有才华，他的诗揭露和批判当时的黑暗现实及官场腐败。他在《杂纂》中列出大杀风景的事情，如“清泉濯足”“花上晒裈”“背山起楼”“烧琴煮鹤”“对花啜茶”“松下喝道”“花间喝道”“月下把火”，这些都是让当时人扫兴的事情。

今天，只要是违法乱纪的事情或不道德的行为，都会大杀风景，令人不快，如随地吐痰、乱扔垃圾、打人骂人、闯红灯过马路、偷盗抢劫等。我们应弘扬优秀传统，培育文明风尚，知荣辱守法纪，努力践行为人民服务的人生价值观。

剪烛西窗

剪烛西窗原指思念远方妻子，盼望相聚夜语。后泛指亲友聚谈。

李商隐《夜雨寄北》："何当共剪西窗烛，却话巴山夜雨时。"

唐朝时期，诗人李商隐任东川节度使柳仲郢幕僚。四川一向多雨多雾，阴雨绵绵。他身处异乡，面对秋雨夜深人静，勾起对妻子抑或对朋友的深切怀念，作诗《夜雨寄北》：什么时候我才能回到家乡，在西窗下我们一边剪烛一边谈心，那时我再对你说说，今晚在巴山作客听着绵绵夜雨，我是多么思念你！

台湾作家刘墉以《剪烛西窗》为题，写了一篇隽永的散文："'何当共剪西窗烛，却话巴山夜雨时'，这是唐代大诗人李商隐名作《夜雨寄北》的诗句。想那西窗下，荧荧一烛，诗人促膝夜谈，几番风雨成隔世，共话白头到跟前，看那烛光由短而长、由高而低，执剪修心，是何等的悠然！……"

素昧平生

昧：不了解。平生：平素、往常。素昧平生指彼此一向不了解。亦指与某人从来不认识。

李商隐《赠田叟》："鸥鸟忘机翻浃洽，交亲得路昧平生。"意思是：鸥鸟与白沙云天相伴，人们也完全忘掉心计，与他相亲，鸟儿和谐融洽地在空中飞翔，可亲戚朋友却彼此一向不了解。

元朝王实甫《西厢记》第二本第三折：“其在前曰：真为素昧平生，突如其来，难怪妾之得罪。”宋朝颜延之《秋胡诗》：“虽为五载别，相与昧平生。”明代凌濛初《初刻拍案惊奇》：“那人……连忙道：‘素昧平生，何劳厚意！’”清代文康《儿女英雄传》第十七回：“先生素昧平生，寒门不敢当此大礼。”又，第二十五回：“我为甚么把眼前姻缘，双手送给个萍水相逢素昧平生的张金凤。”

鱼游沸鼎　鸟覆危巢

鱼游沸鼎字面意思是鱼在锅里游。比喻处境十分危险，有行将灭亡之虞。

鸟覆危巢指鸟巢因建于弱枝而倾覆。比喻处境极端危险。

李商隐《行次昭应县道上》：“鱼游沸鼎知无日，鸟覆危巢岂待风。”意思是：鱼游即将沸腾的热水锅知道敌人没有多少时日了，鸟翻了高危的巢穴岂用等待狂风。

清朝张鹏翀《和歧亭戒杀诗》之二：“鱼游沸鼎中，烹燖化为汁。”《清史稿·乐志五》：“谅鸟覆危巢岂待风。釜底鱼，迹漫逃，负嵎虎，势莫容。”

锦囊佳句

锦囊：用锦做成的袋子，古人多用以藏诗稿。锦囊佳句指优美的诗句。

李商隐《李长吉小传》：“恒从小奚奴，骑巨驴，背一古破锦囊，遇有所得，即书投囊中。”

唐朝时期，李贺身体很瘦小，经常带着一名书童，骑着一匹弱马，在郊外闲游，看到漂亮的风景，即景生情写下几句，放到书童背上的锦囊中。傍晚回家就立即拿出这些锦囊佳句出来整理成篇。每天都有新作品问世。后遂以“锦囊佳句”等指优美的文句。

宋代陈瓘《蓦山溪》词：“锦囊佳句，韵压池塘草。”明代杨慎《升庵诗话·九字梅花诗》：“近观卢赞元《酴醾花》诗云：‘……风流何事不入锦囊句，清和天气直挽青阳回。’”清朝沉复《浮生六记·闺房记乐》：“询其故，笑曰：‘无师之作，愿得知己堪师者敲成之耳。’余戏题其签曰‘锦囊佳句’，不知夭寿之机此已伏矣。”

吹叶嚼蕊

吹叶嚼蕊指吹奏、歌唱。

李商隐《柳枝》诗序：“柳枝，洛中里娘也……吹叶嚼蕊，调丝擫管，作天海风涛之曲，幽忆怨断之音。”

《柳枝》诗的序言，讲了一个很有趣的故事：柳枝是洛阳的一个女子，她父亲做生意很有钱，但是父亲做生意时遇风波，在湖上淹死了。她母亲很疼爱她，这个女子17岁了还不会自己把头发梳整齐，她喜欢吹奏歌唱，“吹叶嚼蕊，调丝擫管，作天海风涛之曲，幽忆怨断之音”，所以邻居以为她是断断嫁不出去的。但后来柳枝还是嫁出去了。

清朝纳兰性德《浣溪沙》词：“十八年来堕世间，吹花嚼蕊弄冰弦，多情情寄阿谁边？”清朝陈裴之《香畹楼忆语》：“余素不工词，吹花嚼蕊，嗣作遂多。”

龟年鹤寿

龟、鹤：都是长寿的动物，相传龟、鹤寿有千百之数。龟年鹤寿比喻人之长寿，或用作祝寿之词。亦作龟龄鹤算。

李商隐《祭张书记文》："神道甚微，天理难究，桂蠹兰败，龟年鹤寿。"意思是：神仙之道非常微妙，天地之理难以琢磨，桂树上的寄生虫能把叶子吃掉，乌龟却能活万年，仙鹤却有千年寿。

宋朝韦骧《醉蓬莱·廷评庆寿》词："惟愿增高，龟年鹤算，鸿恩紫诏。"宋朝侯寘《水调歌头·为郑子礼提刑寿》词："坐享龟龄鹤算，稳佩金鱼玉带，常近赭黄袍。"金代王丹桂《瑶台第一层·崔大师生辰》词："表长年。傲龟龄鹤算，永劫绵绵。"

李煜

李煜（937—978），南唐中主李璟第六子，祖籍彭城（今江苏徐州铜山区），南唐最后一位国君。北宋建隆二年（961），李煜继位，尊宋为正统，岁贡以保平安。开宝八年（975），宋军攻破金陵，李煜被迫降宋，被俘至汴京（今开封），封为右千牛卫上将军、违命侯。太平兴国三年（978）七月七日，李煜死于汴京，世称南唐后主、李后主。李煜精书法、工绘画、通音律，诗文均有一定造诣，尤以词的成就最高。其亡国后词作更是题材广阔，含意深沉，对后世词坛影响深远。

不堪回首

堪：可以忍受。回首：回顾，回忆。不堪回首指对过去的事情想起来就会感到痛苦，因而不忍去回忆。

李煜《虞美人》：小楼昨夜又东风，故国不堪回首月明中。

李煜是五代十国时期，盘踞在长江中下游地区的南唐国最后一个皇帝，也称南唐后主或李后主。李煜不仅工词，而且善书画、晓音律，对艺术有很高的鉴赏力。961 年，李煜在金陵（今南京）即位。做了帝王的李煜，仍留心于书画。在宫中笙歌燕舞，游玩赋词，醉心于声色美女。特别是在小周后进宫之后，更极尽一个艺术家的想象力。宋太祖灭南唐国后，李后主从一个尽情享乐的国君变成一个亡国的俘虏，被押到了开封。

从皇帝变为俘虏，李煜终日以泪洗面。春花秋月，冷雨晨风，雁来燕去、甚至天上的一片浮云也能触动他的愁绪，挑起他的苦闷。公元978年七月七日是李煜生日。这一晚，回想过去做帝王时的笙歌鼎沸，想一想眼前愁苦的囚居生活，李煜各种滋味一齐涌上心头，无法排遣。于是写下了《虞美人》这首词："春花秋月何时了？往事知多少。小楼昨夜又东风，故国不堪回首月明中。雕栏玉砌应犹在，只是朱颜改。问君能有几多愁？恰似一江春水向东流。"大意是：春花秋月什么时候才能完结，过去欢乐的宫廷生活已经逝去。昨夜在小楼上听到窗外又刮起了东风，在皎洁的月光下，回想起了可爱的故国，这种精神的痛苦真是难以忍受。华丽的宫殿应该还存在吧，只是红润的容颜变得苍白、憔悴了。问君到底有多少哀愁？这哀愁像一江春水，滚滚流向东方，日夜不息。这首词传到太宗那里，太宗对他至今还在恋念故国非常忌恨。后来，又有一些怀恋故国的词作传到太宗那里，于是太宗派人将他毒死。

"不堪回首"这句成语，现在多用以表达不忍再去回忆过去的惨痛经历或情景。

范仲淹

范仲淹(989—1052),字希文,汉族。苏州吴县(今江苏苏州)人。北宋杰出的思想家、政治家、文学家。大中祥符八年(1015),范仲淹苦读及第,授广德军司理参军。后历任兴化县令、秘阁校理、陈州通判、苏州知州等职,因秉公直言而屡遭贬斥。庆历三年(1043),出任参知政事,发起“庆历新政”。不久后,新政受挫,范仲淹被贬出京,历知邠州、邓州、杭州、青州。皇祐四年(1052),改知颍州,范仲淹扶疾上任,于途中逝世,是年64岁。谥号“文正”,世称范文正公。范仲淹政绩卓著,文学成就突出。他倡导的“先天下之忧而忧,后天下之乐而乐”思想和仁人志士节操,对后世影响深远 。

先天下之忧而忧,后天下之乐而乐

先天下之忧而忧,后天下之乐而乐指在天下人忧愁之前先忧愁,在天下人快乐之后才快乐。意思就是把国家、民族的利益摆在首位,为祖国的前途、命运担忧分愁,为天底下的人民幸福出汗、流血。

范仲淹《岳阳楼记》:“嗟夫!予尝求古仁人之心,或异二者之为,何哉?不以物喜,不以己悲,居庙堂之高则忧其民,处江湖之远则忧其君。是进亦忧,退亦忧。然则何时而乐耶?其必曰‘先天下之忧而忧,后天下之乐而乐’乎。噫!微斯人,吾谁与归?”意思是:唉!我曾经探求古时品德高尚的人的思想感情,或许不同于(以上)两种人的心情,这是为什么呢？(是由于)不因外物好坏和自己得失而或喜或悲。在朝廷做官时，就为百姓担忧；在江湖上不做官时，就为国君担忧。这样来说在朝廷做官也担忧，在僻远的江湖也担忧。既然这样，那么他们什么时候才会感到快乐呢？他们一定会说:“在天下人忧之前先忧,在天下人乐之后才乐。”唉！没有这种人，我同谁一道呢？

庆历四年 (1044)，由于范仲淹主持的“庆历新政”失败，他悲愤之余，乃上书皇帝，自请守邓；次年，以给事中、资政殿学士身份来到邓州任上，任邓州知州，为学风不兴而忧心忡忡，感到百花洲一带环境幽静，景色宜人，是理想的治学场所，于是在百忙中谋划，创办花洲书院，公余到书院讲学，一时邓州文运大振。当初与范仲淹一同贬官的，还有其挚友滕子京。滕子京贬官岳阳后，重修了江南名楼——岳阳楼。新楼落成，滕子京遂派特使，千里迢迢寄信给范仲淹，恳请其为岳阳楼作记。范仲淹接信后，也不推辞，开始对照岳阳楼文图，反复揣摩，酝酝文稿。庆历六年 (1046) 的九月十五这天，范仲淹端坐于花洲书院的春风堂，凭着手上仅有的《洞庭秋晚图》，挥笔写下《岳阳楼记》。而花洲书院也因范仲淹、因《岳阳楼记》，从此成为天下文人雅士凭吊景仰的一处文化圣地。

苏轼

苏轼（1037—1101），字子瞻，又字和仲，号东坡居士，世称苏东坡。北宋眉州眉山（今属四川省眉山市）人。苏轼是宋代文学最高成就的代表，并在诗、词、散文、书、画等方面取得了很高的成就，为“唐宋八大家”之一。有《东坡七集》《东坡易传》《东坡乐府》等传世。

雪泥鸿爪

雪泥鸿爪意思是鸿雁从融化雪水的泥土上走过留下的爪印。比喻往事留下的痕迹。亦作“雪爪鸿泥”“鸿爪雪泥”“鸿泥雪爪”“泥雪鸿迹”。

苏轼《和子由渑池怀旧》：“人生到处知何似？应似鸿飞踏雪泥；泥上偶然留爪印，鸿飞那复计东西。老僧已死成新塔，坏壁无由见旧题。往日崎岖君记否，路长人困蹇驴嘶。”

子由是苏辙的字。苏轼和苏辙兄弟两人，曾经到过渑池，在那里的一所寺院住过。老和尚曾经殷勤地招待他们，他们也在寺内的墙壁上题过诗。之后，苏辙写了一首《渑池怀旧》诗，苏轼看到这首诗联想到自己颠沛流离的生活和老和尚可能去世，以及在寺中题诗的墙壁可能已经损坏的情景，就感慨起来，写了这首和诗，把自己流离颠沛的生活比作随处乱飞的鸿鹄，偶然在某处的雪地上落一落脚留下一些爪印，没有一定的规律。而老和尚去世留下的只有一座藏骨灰的新塔，我们也没有机会再到那里看看当年题过字的墙壁了。你还记得当时渑池的崎岖旅程吗？路远人困，驴子也累得直叫唤。

苏轼的这首和诗，对人生充满了消极情调，是不足取的。但是，由此却产生了“雪泥鸿爪”这个美丽的成语。

苏轼是北宋文学家、书画家。他出生在一个比较清寒的知识分子家庭，父亲苏洵和弟弟苏辙都是著名的政论家，又都属于“唐宋古文八大家”之列。苏轼的一生是在激烈的政治斗争中度过的。宋仁宗嘉祐二年（1057），21岁的他考取进士，做了主簿、签判一类的地方官。宋神宗熙宁年间，他站在守旧派一边，竭力诋毁王安石变法，因此外调通判杭州，以后又做过密州、徐州、湖州等地的知州。元丰二年（1079），谏官李定等人，摘出他的一些讽刺新法的诗句，加以弹劾。他被捕入狱，后被贬为黄州团练副使。宋哲宗时，司马光等旧党上台，他被召回汴京，做了翰林学士、侍读、龙图阁学士等官。由于洛蜀两党之间的排挤和学术宗派的论争，他在旧党中也无法容身，于是又请外调，做过杭州、颍州、扬州、定州等地的知州。绍圣元年（1094），宋哲宗亲政，新党再度上台，对“元祐党人”进行报复、迫害，苏轼一贬再贬，从惠州直到遥远偏僻的海南岛。1100年，宋徽宗即位，他才遇赦北归，第二年在常州去世。

苏轼死后，其弟遵嘱将他埋葬在了河南郏县小峨眉山麓。史料记载，苏轼于北宋元丰七年（1084）贬授汝州团练副使时，曾赞赏此处似其家乡峨眉山，因嘱其弟在他死后葬于此地。苏辙在苏轼死后11年卒于许昌，其子孙将其葬于此。元代至正年间，县尹杨允置苏洵衣冠冢。今天我们看到的“三苏坟”，苏轼在东边，苏洵在前中，苏辙在前西，是斜线形排开的，墓前设神主祀具，并有大殿和神道等建筑以及石雕人马仪仗。周围翠柏葱郁。

历史典故

我们耳熟能详的历史典故绝大部分见诸于历史典籍中，如：《周易》《周礼》《尚书》《史记》《汉书》《晋书》《宋史》等。从中选取发生在河南的历史故事，可知河南历史的悠久和厚重。

穷则思变

穷则思变原指事物到了尽头就要发生变化。现指在穷困艰难的时候，就要想办法改变现状。

《周易》是讲阴阳八卦学说的具有朴素辩证法思想的著作，是我国最早的经典之一，也是具有世界影响的一部古代典籍。

《易·系辞下》中写道：神农氏没，黄帝、尧、舜氏作，通其变，使民不倦。神而化之，使民宜之。易穷则变，变则通，通则久。基本意思是：教民务农的古帝神农氏死后，黄帝、尧、舜诸帝兴起，他们不断改进生产工具，适应社会生产力发展的需要。他们改革和发明各种工具，为人民提供生产上的方便。古书上说他们“穷则变”，以后演化为“穷则思变”，穷，即穷尽、困窘。指人们在十分穷困、艰难时，就要想法改变现状，寻找出路。或者说，事情行不通的时候，就想改革。现在多用来指人民在压迫、困难面前无所畏惧的斗争精神。

中国是世界上最古老的农业国，黄河流域是世界上最早的农业区之一。相传在遥远的炎黄时代，黄帝就发现了五种可食用的野生植物，并把它们培育为农作物。炎帝则发明了栽培农作物的技术，他教导男人们学会了耕田、女人学会了纺织，人民才得以生息繁衍。传说黄帝元妃嫘祖是养蚕业的创始者，在皇帝击败九黎族的庆功会上，有蚕神献黄白二丝，光彩照人。她以此受到启发，亲自采桑饲蚕，收茧抽丝，织成精美衣料，被后世尊为蚕神。在帝尧的时代，出了一位伟大的农艺师，他的名字叫后稷。后稷在少年时代，就立志为人们摆脱饥饿的困扰。长大以后，开始研究耕作种植的学问。他选择适宜的土地栽植谷物，人们从他那里学会了栽植的技术。帝尧闻知此事后，就提拔他做了农师，向天下人民传授栽植谷物的技术，使人们从栽植农作物中得到了益处。帝尧曾称赞后稷：

“当人民面临饥饿威胁的时候，你教他们学会了种植谷物以获取实物的技术，人民将永远感谢你。”这些生动的故事不仅说明了中国农业历史的悠久，同时也说明了我们的祖先“穷则思变”的进取精神。

当我们走进新郑市的轩辕故里朝拜人文始祖黄帝的时候，当我们走进郑州黄河游览区的炎黄广场凝望着炎黄二帝那宏伟雕像的时候，自然会联想到在那蛮荒时代造物宇、制衣服、做舟车的伟大历史意义。同样，当我们走进河南历史博物馆那宏伟的宫殿，会感到人类从石器时代开始，经历青铜器、铁制工具和蒸汽机时代，再大步迈进信息时代，这个历史过程中的每一步都闪烁着“穷则思变”的璀璨光芒！

中流砥柱

中流指河流中央，砥柱是山名，由于它的形象如同柱子一样，所以得此名。像砥柱山一样屹立于黄河急流之中，就是这句成语的本意，比喻坚强的、能起支柱作用的人或集体。亦作“中流底柱”。

《晏子春秋》，又称《晏子》，是记载春秋时期(前770—前476)齐国政治家晏婴言行的一部历史典籍，用史料和民间传说汇编而成，书中记载了很多晏婴劝告君主勤政，不要贪图享乐，以及爱护百姓、任用贤能和虚心纳谏的事例，成为后世人学习的榜样。

《晏子春秋·谏下》记载：“吾尝从君济于河，鼋衔左骖，以入砥柱之中流。”意思是：我曾经和国王一起渡河时，遇到一只鼋，它咬住车子左边那匹马的脚，拖着潜入砥柱山那段湍急的水流中。

中流砥柱位于三门峡大坝下方的激流之中。三门峡相传是大禹治水时，用神斧劈成“人门”“神门”“鬼门”三道峡谷，三门峡由此得名。由于“万里黄河第一坝”就建在三门峡谷之中，如今能见到的只有中流砥柱了。历史上黄河上的艄公都把中流砥柱叫作“朝我来”。水浅的时候，它露出水面两丈多；洪水季节，它只露出水面一个尖顶，看上去好像马上就要被洪水淹没，惊险万分。千百年来，无论是狂风暴雨的侵袭，还是惊涛骇浪的冲刷，它一直力挽狂澜，巍然屹立于黄河之中，如怒狮雄踞，刚强无畏。因此，它被誉为“中华第一石”，并作为中华民族不屈精神的象征。

公元638年，唐太宗李世民来到这里，写下了“仰临砥柱，北望龙门。茫茫禹迹，浩浩长春”的诗句，并命大臣魏徵勒于砥柱之阴。著名书法家柳公权也为它写了一首诗，其中有“禹凿锋铓后，巍峨直至今。孤峰浮水面，一柱钉波心。顶压三门险，根随九曲深。柱天形突兀，逐浪势浮沉”的佳句。金人周昂写有《砥柱图》诗:“鬼门幽险深百篙，人门逼窄愈两牢。舟人叫渡口流血，性命咫尺轻鸿毛。开图顿觉风雷怒，素发飘萧激衰腐。河来天上石不移，安得此心如砥柱。”而今，三门峡市把“中流砥柱”图案确定为该市的旅游标志。

克勤克俭

克勤克俭意思是既能勤劳，又能节俭。后来，人们就以“克勤克俭”表示勤俭治国或勤俭持家。

《尚书》,最早书名为《书》,是一部追述古代事迹著作的汇编。分为《虞书》《夏书》《商书》《周书》。因是儒家“五经”之一,又称《书经》。《尚书》列为重要核心儒家经典之一，历代儒客研习之基本书籍，“尚”即上，《尚书》就是上古的书，它是我国最早的一部历史文献汇编。传统《尚书》(又称《今文尚书》)由伏生传下来。传说是上古文化《三坟五典》遗留著作。

《尚书·大禹谟》帝尧对禹的评价:“克勤于邦，克俭于家，不自满假，惟汝贤。汝惟不矜，天下莫与汝争能；汝惟不伐，天下莫与汝争功……

意思是说：勤劳于国，勤俭持家，不自满自大，只有你才能做到。

你不可怜，天下没有人与你争能。你不去，天下没有人与你争功。这样，在帝舜之后，禹被推举为部落首领。

禹是我国夏朝的开创者，关于大禹治水的故事广为流传：禹受帝舜之命治水之后，常常为父亲鲧治水不成被杀而伤心，因而劳神焦思，辛苦备尝。他一直到30岁还迟迟不结婚，过着单身的生活，为的是集中精力把洪水治好。结婚以后，新婚刚刚四天，便又匆匆地离开新房，风尘仆仆地奔向治水工地。他在外一共待了整整13年，三次过自己的家门都没能回去看一看。他的脚上都磨出了厚厚的茧子，指甲被磨光了，腿肚上汗毛也全被碱水腐蚀掉了，还不到老年，他就得了一身病。但是，他仍在治水工地上指挥。他自己节衣缩食，十分朴素勤俭，住在低矮简陋的茅屋之中，却把大部分的钱用于开辟引水。他吸取了父亲鲧治水失败的教训，根据地形，统一规划，开辟引水河道，把水引到海里去，他量度山川湖海，率民众“开九州，通九道，陂九泽，度九山”，还亲自拿着畚箕铲子，顶风冒雨走在前面。经过多年艰苦卓绝的劳动，终于把水患平定下去，使众多的居民又纷纷从高地迁回平原，有了一个比较安定的生活环境。禹因治水有功，大得民心，使他有条件取得政治优势，加强国家机构建设，成为我国历史上第一个统治者。他当国王后，自俸菲薄，克勤克俭，注意农时，尽力于沟洫之利。从史书记载中可看出，夏朝当时已有军队、官吏、刑罚、监狱等公共权力存在，标志着我国早期国家的产生，所谓“禹铸九鼎”的传说，是有根据的。登封市告成镇王城岗有“禹都阳城”遗址，据《古木竹本纪年》记载，禹都阳城奠定了夏代的统治中心，后代虽屡有迁徙，但大体上处于中原地区。从地理范围看，总的趋势是从豫西向豫东地区发展。另外，也有记述禹阻三苗之战后，建都阳翟（今禹州市），以阻止三苗再次进入黄河流域。自禹建都阳城之后，华夏族在黄河中下游地区的地位愈加巩固。

正是大禹克勤克俭所创下的功绩，使后人对他倍加崇敬，到处都有纪念他的建筑，如：开封禹王台公园有大禹治水石刻画，郑州市黄河游览区的一个山顶上塑有大禹治水的巨大雕像……看到这一切，你就会感受到大禹撼动嵩岳和搏击黄河激流的气魄，“克勤克俭”这句成语自然会萦绕耳畔。沧海桑田，岁月悠悠。尽管时代在不断地发展变迁，大禹那“克勤克俭”的高尚品格，对于中华民族的伟大复兴，对于老百姓的富裕幸福，都具有长远的积极的意义。因为“克勤克俭”的精神就是艰苦奋斗的精神，无论何时，都要求人们保持一种蓬勃向上和进取奋发的状态。

民为邦本

邦：国家。民为邦本指百姓是国家的根本。

由孔子编纂的《尚书》，是我国最早的一部史书，也是古代世界著名的历史典籍之一。古人“尚”与“上”通用，“书”原来就是史，上古时，史为记事之官，书为史官所记之史，由于这部书所记载的是上古的史事，所以叫做《尚书》。

《尚书·五子之歌》记载：太康尸位，以逸豫灭厥德，黎民咸贰。乃盘游无度，畋于有洛之表，十旬弗反。有穷后羿因民弗忍，距于河。厥弟五人御其母以从，徯于洛之汭。五子咸怨，述大禹之戒以作歌。其一曰：“皇祖有训，民可近不可下。民惟邦本，本固邦宁。予临兆民，懔乎若朽索之驭六马。为人上者，奈何不敬。”

这个故事大概是：夏朝国君太康，荒淫无度，不问国事。他到洛水之南去打猎，100天不回京城。有穷国的君王羿起兵反叛，太康的五个弟弟驾车载着他们的母亲避难。五个弟弟怨恨太康，作歌追述大禹的教导，其中一首歌大意是：人民只可亲近而不可卑视，人民是国家的根基，根基坚固，国家才能安宁。

太康是夏朝的第三代国王。因贪于田猎，常到洛水边射猎，不理民事，被东夷族首领后羿夺去王位。现在的巩义市北面的洛河水入黄河处，就是五子作歌唱出这句成语典故的地方。太康为避后弈之乱，来到河南省东部涡河上游，筑起了一座城郭，即现在的太康县。

后来，人们就用“民为邦本”表示要治理好国家最根本的是应尊重人民的力量。“民为邦本”的思想到战国时期的孟子那里得到了进一步的升华，那就是“民为贵，君为轻”。大家都知道水能载舟，亦能覆舟的道理。作为统治者，一定要尊重人民，维护人民的利益，才能凝聚民心，增强团结，巩固政权，国泰民安。

下车伊始

伊：文言助词；始：开始。下车伊始旧指新官刚到任。现比喻带着工作任务刚到一个地方。

《礼记》又名《小戴礼记》《小戴记》，成书于汉代，为西汉礼学家戴圣所编。《礼记》是中国古代一部重要的典章制度选集，共 24 卷 49 篇 ，书中内容主要写先秦的礼制，体现了先秦儒家的哲学思想、教育思想、政治思想、美学思想，是研究先秦社会的重要资料 ，是一部儒家思想的资料汇编 。

《礼记·乐记》：“武王克殷，反商，未及下车而封黄帝之后于蓟。”商朝末年，周武王姬发率军攻打商军，占领商朝的首都朝歌，灭了商朝。周武王在进城的车上迅速分封诸侯，封黄帝后代于蓟，封舜帝后代于陈，封夏禹的后代于杞，有利于社会的稳定，被封的官员都是坐驿车去上任，于是文告中用下车伊始指刚上任。

日新月异

新：更新。异：不同。每天都在更新，每月都有变化。日新月异指发展或进步迅速，不断出现新事物、新气象。

《礼记·大学》："苟日新，日日新，又日新。"康诰曰："作新民。"诗曰："周虽旧邦，其命惟新。"是故君子无所不用其极。意思是：商汤王（汤王是在商丘建立商朝的）刻在洗澡盆上的箴言说："如果能够一天新，就应保持天天新，新了还要更新。"康诰说："激励人弃旧图新。"《诗经》说："周朝虽然是旧的国家，但却禀受了新的天命。"所以，品德高尚的人无处不追求完善。

今天，我们常用"日新月异"来形容经济社会的迅速发展及其带来的巨大变化。

周游列国

周游列国意思是：为了某种目的而到许多国家去。专指春秋时代孔子到许多国家去游说传教、企图恢复周礼的行为。

孔子是鲁国人，由于他的政治见解与掌权者分歧较大，故不被采纳。为了宣传他的政治主张，就带着他的学生颜回、子路、子贡等人，到各诸侯国去游说。他们先是到了卫国国都帝丘（今河南濮阳市），不久，卫灵公对孔子颇有怀疑，他们就离开卫国，准备前往陈国（今河南淮阳县）。当经过匡地（卫国地名，今河南长垣县）时，被匡人围困 5 天，受惊挨饿，差点丢了性命，就又折回卫国，经曹国（今山东定陶）到了宋国（今河南商丘市）。宋国司马桓魋声言要杀害孔子，孔子吓得急忙逃走。接着，孔子来到了郑国（今河南新郑市），又回陈国，去蔡国（今河南新蔡县），因当时吴、楚等大国不断侵略陈国和蔡国，局势不稳定，孔子又回到卫国。后来，他想到晋国去看看，走到半路，临时改变了主意，再到陈国、蔡国，然后远访南方的大国楚国，当时河南境内的叶县、信阳、南阳都属楚国之地。由于楚昭王不赞成孔子的政治主张，他只好返回鲁国。

孔子周游列国，前后历时14年，基本上是在河南境内游说。由孔子产生的许多成语典故，均出于这一时期河南境内的列国，如："良禽择木而栖""子见南子""招摇过市""君子固穷""四体不勤，五谷不分""名正言顺""虎口余生""发愤忘食"等。

孔子虽然是鲁国人，但他的祖先原是宋国的名门望族，是微子启的后裔。

现在，位于河南夏邑县城北7公里处，坐落着孔子还乡祠。祠中矗立着一座高大的孔子传教塑像，看到它，就会联想到孔子周游列国。他那不辞劳苦的精神和坚忍不拔的毅力永远激励着后人不断地追求理想和创造未来。

百家争鸣

在学术领域里，人们都希望有一种宽松的百家争鸣的氛围。作为成语，"百家"指学术上的各种学派；"鸣"比喻发表意见。现在我们用"百家争鸣"比喻学术界不同学派的自由争论。

百家争鸣是中国历史上的第一次思想解放运动。据《汉书·艺文志》的记载，数得上名字的一共有189家、4324篇著作。其后的《隋书·经籍志》《四库全书总目》等书则记载"诸子百家"实有上千家。但发展成学派影响较大的不过十余家而已。

春秋战国时期是我国社会大变革的时期，随着社会生产力的发展和封建生产关系的出现，地方诸侯、卿、大夫的势力崛起了，周代的宗法等级统治秩序瓦解了，社会下层的庶民通过生产、读书、经商、游说等途径，有的成为新兴富人，有的进身仕途，有的开门授徒、著书立说，出现文化下移现象。各个不同阶级、阶层的代表人物，在这个大动荡大变革的时代，都发表了自己对历史、社会、政治、文化、世界、宇宙的不同的看法和主张，形成了我国古代历史上空前活跃的思想解放的局面，出现了学术思想文化领域内百家争鸣的局面。

倡导“仁”和“礼”学说的孔子是儒家学派的创始人，《论语》一书集中了他思想的精华。战国时期儒家的另外两位大师是主张“民为贵、君为轻”的孟子和提出“人定胜天”思想的荀子。墨翟提出了“兼相爱、交相利”的主张，创立了墨家学说。老子创造了一个客观唯心主义的哲学流派，即道教。继老子之后的道家人物庄周，则创造了一套完全消极颓废的主观唯心主义理论，认为世界上的一切事物都是相对的，没有本质的区别，无所谓好恶、祸福、生死之别。主张“依法治国”的代表人物是商鞅和韩非子。

总之，春秋战国时期的百家争鸣，开拓了当时的思想，活跃了当时的政治和学术风气，大大推动了我国学术思想和文化的发展，涌现了儒家、墨家、道家、法家、名家、阴阳家、兵家、农家、纵横家、杂家等学派，出现了孔子、孟子、墨子、老子、庄子、商鞅、韩非子、公孙龙、孙武、孙膑、苏秦、张仪、吕不韦等著名的政治家、思想家、哲学家、教育家。

如同我们到山东曲阜看到孔府、孔庙和孔林就会讲述儒家学说发展的历史一样，当我们来到河南鹿邑县的太清宫和老君台，就会听到哲学大师老子的神秘传说；当我们来到民权县庄子文化馆，就会瞧见自行高洁的庄周飘忽不定的身影；当我们来到淇县苍峪山口的孙膑隐居处，那朦胧诡谲的山谷就会自然讲述兵家运筹帷幄的韬略。由于商鞅、韩非子、苏秦、张仪、吕不韦都是河南人，所以，在开封、洛阳、新郑、新乡和河南省博物馆里也都能了解到他们的历史功绩。

三教九流

“三教”指儒教、道教和佛教。“九流”指儒家、道家、阴阳家、法家、名家、墨家、纵横家、杂家、农家者流。后来四字成文，指宗教和学术中各种流派或社会上各种行业的人。亦可反过来作“九流三教”。

宋朝赵彦卫的《云麓漫钞》卷六：“（梁武）帝问三教九流及汉朝旧事，了如目前。”

春秋战国时期的“百家争鸣”所形成的百家，实际上就是“三教九流”中的九流。而道家、法家、名家、墨家、纵横家等流派都是在河南域内形成的。到了唐朝，玄奘从西域取佛经回来，白马寺成了中国佛教第一寺院，并逐渐上升为具有统治地位的宗教。这样，在中国就有了儒教、道教、佛教三套马车，相互渗透，互不干预，共同发展。到了明代嘉靖年间，在少林寺的钟楼前边立起了一通大碑，上书“混元三教九流图赞”诗曰：

佛教见性　道教保命
儒教明伦　纲常是正
农流务本　墨流备世
名流责实　法流辅制
纵横应对　小说咨询
阴阳顺天　医流原人
杂流兼通　述而不作
博者难精　精者未博
日月三光　金玉五谷
心身皮肤　鼻口耳目

为善殊涂　咸归于治
曲士偏执　党同排异
毋患多歧　各有所施
要在圆融　一以贯之
三教一体　九流一源
百家一理　万法一门

这里把三教九流看作是一家，主张各有千秋，要相互学习，取长补短，共同发展。这应当说是一种开放进步的思想。在这首诗的下边，则用细腻的线条勾勒出一幅人头画像，从正面看像佛教的创始人释迦牟尼，从左面看像儒教的创始人孔子，从右面看像道教的创始人老子。这是在中国仅有的三教合一的画像，被人称为中国最早的漫画。这幅漫画非常准确地描绘了儒、道、佛三家的差异与融合。中华文化中的儒、道、佛在社会问题意识上有着严格的区分：儒家关切社会的治理，道家关怀生命自然状态的保持，佛家关心人生痛苦的解除。因此，历史上有儒家治世、道家治身、佛家治心，儒家入世、道家隐世、佛家出世的评论。虽然如此，儒、道、佛三家仍能融会贯通，相济相补，构成彼此共存共荣的文化格局。尤其是在对人的生命价值的关切、对人生崇高境界的追求和重视心性修养等方面，形成了契合点，他们重视个体的存在价值，认为要实现人生的价值，就要追求崇高的道德境界。儒家关心天下兴亡，不计个人得失；道家不刻意人为，追求自然、完善；佛教无私无欲，超脱自在。最终，三家一道归结为三家同心，心性修养是三家成就理想人格的根本。

言不由衷

由：从。衷：内心。言不由衷指说的话不是发自内心。用来形容心口敷衍，心口不一。

言不由衷由历史故事周郑交质演绎而来。《左传》全称《春秋左氏传》，儒家十三经之一。《左传》既是古代汉族史学名著，也是文学名著。《左传》是中国第一部叙事详细的编年史著作，相传是春秋末年鲁国史官左丘明根据鲁国国史《春秋》编成，记叙范围起自鲁隐公元年（前722），迄于鲁哀公二十七年（前468）。

春秋时期，郑庄公虽然只是周朝的卿士，但执掌着朝中的大权，根本不把周平王放在眼里。周平王为削弱郑国的力量，想让虢公忌父代替郑庄公管理朝政，就任虢公忌父为右上卿，郑庄公为左上卿。郑庄公对周平王非常不满意，就在背后议论说，如果周平王真的要忌父代替我，我就叫他不安稳。周平王听了十分害怕，赶紧向郑庄公解释说他并没有让忌父取代郑庄公的想法。为了让郑庄公放心，相信他言不由衷的话，就主动提出与郑庄公交换人质，让周太子狐到郑都新郑去做人质，郑世子忽到周都洛邑做人质。史称“周郑交质”。周平王死后，其孙姬林继承了王位，也想让忌父代替郑庄公。郑庄公知道后勃然大怒，就在这一年的春天和秋天，分别派兵抢割了周朝两个地方的麦子和谷子。从此，周朝和郑国的关系日趋恶化。

《左传》记下了这件事，并说：言不由衷，即使交换人质也是没有用处的。如果能够设身处地为对方着想，相互谅解而后行事，并用礼仪加以约束，即使没有人质，谁也离间不了他们。

其实，“言不由衷”这句成语之于现实生活当中的每一个人，都会演绎出许多或滑稽或浪漫的人生故事。

问鼎轻重

鼎：指夏禹所铸九鼎，夏、商、周三代相沿为传国之宝。问鼎的大小轻重，主要指妄图夺取天下。又作问鼎中原。

《左传·宣公三年》中记载有一段历史：相传禹铸成的九鼎，被夏、商、周三代作为传国之宝，成为统治权力的象征。春秋时期，随着周王室力量的日渐衰落，强大的诸侯便对九鼎起了觊觎之心。周定王元年（前606），楚庄王乘北伐陆浑戎族的机会，陈兵东周边境，并检阅自己的部队，炫耀武力。周定王派大夫王孙满慰劳他。他别有用心地向王孙满打听关于鼎的大小轻重，流露出他对周王室怀有野心。王孙满看出楚庄王的心思，就说道：鼎的大小轻重无关紧要，统治天下在德不在鼎。“昔夏之方有德也，远方图物，贡金九牧，铸鼎象物，百物而为之备，使民知神奸。故民入川泽山林，不逢不若。魑魅魍魉，莫能逢之。用能协于上下，以承天休。桀有昏德，鼎迁于商，载祀六百。商纣暴虐，鼎迁于周。德之休明，虽小，重也。其奸回昏乱，虽大，轻也。天祚明德，有所底止……周德虽衰，天命未改，鼎之轻重，未可问也。”王孙满通过讲述鼎的三代变迁历史，说明鼎的大小轻重无关紧要，最重要的是以德治国，有德于人民，周王室虽然有所衰落，但还可以维持下去，仍是天下的共主，警告楚庄王不要有非分的想法。鉴于这个历史典故，后人就用“问鼎轻重”比喻篡夺政权或图谋王位的行为。比如：汉朝人应劭的《风俗通义》卷一中说：“庄王僭号，自下摩上，观兵京师，问鼎轻重，恃强肆忿，几亡宋国。”唐朝诗人李商隐有诗唱道：“逆者问鼎大，存者要高官。”这是对图谋篡权的人的鞭笞。

众怒难犯

犯：触犯、冒犯。众怒难犯指群众的愤怒不可触犯，表示不可以做群众不满意的事情。又作“众怒如水火”，形容群众的愤怒像水火一样无情，不可触犯。

《左传·宋襄公十年》中讲述了一个这样的故事：春秋时，郑简公幼小，秉国政的三子子驷、子国、子耳被杀，子孔便出来执政。他一上台，便制定和发布一个施政纲领式的文件，宣布自群卿诸司，各守其职位，要接受执政的法令，不得越位过问朝政。文件一宣布，朝廷大小官员都不服他领导，于是子孔要杀那些反对者。子产出来阻止，并要求烧毁那个不得人心的文件。子产说，众人的愤怒是难以抵挡的，独夫的私欲是难以成功的，这二者必然要导致政权的覆灭。子产终于说服了子孔，在仓门之外，把那个大家反对的文件当众焚毁。于是，众怒平息了。

子产是春秋初年郑国杰出的政治家，公元前533年，在老将子皮的支持下，子产当上了郑国的宰相。他有较为开明的政治主张，把法律条文铸在鼎上公布，以取信于民，并能做到知人善任。在他执政时期，政通人和，百姓安居乐业，出现了“三年门不夜关，国无盗贼，道不拾遗”的局面，郑国的经济和军事力量得到很大加强，在诸侯中的地位明显提高。

《左传·昭公十三年》：“众怒如水火，不可为谋。”形容群众的愤怒像水火一样无情，不可触犯。从此以后，人们就用“众怒难犯”表示群众是不可欺侮的，不要引起群众公愤，得罪群众，事情就不好办。

民心不可违，这是大家都明白的道理。人民群众的心愿，是历代统治者治理国家的基础，凡是能够吸纳群众意见，代表人民群众利益的统治者，就能够正确地处理生产力与生产关系之间的矛盾，从而推动社会稳定和经济发展，国家就会出现长治久安的兴旺景象。违背人民的意愿去办事，就会倒行逆施，导致社会动乱、国家灭亡。我们在生活中也是如此，办自己的事情，也要考虑到他人的利益，如果危害他人的合法权益，就会引来众怒，使自己处于难堪的境地。

多行不义必自毙

不义，是违背正义；毙，是死。多行不义必自毙指坏事干多的人，必然自取灭亡。

《左传·隐公元年》:“多行不义必自毙，子姑待之。”

春秋时，郑国国君郑武公死后，长子庄公即位。庄公的母亲武姜偏爱庄公的弟弟共叔段，郑庄公分封其于京地，京地在今荥阳东南，这样，共叔段便被称为京城大叔。他企图夺取庄公的政权，在其母武姜的支持下，首先攻占郑国西边和北边的城邑作为自己的私邑，势力一直发展到延津附近，郑国大臣为此都感到不安。有一位大臣祭仲劝郑庄公及早剪除共叔段，庄公认为不到时机，想让共叔段充分暴露后再下手。他对祭仲说:“多行不义必自毙，子姑待之。”意思就是:“坏事干多了，一定会自取灭亡。”这样，郑庄公虽然发现共叔段的不法行为，但有意包庇纵容，毫不制止，一直到共叔段训练士卒，修缮战车武器，准备袭击郑都新郑时，才派公子吕率战士15000人，战车200乘，进攻京地城池。京城守军在战斗中倒戈，共叔段支撑不住，退守鄢陵，公子吕率军追击。公元前722年5月，共叔段逃到燕国，即现在的辉县市，其子公孙滑到卫国求救。不久，卫军攻占了郑国的廪延。郑庄公联合周王、虢国的军队向卫国南部进攻，卫军败退，郑国收复了失地。

东道主

东道主指古时中国民间宴请款留宾客的主人。客人由西来，则称主人为东道主，客人由南来，则称主人为北道主。此词泛指接待或宴客的主人。也作东道交。

《左传·烛之武退秦师》:“若舍郑以为东道主，行李之往来，共其乏困，君亦无所害。”

其中故事是：春秋时，晋国公子重耳因继承王位之争流亡到郑国，郑文公不以礼相待。后来，重耳回到晋国做了国君，史称晋文公，就联合秦国出兵攻打郑国。郑文公派大夫烛之武去劝说秦穆公退兵。烛之武对秦穆公说：“秦国和郑国都是晋国的邻国，如果晋国灭掉了郑国，晋国更加强大，而秦国相应地显得弱小了。你们何苦要灭掉郑国以增强邻国的实力呢？倘若你们把军队撤走，让郑国做东道主的话，将来秦国的使者往来经过郑国，我们一定好好招待。”秦穆公听了很高兴，马上把军队撤走了。

我国古代建造房屋，一般是主人居东，宾客居西，所以把主人称为东。因为郑国在秦国的东边，又愿意招待秦国的使者，所以称为“东道主”。自此以后，人们便把邀请或接待客人的人称为东道主。

唇亡齿寒

“亡”是没有的意思。唇亡齿寒指嘴唇都没有了，牙齿就会感到寒冷。比喻双方关系密切，相互依存，利害相关。

这是宫之奇在劝谏虞公时所引的一句谚语，《左传·僖公五年》载，“晋侯复假道于虞以伐虢。宫之奇谏曰：‘虢，虞之表也；虢亡，虞必从之……’谚所谓‘辅车相依、唇亡齿寒’者，其虞虢之谓也”。

春秋时期，正当齐桓公独霸中原、楚成王争雄受阻的时候，北边的晋国也逐渐强大起来，并极力向外扩张领土。周惠王十九年（前658），晋国想攻打在今河南陕县的虢国，但攻打虢国必须经过虞国（今山西平陆），于是，晋献公给虞君良马和玉璧用来借道。虞君贪财，就答应了。

过了三年，晋国再次向虞国借道，虞国大夫宫之奇极力劝阻，说虞国与虢国的关系就像人的牙齿和嘴唇一样，没有嘴唇，牙齿就要受冻。但是，非常遗憾，虞君没有接受宫之奇的劝说，又让晋军通过了。结果，晋国灭掉了虢国后，在回师的时候，又消灭了虞国。

后人引用“唇亡齿寒”来比喻关系密切和利害一致。

《晋书·陶侃传》中说:“实恐理失于亡,事败于外,毫厘之差,将至千里,使荆蛮乖离，西隅不守，唇亡齿寒，侵逼无限也。”《红楼梦》第七十三回有个情节：“探春冷笑道：‘俗语说的，物伤其类，唇亡齿寒，我自然有些心惊么。’”《金史·忠义传四·术甲脱鲁灰》中描写道：“宜于宋人释怨，谕以辅车之势，唇亡齿寒，彼此见从。据其险要以备，不然必败。”

数典忘祖

“数”即数着说；典，即典籍，也指古代的礼制、历史。数典忘祖指查阅着典籍，却忘了自己祖先的行事。后用于比喻忘本或对本国历史文化的无知。

《左传·昭公十五年》：“籍父其无后乎？数典而忘其祖。”

这个历史故事非常值得我们回味：春秋时，周朝的皇后死了，晋国派礼宾官员荀跞和籍谈做代表去吊唁。葬礼结束后，周景王设宴招待客人，桌上用的是鲁国朝贡的酒壶，周景王别有用心地询问：“诸侯各国都向王室进献了礼器，晋国怎么没有进献呢？”荀跞无词对答，便叫籍谈回答。籍谈说晋国从来没有受到王室器物赏赐，所以也无器可献。周景王说：唐叔是周成王的同胞兄弟，是晋国的始祖，怎么会分不到宝器呢？而且从唐叔开始，你们晋国就不断受到王室各种赏赐，籍谈身为晋国掌管典籍的官员的后裔,不应不知道这些史实吧。一席话说得籍谈无言对答。在席散客去后，周景王仍愤愤地骂道：“籍父其无后乎？数典而忘其祖。”

认为籍谈的后代恐怕不能享有禄位，因为他数典忘祖了。

西周末年，幽王被犬戎追杀之后，平王在郑武公的拥奉下，东迁洛阳，而且不忘祖宗的功德，建周公庙，供奉祖先灵位以朝拜祭祀。

清代袁枚《小苍山房尺牍·与钱竹初书》：“枚祖籍慈溪，为兄部民，因生长杭州，数典忘祖。”蔡东藩《民国通俗演义》第十二回：“那知陆总理（征祥）是善英语，不善长国语。”夹注：“数典忘祖，中国的西学家，每蹈此弊。”郭沫若《文学革命之回顾》：“对于封建时代的几部旧小说极力加以表彰，而对于封建社会崩溃期中的几种暴露小说却置诸度外，这可说是那表彰者的数典忘祖。”

众志成城

众志成城即大家同心协力，就像城墙一样牢固。比喻大家团结一致，就能克服困难，取得成功。

左丘明《国语·周语下》(《左传》和《国语》都出自左丘明之手，《左传》是写春秋的书，《国语》是春秋别传)：景王铸大钟，二十四年钟成，伶人告知。王谓伶州鸠曰：“钟果和矣。”对曰：“未可知也。”王曰：“何故？”对曰，“上作器，民备乐之，则为和；今财亡民罢，莫不怨恨，臣不知其和也。且民所曹好，鲜其不济也；其所曹恶，鲜其不废也。故谚曰：‘众心成城，众口铄金’”。王曰：“尔老耄矣，何知！”

这是一个意义深远的典故：春秋时，周景王收集民间的铜铸成大钟。乐工向他报告说，钟的声音很和谐。他便对乐官州鸠夸耀。州鸠说：“天子造钟，老百姓都很喜欢，那才算得和谐。今造此钟，劳民伤财，百姓无不怨恨，我不知道这算什么和谐。我们无论做什么事情，凡是大家拥护的，没有不成功；凡是大家反对的，没有不失败。俗语说：万众团结一心，就像坚不可摧的城堡；众人的舆论力量，可以熔化金石般坚硬的东西。

你办事不得人心，最后是要失败的。”

由此可见，这个成语应始于“众心成城”，后来人们逐渐把它习用为“众志成城”。后汉应劭《风俗通义佚文》说：“众心成城，俗说曰：众人同心者，可共筑起一城；同心共饮，洛阳酒可尽也。”唐朝高郢《再上谏书》说：“臣闻众心成城，众口铄金，则舆人之诵不可轻也。”清朝赵翼《瓯北诗钞·拟老杜诸将五首》有一句：“众志成城百战场，直同疏勒守危疆。”清朝梁章钜《归田琐记·炮说》：“兵无常形，地无常势，果能众志成城，则又何炮之不可用乎？”

当我们走进洛阳市王城公园时，不仅会看到9座纪胜碑和东周历史故事墙等周朝文化景观，而且还会看到东周时期洛阳王城遗址，满目的沧桑令人追忆起历史的风云：公元前11世纪末，武王灭商，决定建都洛邑，接着周公相宅，成王迁洛，洛邑遂成为西周王朝的新都。公元前770年，西周灭亡，平王东迁至洛邑，史称东周。在周代享国的数百年间，洛邑一直为我国的政治、经济、军事和文化的中心。因此，洛邑当时有许多重大的历史事件发生，许多杰出的历史人物都活动在这里，发达的工商业和繁荣的科学文化也集中在这里。周代历史上的诸多成就和辉煌，与其“众志成城”的社会氛围是分不开的，也正是因为缺失了“众志成城”的社会氛围，到公元前256年，周室才被秦王朝取而代之。

冒天下之大不韪　不自量力

冒：冒犯。不韪：不是，错误。冒天下之大不韪指干普天下的人都认为不对的事情。亦指不顾舆论的谴责而去干坏事。

量：估量。不自量力指自己不估量自己的能力，过高地估计自己的实力。

《左传·隐公十一年》：“郑、息有违言，息侯伐郑。郑伯与战于竟，息师大败而还。君子是以知息之将亡也。不度德，不量力，不亲亲，不征辞，不察有罪，犯五不韪而以伐人，其丧师也，不亦宜乎？”意思是郑国、息国有违反的言论，息侯就征伐郑国。郑伯与之战于边境，息国军队大败而回。君子因此知晓息国将要灭亡。不度量威德，不衡量力量，不亲近亲人，没有征伐宣言，不认识自己的错误，犯这五错而征伐别人，就要丧失军队，不也是适宜吗？

战国时代，息侯伐郑，留下“冒天下之大不韪”和“自不量力”的成语，为后人提供了经验教训，影响深远，沿用至今。毛泽东《为皖南事变发表的命令和谈话》:“因为发令者敢于公开发此反革命命令，冒天下之大不韪，必已具有全面破裂和彻底投降的决心。”

阳春白雪

阳春白雪是我国战国时期楚国两首高深的歌曲名，即《阳春》和《白雪》。后来泛指高深的、不通俗的文学艺术。

战国时期，楚国人宋玉写有《对楚王问》一文，其中写道：“客有歌于郢中者，其始曰下里巴人，国中属而和者数千人。其为阳阿、薤露，国中属而和者数百人。其为阳春、白雪，国中属而和者数十人，引商刻羽，杂以流征，国中属而和者不过数人而已。”其中的下里、巴人、阳阿、薤露与阳春、白雪一样，都是歌曲名。我们生活当中常常引用的是下里巴人与阳春白雪相对，《下里》《巴人》是战国时楚国流行的民间歌曲，后泛指通俗的普及的文艺作品，多用来谦称自己的作品。

其实，《阳春》和《白雪》作为高雅乐曲，是春秋时期晋国大音乐家师旷所创，他字子野，平阳 (今山东省新泰市南师店) 人，春秋时著名乐师。他为晋大夫，亦称晋野，博学多才，尤精音乐，善弹琴，辨音力极强。以“师旷之聪”闻名于后世。他艺术造诣极高，民间附会出许多师旷奏乐的神异故事。据传,他来到卫国边界小城市——仪邑的一个土台上来学艺。仪邑的这个土台就在位于现今开封东南隅占地400余亩的禹王台公园内。园内原有一个土台，风景幽雅，绿树成荫。相传春秋时，晋国大音乐家师旷曾在此吹奏乐典，故后人称此台为“吹台”。明初，为怀念大禹治水的功绩，在台上建禹王庙，于是吹台又被改称为禹王台。不管吹台的名字如何变迁，后世对师旷的怀念仍十分浓厚，禹王台内栩栩如生的师旷汉白玉雕像就是明证。

在开封人撰写的《开封的传说》中，师旷并不是天资聪颖的人，他“听讲时，屁股像长了刺似的坐不安稳；一双大眼睛滴溜溜乱转，东张西望，定不下心来”。师旷后来娶了老师高杨的爱女高蛾为妻，她是成就师旷千古美名的关键。高蛾私下给师旷没少“开小灶”，还手把手地教他。如此3年，师旷弹琴的水平还是一般般，被师傅臭骂了一通。无地自容的师旷就到高蛾那里取了绣花针，返身回到自己的屋内，不由分说地刺瞎了双眼。“有志者，事竟成。”盲了之后的师旷终成大器，创作了《阳春》《白雪》，与《下里》《巴人》相对，从此，艺术便有了高雅和通俗之分。通俗之中见高雅，高雅根植通俗中，这大概是今人追求的真诚的艺术境界。

网开一面

网开一面指把捕禽的网撤去三面，只留一面。比喻采取宽大态度，给人一条出路。

《史记》是西汉著名史学家司马迁撰写的一部纪传体史书，是中国历史上第一部纪传体通史，被列为“二十四史”之首，记载了上至上古传说中的黄帝时代,下至汉武帝元狩元年间共3000多年的历史。与后来的《汉书》《后汉书》《三国志》合称“前四史”。《史记》对后世史学和文学的发展都产生了深远影响。其首创的纪传体编史方法为后来历代“正史”所传承。同时,《史记》还被认为是一部优秀的文学著作，在中国文学史上有重要地位,被鲁迅誉为“史家之绝唱,无韵之《离骚》”,有很高的文学价值。

《史记·殷本纪》记载，“汤出，见野张网四面，祝曰：‘自天下四方皆入吾网。’汤曰：‘嘻，尽之矣！’乃去其三面。祝曰：“欲左，左。欲右，右。不用命，乃入吾网”。

夏朝从禹开始，经过15代君王，传到了夏桀。夏桀荒淫无道，引起百姓的不满和怨恨，商的首领汤看到这一切，就想争取民心推翻夏桀的统治。一天，商汤散步时，看到一个人在野外四面张网捕鸟，还祈祷说：“无论从哪里来的鸟都能进入我的网。”商汤对捕鸟人说:“哎呀,太残忍了，鸟儿恐怕被你捕光了。”说罢，便拆掉三面的网，并小声祷告：“鸟儿啊，你们愿左飞就往左飞，愿右飞就往右飞，实在不想活了，就进入网里来吧！”诸侯和部落首领们听说此事，纷纷说：“商汤是一个好君王，他对飞禽如此仁慈，对人肯定更加仁爱。”很快40个氏族部落先后归顺于他。最后，商汤终于灭了夏。

“网开三面”这个成语就是由此而来。后来，人们把它改为“网开一面”。姚雪垠的《李自成》第一卷第十二章：“插翅难飞，体上天好生之德，网开一面，谕令尔等速速投降，免遭杀戮。”

酒池肉林

古代传说，殷纣王以酒为池，以肉为林，达旦痛饮。酒池肉林原指荒淫腐化、极端奢侈的生活，后也形容酒肉极多，宴席奢华。“酒池肉林”亦作“肉林酒池”“肉山酒海”。

《史记·殷本纪》:“(纣王)好酒淫乐，嬖于妇人。爱妲己，妲己之言是从。于是使师涓作新淫声,北里之舞,靡靡之乐。厚赋税以实鹿台之钱，而盈钜桥之粟。益收狗马奇物，充仞宫室。益广沙丘苑台，多取野兽蜚鸟置其中。慢于鬼神。大聚乐戏于沙丘，以酒为池，悬肉为林，使男女倮相逐其间，为长夜之饮。”

这个成语故事通俗地讲是：殷代的亡国之君纣王暴虐无道，沉湎于酒色，宠爱有苏氏美女妲己，专听妲己的话。他叫宫廷乐师给他创作各种淫靡的乐曲歌舞，经常在沙丘召开盛大的晚会，使男男女女光着身子相互追逐嬉戏，自己通宵饮酒作乐，过着荒淫糜烂的生活。由于他当时以酒为池，悬肉为林，后世就以“酒池肉林”形容统治者穷奢极欲的豪华生活。《史记·大宛列传》：“行赏赐，酒池肉林，令外国客遍观各仓库府藏之积，见汉之广大。”《汉书·东师后国传》：“设酒池肉林以飨四夷之客。”南宋朱熹《近思录》：“酒池肉林，本于饮食；淫酷残忍，本于刑罚；穷兵黩武，本于征讨。”《元史·裕宗传》：“古有肉林酒池，尔欲吾效之耶！”《水浒传》第七十一回说：“至日，肉山酒海，先行给散马、步、水三军，一应小头目人等，各令自去打团儿吃酒。”

吐哺握发

吐哺握发意思是：吃一顿饭，多次吐出口中的食物（来不及嚼咽），洗一次头，多次把没洗好的头发握在手里（来不及梳理）。形容执政者殷切接待来访人士，招揽人才。

《史记·鲁周公世家》载：周公诫伯禽曰：“我文王之子，武王之弟，成王之叔父，我于天下亦不贱矣。然我一沐三握发，一饭三吐哺，起以待士，犹恐失天下之贤人。子之鲁，慎无以国骄人。”

“吐哺握发”是一个耐人寻味的历史典故：西周时，周武王早死，成王年幼。武王之弟周公因辅佐成王，不能离开中央政权机构，就让他的儿子伯禽代替自己到封地鲁国去。临行时，周公告诫伯禽说：“我的政治地位不算低了。待人接物，还时时注意谦恭下士，为了怕怠慢客人，有时洗一次头，三次握着散开的头发去见客；吃一顿饭，也往往三次吐出含在嘴里的食物去接待客人。即使这样，犹恐埋没天下人才。你到鲁国去，一定要谦虚谨慎，千万不能因为自己是一国之主而妄自尊大，忘乎所以。”后世因以“吐哺握发”称赞在位者为招揽人才而操心忙碌。

周公姓姬名旦，周文王的第四子，周武王的弟弟，西周初年的政治家、军事家、教育家，因为他的采邑在周地（今陕西扶风县），故称周公。因周公道隆法备，后世称他为先圣、元圣，认为他是中国传统文化的先驱人物，上承尧舜，下启孔孟，几千年来都受到人们的崇敬，还被列为国家祭奠的重要人物。

地处河南省登封市告成镇的周公测影台是我国现存唯一的古天文台，也是世界上最古老的天文台，它对天文科学的发展具有重要的意义。

3000 年前，周公营建东都洛阳时，在这里修建了一个测影台，其作用是:“测土深，正日景，求地中，验四时。”周公把表影最长的那天定为“冬至”，这天中午，太阳直射南回归线，北半球的白天最短；把表影最短的一天定为“夏至”，这一天日中，太阳直射北回归线，北半球的白天最长。把一年中的日中日影最长的一天，到下一年日中日影最长的一天的周期，即地球绕太阳一周定为一个“回归年”。在这一年中，把两个日中日影长相等，昼夜时刻相同的日子，分别定为“春分”和“秋分”，以后逐步总结出二十四节气，用于服务人类的生产生活。

现在，周公测影台和观星台大门两侧的石柱上刻有这样一副对联：

石表寓精心，氤氲南北变寒暑。

星台留古制，会合阴阳交雨风。

这是中国乃至世界天文学的重要里程碑，它记载着周公和郭守敬的伟大品行和才学。我们应从“吐哺握发”的历史典故中，汲取营养，充分发挥各式各样人才的作用，激活创造发明的基因，推动社会走向光明。

鸡鸣狗盗

鸡鸣狗盗指微不足道的技能，也指具有这类技能的人，常形容偷偷摸摸等不正当的行为。也做“狗盗鸡鸣”。

《史记·孟尝君列传》中记载：战国时，齐湣王二十五年，齐国宰相孟尝君出使秦国，秦昭王就让他做秦国的宰相。有人对昭王说：“孟尝君为齐国王族，今为秦相，会把齐国利益置于秦国之上，这对秦国就危险了。”于是秦昭王改变了主意，把孟尝君囚禁起来，想要杀他。孟尝君知道后，就派人向秦昭王幸姬通关节。孟尝君有一件天下无双、价值千金的白色狐裘，幸姬很喜爱，而它已被献给昭王了。于是，孟尝君的一个门客，夜里装狗，偷偷进入皇宫，盗出狐裘，献给幸姬，幸姬就给秦昭王吹了耳边风，孟尝君果然得以释放。孟尝君立刻逃跑，改名换姓，蒙混出关。夜半至函谷关，关卡规定，鸡鸣才准放客出关。孟尝君的又一门客就学鸡叫，引起众鸡齐鸣，遂开函谷关城门，孟尝君终于脱险。“鸡鸣狗盗”虽然是不足称道的微末技能，在当时却救了孟尝君的性命，说明孟尝君和他的门客是多么机智。

孟尝君本来叫田文，是齐国宗室大臣田婴之子，世袭的封地在薛（今山东滕州市东南），所以人称薛公，号孟尝君。他轻财重义，门下食客有3000人。他化险为夷回到齐国后，被湣王任用为宰相。在任期间，他坚持联合韩、魏，牵制楚、赵，发展合纵抗秦势力，使战国形势为之一变。后遭人诬告，称病告老还乡。

《汉书·游侠传序》：“繇是列国公子，魏有信陵，赵有平原，齐有孟尝，楚有春申，皆借王公之势，竞为游侠，鸡鸣狗盗，无不宾礼。”宋朝王安石的《三三·读孟尝君传》：“嗟乎！孟尝君特（只是）鸡鸣狗盗之雄耳，岂足以言得士？”宋朝陆游《渭南文集·贺施知院启》：“志气已衰，无复献狗盗鸡鸣之技。”清朝黄宗羲《次公董公墓志铭》：“上言得孟轲百，不如得商鞅一；得谈仁讲义之徒百，不如得鸡鸣狗盗之雄一。”郭沫若《古代研究的自我批判》：“士的品流的复杂，所谓鸡鸣狗盗，引车卖浆者流，都可以成为士。”

起死回生

起死回生指把濒临死亡的人救活，形容医术十分高明，也比喻挽救危亡事物的高超水平。

战国时代名医秦越人，人称“扁鹊”。一次，他路过虢国（今三门峡），虢太子突然死了，虢国国君亲自出迎扁鹊，根据死者的病情，扁鹊说：“太子并没有真的死去，这是一种尸蹶症。”扁鹊叫他徒弟子阳给太子针灸，不一会儿，太子果然苏醒过来。扁鹊又给他服以汤药，经 20 天治疗，便完全康复了。人们赞扬扁鹊能使死人复生，扁鹊却谦虚地说：“越人非能生死人也，此自当生者，越人能使之起耳。”

扁鹊是我国战国时的医学家，齐国（今河北任丘北）人。他曾学医于长桑君，善用各种方法（包括“针石”“服汤”“熨”等）治病，通过望色、听声，即能知病所在，并带领学徒子阳等到各地行医，在邯郸为“带下医”，在洛阳为“耳目鼻”医，在咸阳为“小儿医”。《汉书·艺文志》所录《扁鹊内经》《外经》，已佚，今存《难经》一书，是后人托作。

《史记·扁鹊仓公列传》载：秦太医令李醯自知技不如扁鹊，便以重金买刺客，当时扁鹊周游各地行医，刺客探知扁鹊路过汤阴东南一带，就伏于道旁行刺，故地名为伏道。扁鹊死后，“遂葬积冢，于冢前立祠”，祠中有两副对联，一副为：“九头艾入方为妙药，无名子出土成灵丹。”另一副为：“愿做善人做善事，不为良相为良医。”这足以证明世人对一代名医的敬仰之情。

元朝无名氏《博望烧屯》中说:“此人才欺管乐,智压孙吴,论医起死回生,论卜知凶定吉。”明朝李开先的《林冲宝剑记》第二十八:“吃紧的不识病名,休再提起死回生。”明朝凌濛初《初刻拍案惊奇》第十一卷:“本县有个小儿科姓冯,真有起死回生手段。”鲁迅《朝花夕拾·父亲的病》:“凡国手,都能够起死回生的,我们走过医生的门前,常可以看见这样的匾额。”

河伯娶妻

“河伯娶妻”是《西门豹治邺》中最精彩的部分,也是家喻户晓的中国民间传说故事,故事记述了古代牺牲的恶习和西门豹拯救百姓的功绩。

《史记·滑稽列传》:战国魏文侯时,邺地(今河南省安阳市北)经常因漳河水泛滥成灾,人们不懂得其中的原因,认为这是河神发怒的结果,于是就在每年的春天,选一对美女为河神娶妻。邺城的官吏、长老、巫师们勾结起来欺诈百姓,借口为河神筹措婚娶赏用,从中榨取大量钱财。不仅如此,他们还草菅人命,强选少女嫁给河神,活生生地投入河中溺死。后来,西门豹任县令,走到老百姓的家里,通过明察暗访了解到,老百姓最痛恨的就是河神娶妻这个活动了。他便决定再发生这样的事情自己就去参加。到一年一度河神娶妻的日子了,他亲自来到河上观看,把被迫做新娘的少女叫来,少女哀哭不止,西门豹便对大家说:“这女子不好,我要给河伯找个更好的老婆,后天送去。现在麻烦大巫婆到河伯那里走一趟,关照一声。”说完便令吏卒抱起大巫婆投入河中。过了一会儿,西门豹又说:“大巫婆这么久还不回来?叫她的徒弟下去看看。”又把巫婆的徒弟投入河中。如此这般,又假借“巫妪弟子皆女子也,不能白事”将三老先后投入河中,在场的邺吏、大小巫等大为惊恐,叩头哀求饶命。从此,再也没人敢用这种迷信活动谋财害命了。之后,西门豹带领百姓修渠筑坝,发展生产，老百姓才有了比较安稳的日子。

西门豹是战国初期的政治家，朴素的无神论者，魏国人。魏文侯时，他受任为邺令，巧妙地制止了“河伯娶妻”这种迷信活动，其后名声远播，千古流芳。现在，安阳县北15公里的北丰村东，保存有西门豹祠旧址。这是东汉时，人们为怀念西门豹为邺令时的政绩而建造的。

有胆有识

胆：胆略。识：见识、见地。有胆有识是既有胆略又有见识的意思。形容人有勇有谋。

由于这句成语通俗易懂，自古以来人人能用，所以出典之处无从谈起。然而，在形容人有勇有谋方面，蔺相如则是首选。

蔺相如，战国时赵国大臣。他出生在今安阳水冶镇西南的古相村，是我国古代一位卓越的外交家和政治家。原为宦者令舍人。赵惠文王时，得到了一块珍贵的宝玉——和氏璧，秦昭王知道后，给赵惠文王写了一封信，愿意拿15座城池来交换。赵王和大臣们聚在一起，忧心忡忡地议论这件事，宦官头领缪贤认为赵王的门客蔺相如有胆有识、有勇有谋，定能出使秦国，完成任务。赵王开始以为军国大事，不能儿戏，一个门客是完不成的，后来听了缪贤讲的理由也就同意了。于是，蔺相如受命出使秦国。当秦王看到白如冰雪、晶莹剔透、七彩流光的和氏璧时瞠目结舌，叹为观止。蔺相如看出秦王没有诚意，只不过说几句空话，骗取和氏璧而已，就以此璧有瑕要指给秦王看为由，接过了和氏璧。然后退后几步，靠在一根大柱子上，严厉地斥责秦王以强凌弱，不能以诚相见，如果谁要从他的手中夺走和氏璧的话，他就和这块宝玉同归于尽。秦王看强取不行，便答应蔺相如的要求，并把他安排在专门招待使者的广成客栈。5天后，秦王迫不及待召见蔺相如，蔺相如机智周旋，说已经把和氏璧送往赵国了。蔺相如完璧归赵，赵王非常高兴，封蔺相如做了上大夫。

后来，秦国找借口攻打赵国，赵国连吃败仗。此时，秦王提出与赵国再度和好。讲和的地点在秦国的渑池，赵王不敢前去。上大夫蔺相如和大将军廉颇商量："如果我们大王不去，显得赵国太无能了，应该去。"于是，廉颇带兵驻扎在边境，赵王在蔺相如的陪同下，到渑池与秦王议和。秦王设宴招待赵王，席间，秦王故意试探赵王的胆量，说："我听说赵王爱好音乐，能不能给我弹奏一曲？"赵王明知是羞辱，可又不得不去做，便操瑟弹奏了一曲。秦国御史上前写道："某年某月某日，赵王为秦王鼓瑟。"蔺相如忿然站起，走上前去说："我们大王听说秦王擅长秦国音乐，那么就请秦王为我们击缶助兴吧！"秦王大怒，呵斥相如，相如全然不顾，拿起一只缶跪在秦王面前，请秦王击奏。秦王不依，相如厉声说："难道大王没有看到我俩只有四五步远吗？如果大王不答应，那么，我俩就都要流点血了。"秦王左右拔剑欲杀相如，相如怒目而视，左右被他的威严镇住了。秦王无奈，只得很不高兴地用棍子在缶上敲了一下，相如回头召赵国御史上前写道："某年某月某日，秦王为赵王击缶。"当秦国的大臣们要求赵国用 15 座城池作为礼物送给秦王时，相如不慌不忙道："请把秦国的都城咸阳当礼物送给赵王吧！"这样，渑池之会，秦国一点儿都没有占到便宜。回国后，相如被赵王封为上卿——宰相。

现在，在蔺相如的故乡安阳县水冶镇古相村，仍保存有蔺氏祠堂。在渑池县城的渑水和杨河汇流处台地，留有秦赵会盟台。无论是"蔺氏祠堂"还是"秦赵会盟台"，都向后人不停地诉说着蔺相如善自谦抑、相忍为国、有胆有识、有勇有谋的品德和故事。

怒发冲冠

怒发冲冠指愤怒得头发直竖，顶着帽子。形容极端愤怒。

《史记·廉颇蔺相如列传》：“王授璧，相如因持璧却立，倚柱，怒发上冲冠”。

战国时期，赵惠文王得到一块稀世的璧玉。这块璧是春秋时楚人卞和发现的，所以称为和氏璧。不料，这件事被秦昭王知道了，便企图仗势把和氏璧据为己有。于是他假意写信给赵王，表示愿用15座城来换这块璧。赵王派蔺相如持璧出使秦国，在秦国边界的渑池与秦王相见。秦王得到了和氏璧，却又不肯把15座城给赵国。蔺相如机智地把璧拿到手后，马上退后几步，靠近柱子站住。他极度愤怒，头发直竖，顶起帽子，声称情愿把自己的头与璧一起在柱子上撞个粉碎，逼得秦王只得道歉，最终完璧归赵。

现在人们引用怒发冲冠这个成语，多是引自岳飞的《满江红》一词：“怒发冲冠，凭栏处，潇潇雨歇。抬望眼，仰天长啸，壮怀激烈。三十功名尘与土，八千里路云和月。莫等闲、白了少年头，空悲切！　靖康耻，犹未雪；臣子恨，何时灭。驾长车踏破，贺兰山缺。壮志饥餐胡虏肉，笑谈渴饮匈奴血。待从头、收拾旧山河，朝天阙！”这首词表现了岳飞抗击金兵、收复故土、统一祖国的强烈爱国精神，被后人广为传颂。

四分五裂

四分五裂用来形容国土被瓜分，政权不统一的局面。四分五裂亦作“四离五散”“五裂四分”。

西汉刘向的《战国策·魏策一》，“张仪为秦连横，说魏王曰：‘魏南与楚而不与齐，则齐攻其东；东与齐而不与赵，则赵攻其北；不合与韩，则韩攻其西；不亲与楚，则楚攻其南；此所谓四分五裂之道也’”。

在战国时候，秦、楚、齐、魏、韩、赵、燕七国争雄天下，秦国最强大，它想分化瓦解另外六个国家，以便各个击破，统一天下。于是，秦王就派张仪先说服魏王依附秦国。张仪见到魏王说：“你们魏国地盘长不足千里，兵卒不超过30万，国内没有险要的山川可以阻拦敌人，离边境最近的才一二百里，敌人不费力气就能攻进来。魏国的四面都与邻国相邻，南边是楚国，你倾向楚国则齐国攻击你东面；你东面是齐国，如果倾向齐国，则赵国攻击你北面；如果不联合韩国，韩国又会攻击你西面；如果不联合楚国,楚国又要攻击你南面。这不是要把魏国四分五裂了吗？因此，从魏国的安全着想，你还是依附秦国吧。这样，谁也不敢动你，请你赶快拿定主意吧！”魏王回答说：“我是个愚人，让我想想再说吧。”

张仪是战国时的纵横家，魏国（今开封）人，游说进入秦国，首创连横。秦惠王用他为相，封武信君。曾离开秦国，游说魏国和韩国，让魏、韩依附秦国，共同牵制齐国和楚国，因遭公孙衍合纵势力排斥，又回到秦国。秦昭襄王时，齐国和楚国和好，他奉命出使楚国，利用反间计，破坏齐楚联盟。

唐朝萧颖士《为陈正卿进续尚书表》：“曹、马以还，曹何足拟，四分五裂，朝成暮败。”《旧五代史·刘守光传》：“当今海内四分五裂，吾欲南面以朝天下，诸君以为何如？”

惊弓之鸟

惊弓之鸟指被弓箭吓怕了的鸟不容易安定。比喻经过惊吓的人碰到一点动静就非常害怕。

《战国策·楚策四》：异日者，更赢与魏王处京台之下，仰见飞鸟。更羸谓魏王曰："臣为王引弓虚发而下鸟。"魏王曰："然则射可至此乎？"更羸曰："可。"有间，雁从东方来，更羸以虚发而下之。魏王曰："然则射可至此乎？"更羸曰："此孽也。"王曰："先生何以知之？"对曰："其飞徐而鸣悲。飞徐者，故疮痛也；鸣悲者，久失群也，故疮未息，而惊心未去也。闻弦音，引而高飞，故疮（发而）陨也。"

从前，更羸与魏王在高大的台下，他们抬头看见一只飞鸟，更羸对魏王说："我可以不射中鸟就能使鸟掉下来。"魏王说："射箭技术可以达到这么高的水平吗？"更羸说："可以。"过了一会儿，大雁从东方飞来。更羸随便射了一箭，大雁就从半空中掉了下来。魏王惊叹道："（箭术）难道真的可以达到这种地步？"更羸解释说："这是一只有伤的鸟！"魏王更纳闷了："先生凭什么知道它有伤呢？"更羸回答说："它飞得慢，鸣声又凄厉。飞得慢，是因为旧伤疼痛，鸣声凄厉，是因为长久失群，原来的伤口没有愈合，惊恐的心理还没有消除，一听见弓弦响声便奋力向上飞，引起旧伤迸裂，才跌落下来的。"

围魏救赵

魏国和赵国都是战国时的诸侯国。围魏救赵原指战国时齐军用围攻魏国的方法，迫使魏国撤回攻赵国的部队而使赵国得救。后指围攻敌人后方据点，迫使敌人撤回其兵力的作战方法。

《史记·孙子吴起列传》：其后魏伐赵，赵急，请救于齐。齐威王欲将孙膑，膑辞谢曰："刑余之人，不可。"于是乃以田忌为将，而孙子为师，居辎车中，坐为计谋。田忌欲引兵之赵，孙子曰："夫解杂乱纷纠者不控卷，救斗者不搏击……君不若引兵疾走大梁，居其街路，冲其方虚，彼必释赵而自救。是我一举解赵之围而收獘于魏也。"田忌从之，魏果去邯郸，于齐战于桂陵，大破梁军。

这是一个千古传颂的战略思想。战国时，魏国围攻赵国都城邯郸，形势十分危急，赵国向齐国求救。齐威王派田忌、孙膑前去救援。田忌想直扑邯郸，孙膑认为，魏国精锐部队尽在赵国前线，内部空虚，如果引兵攻魏之都城大梁（今开封），迫使魏军回救本国，齐军乘其疲惫，在路上截击魏军，既可解邯郸之围，又可打败魏军。田忌依计而行，魏军果然撤离邯郸，与齐军战于桂陵（今河南长垣西北），为齐所败，赵国的危机也解除了。

孙膑，战国时军事家，今山东阳谷东北人，孙武后裔。因受庞涓暗害，被处膑刑，故称孙膑。他因围魏救赵和增兵减灶而杀庞涓，名闻天下，同时，他写的兵书《孙膑兵法》，也成了历代军事家珍藏的宝典。

《水浒全传》第六十四回：“倘用围魏救赵之计，且不来解此处之危，反去取我梁山大寨，如之奈何？”毛泽东《抗日游击战争的战略问题》：“如果敌在根据地内久踞不下，我可以倒置地使用上述方法，即以一部留在根据地内围困该敌，而用主力进攻敌所从来之一带地方，在那里大肆活动，引致久居之敌撤退出去打我主力，这就是围魏救赵的方法。”

燕雀安知鸿鹄之志

燕雀安知鸿鹄之志也作燕雀不知鸿鹄志、燕雀岂知鸿鹄志、燕雀之志。燕雀指燕子和麻雀。鸿鹄指天鹅。小燕子和麻雀哪里知道天鹅的志向，比喻平庸的人理解不了英雄的远大志向。

司马迁的《史记·陈涉世家》：陈涉少时，尝与人佣耕，辍耕之垄上，怅恨久之，曰：“苟富贵，无相望。”佣者笑而应曰：“若为佣耕，何富贵也？”陈涉太息曰：“嗟呼！燕雀安知鸿鹄之志哉！”

通俗地讲是：陈胜是秦末农民起义领袖，青年时代，曾被雇佣替财主耕田。有一天他忽然不干活了，坐在田埂上长嘘短叹。他对一同耕田的伙计说："假如我们有一天有富贵之日，穷哥儿们不要相忘啊。"这位伙计感到陈胜的话很可笑，说道："你替财主佣耕，哪会有富贵之日？"陈胜叹息道："燕雀怎会知道鸿鹄的志向啊！"意思是说："在屋檐下筑巢的燕子、麻雀，怎会知道天鹅翱翔千里的志向呢？

陈胜，字涉，秦末阳城（今河南登封市）人，出生年月不见记载，死于公元前 208 年。公元前 209 年 7 月，秦王朝大规模征兵防守边疆，在河南各县征了 900 个壮丁，陈胜、吴广也在被征之列，二人还被指定为队长。他们在秦朝派来的尉官的监押下，一路上日行夜宿，准备奔赴长城边的渔阳（今北京密云县）去守卫边防。但是，当队伍走到蕲县大泽乡（今安徽宿县西南刘村集）时，遇上大雨，道路不通，无法行走，这场雨耽误了 20 多天的行程，在规定的期限内，无论如何也赶不到目的地了。当时秦朝法律规定，去守边的军士，必须在限定的时间内到达，如果超过期限，不管什么理由，一律杀头。在这生死存亡的紧要关头，陈胜与吴广商量说："现在咱们逃亡也是死，到渔阳也是死，起来造反大干一场至多也是个死，不如起义吧！"吴广表示同意这一行动。决定起义后，他们开始暗中进行准备工作。为了争取民心，他们利用人们的迷信心理，在一块白布上写上"陈胜王"三个红字，偷偷塞在一条鱼肚子里。壮丁们买鱼来吃，打开鱼肚发现"陈胜王"三个字，都很惊奇，以为这是天命。于是，在陈胜、吴广的鼓动下，壮丁们一律袒露右臂，作为义军标志。他们以木棍当武器，用木杆扎上布片做旗帜，大旗上写着"大楚"二字，提出了"伐无道，诛暴秦"的口号，中国历史上第一次农民起义就这样轰轰烈烈地展开了。公元前 208 年 12 月，陈胜在安徽亳县的下城父，被他的车夫、叛徒庄贾杀死。但由陈胜起义燃起的反秦斗争的烈火并没有熄灭，而且越烧越旺，最后终于推翻了秦王朝。

在河南省永城市北芒砀山南麓坐落着陈胜墓。墓地背倚芒砀山主峰，周围山峦起伏，南边是一片开阔平原。墓冢巍然屹立，庄严肃穆，周围松柏成林，郁郁葱葱。墓前所立为郭沫若所题“秦末农民起义领袖陈胜之墓”的墓碑。

运筹帷幄

运，指运用，进行；筹，指谋划、策划；帷幄，指军用帐幕。运筹帷幄本意为在后方军帐之内作出谋划，指挥前方作战稳操胜算。也泛指善于筹划指挥。亦作运筹帷幄之中，决胜千里之外；或作坐筹帷幄，决胜千里。

《史记·高祖本纪》记述了一个耐人寻味的历史故事：历时 4 年的楚汉战争以项羽在乌江自刎而告结束。天下已定，汉高祖五年(前 202)春，刘邦即皇帝位，初都洛阳。五月，刘邦在洛阳南宫举行盛大宴会，庆祝全国的统一。酒过数巡，他向群臣提出一个问题：“我为什么能取得胜利？项羽为什么会失败？”高起、王陵认为高祖使人攻城略地，立功者加官晋爵，所以能成大事业，而项羽恰恰相反，所以失掉了天下。汉高祖却认为他能够取胜的重要原因，是能用人：“夫运筹帷幄之中，决胜千里之外，吾不如子房。镇国家，扶百姓，给馈饷，不绝粮道，吾不如萧何。连百万之军，战必胜，攻必取，吾不如韩信，此三者，皆人杰也，吾能用之，此吾所以取天下也。项羽有一范增而不能用，此其所以为我擒也。”这句话的意思是：出谋划策，运筹帷幄，我不如张良；治理国家，安抚百姓，管理粮饷，我不如萧何；统兵打仗，攻城夺地，我不如韩信。这三个人都是当代的豪杰，我能用他们，这是我所以取天下的原因。而项羽只有一个范增却不能用，所以被我打败了。刘邦对张良的称赞——坐在军帐之中运用计谋，就能决定千里之外战斗的胜利，使后人感触颇深。常用“运筹帷幄”表示善于用兵，指挥战争。

元末明初施耐庵《水浒传》第七十八回：“设计施谋，众伏智多吴学究；

运筹帷幄，替天行道宋公明。”明末清初褚人获《隋唐演义》第四十三回：“全赖吾兄运筹帷幄，随机应变，事之谋画，惟兄是赖。”清代淮阴百一居士《壶天录》：“名将盖非徒以勇敢著也。胸罗武库，学具韬钤，运筹帷幄之中，决胜千里之外。”《元曲选外编·无名氏“黄鹤楼”第四折》：“决胜千里施谋略，坐筹帷幄掌三军。”

养虎遗患

遗，即留下。养虎遗患本意是养着老虎，留下遗患。后来主要用来比喻纵容敌人，留下后患，自己反受其害。也作养虎伤身。

司马迁在《史记·项羽本纪》中记载了一个意义深远的历史故事：秦朝末年，楚汉相争，汉军大破楚军于汜水，战局对楚不利。刘邦因要向项羽讨回被俘虏的父母妻子，便派侯公去讲和。双方达成协议，以鸿沟为界，中分天下，鸿沟以西为汉，鸿沟以东为楚。项王在订约后引兵东归。汉军也准备西归。张良、陈平对刘邦说道：“当今汉的地盘已有三分之二，诸侯都归附你。而楚兵疲惫不堪，又缺乏粮草，这正是天意要灭亡楚国的时候，不如乘此时机一举消灭楚军。现在把他放走，这就是所谓‘养虎自遗患’。”刘邦深知项羽的为人，按照当初楚怀王与义军首领的约定，兵分两路：一路由宋义为上将军，项羽为次将，范增为末将，率主力北上救赵；另一路由刘邦率领，西攻咸阳。两路大军谁先进入关中，就立谁为关中王。刘邦先入关中，废除秦的苛法，并约法三章：“杀人者死，伤人及盗抵罪”，深得秦人的拥护。而项羽靠强大的军力，暂时压服了刘邦，进入咸阳，大肆烧杀掠夺，然后发号施令，分割天下。他尊楚怀王为义帝，接着又暗杀义帝。刘邦先入关中，当为关中王，项羽却把他赶到巴蜀偏远之地做了个汉中王，而将关中三分于秦降将章邯等，使他们牵制刘邦的势力。楚汉之争就是从此拉开的序幕。想到这里，刘邦就痛快地采纳了张良和陈平的意见，与韩信、彭越相约会师于垓下，共同攻击楚军，使项羽“四面楚歌”，不得不落得个“霸王别姬”、自刎身亡的悲剧。

张良和陈平都是西汉初的大臣，刘邦的主要谋士。韩信和彭越是西汉初的军事家和诸侯王，他们是刘邦的主要大将。刘邦是历史上著名的善于用将的帝王，他利用这些谋士和大将的智慧和力量，最终成就了帝王霸业，继“秦砖”之后，续写了中国历史上“汉瓦”的光辉篇章。

现在位于荥阳市广武镇北 6 公里的光武山上，有汉王刘邦和楚王项羽在此垒的东西广武城，西城为汉所建，东城为楚所筑。两城之间的南北大沟即为鸿沟，沟口宽 800 米，深达 200 米。二城北面是滚滚黄河，西南则万山丛错，地势险要。汉高祖四年（前 203），刘邦、项羽经过多年战争，在此形成中分天下局面，鸿沟以西为汉，鸿沟以东为楚。

四面楚歌

四面楚歌本意是四面八方都唱起楚地的歌。用来比喻势单力孤，四面受敌。亦作四面受敌。

《史记·项羽本纪》：“项王军壁垓下，兵少食尽，汉军及诸侯兵围之数重。夜闻汉军四面皆楚歌。项王乃大惊曰：‘汉皆已得楚乎？是何楚人之多也！’”

四面楚歌是一个历史悲剧故事：秦末楚汉相争，楚霸王项羽被刘邦大军围困在垓下。项羽夜间听见从四面汉军营里传来的歌声，都是楚地流行的歌曲，心中大惊道：“楚地都已被汉夺得了吗？为什么楚人这么多呢？”他深知大势已去，面对所爱的美人虞姬和他所骑的骏马，感慨万千。于是慷慨悲歌：“力拔山兮气盖世，时不利兮骓不逝。骓不逝兮可奈何，虞兮虞兮奈若何？”旁边陪侍的美人虞姬也起而唱起凄凉的歌曲，唱完就自杀了。此情此景，霸王的眼泪忍不住夺眶而出。之后，自认为不可一世的项羽终于因为无可挽回的失败自刎而死。后人把这段故事编成戏曲，取名“霸王别姬”，常用以比喻盲目自负而又不接受教训的人，最终避免不了彻底失败的命运。

垓下在何处，有两种说法，一种说法是在今河南鹿邑县东太清宫一带，另一种说法是在安徽灵璧县。按照范文澜先生《中国通史简编》的说法，依当时军事形势应以在鹿邑县境为是。在鹿邑县城东郭庄村西，有虞姬墓遗址。

中原逐鹿

中原，古指我国中部地区，也就是河南，因河南古代为豫城，居九州之中，故称“中州”或“中原”。逐，即追逐，引申为争夺。鹿，指猎取的对象，比喻政权、天下。中原逐鹿既比喻群雄竞起，争夺天下，也比喻一争高下。中原逐鹿也作逐鹿中原。

《汉书·蒯通传》：秦失其鹿，天下共逐之。

追溯“中原逐鹿”的历史渊源，黄河流域的原始部落经过无数次血与火的交融：我国古籍中记载最早的一次战争，神农氏与他毗邻的斧燧氏，为争夺河南东北部这块肥沃的土地发生了大规模的战争，结果奠定了神农部落以后崛起繁荣的基础。原始社会规模最大的一次战争——炎黄与蚩尤之战，使炎黄子孙开始在这里繁衍生息，最终形成了华夏民族，并在登封域内建立了中华民族的第一个王朝——夏王朝。之后，在中原这块土地上，为夺取政权，统一天下，发生了我国古代无数次的著名大战，如：

鸣条之战——公元前1600年，商族首领率战车70乘，敢死之士6000人，在鸣条（今开封一带）打败夏桀，建立了商朝。

牧野之战——武王伐纣，在孟津大会诸侯，检阅军队，“诸侯不期而会盟津者八百”。周武王率兵车300辆，虎贲3000人，甲士4.5万人，并联合许多诸侯之兵，在距商都朝歌只有70里的牧野，周武王举行誓师大会，历数纣王罪状，鼓励军队奋勇作战。商纣王的主力部队这时还在外地，只好驱使大批奴隶和俘虏开赴牧野前线仓促应战。结果纣王大败，商朝灭亡，周朝兴起。现有洛阳市吉利区的武王大会诸侯的孟津会盟台遗址为证。

汉建安五年（200），在今中牟县官渡镇一带，曹操用智谋以4万余人打败了袁绍的10余万大军，创造了我国历史上以少胜多的著名战例。如果你能到中牟县，定会看到官渡之战的古战场。

春秋战国时代以及秦、汉、唐、宋、元、明、清等各个朝代发生的主要战争都在河南这块土地上，“围魏救赵”、“楚汉相争”、刘秀和王莽的“昆阳之战”、“岳飞抗金”的战火烟云，都验证着“中原逐鹿”的历史，也使人们认识到“得中原者得天下”的道理。

防微杜渐

微，微小；杜，堵住；渐，指事物的开端。防微杜渐比喻在坏事情坏思想萌芽的时候就加以制止，不让它发展。

《后汉书》是宋朝范晔撰，唐朝李贤等注。《后汉书》大部分沿袭《史记》《汉书》的现成体例，但在成书过程中，范晔根据东汉一代历史的具体特点，又有所创新，有所变动。首先，他在帝纪之后添置了皇后纪。东汉从和帝开始，连续有6个太后临朝。把她们的活动写成纪的形式，既名正言顺，又能准确地反映这一时期的政治特点。其次，《后汉书》新增加了《党锢传》《宦者传》《文苑传》《独行传》《方术传》《逸民传》《列女传》七个类传。范晔是第一位在纪传体史书中专为妇女作传的史学家。

《后汉书·丁鸿传》记载：“若敕政责躬，杜渐防萌，则凶妖消灭，害除福凑矣。”故事为：东汉和帝即位时年仅14岁，便由窦太后执政，国家的军政大权实际上落入窦太后的兄弟窦宪等人手中。他们为所欲为，密谋篡权。看到这种现象，许多大臣心里很着急，都为汉室江山捏了把汗。大臣司徒丁鸿就是其中的一个。丁鸿很有学问，对经书极有研究，这对窦太后的专权他十分气愤，决心为国除掉这一祸根。几年后，天上发生日蚀现象，丁鸿就借这个当时认为不祥的征兆，上书和帝，建议趁窦氏兄弟权势尚不大时，早加制止，以防后患，这样才能使得国家长治久安。他在奏章里说："杜渐防萌，则凶妖可灭。"和帝本来早已有这种打算，于是采纳了他的意见，并任命他为太尉兼卫尉，进驻南北二宫，同时罢掉窦宪的官。窦宪兄弟情知罪责难逃，便都自杀了，从而避免了一场可能发生的宫廷政变。

《元史·张桢传》："有不尽者，亦宜防微杜渐而禁于未然。"夏衍《心防》第二幕："在起初的时候，最要防微杜渐。"

巢倾卵覆

巢倾卵破比喻灭门之祸，无一得免，亦喻整体被毁，其中个别也不可能幸存。

《后汉书·孔融传》载：孔融被曹操逮捕时，有女7岁，子9岁，两人正在下棋，安坐不动。左右问父被捕为何不起，答曰："安有巢毁而卵不破乎！"东汉末年，曹操挟天子以令诸侯，独断专行。孔融提出反对意见，曹操就派人去孔融家里逮捕他，孔融有一个7岁的女儿和一个9岁的儿子也一同被捕，当时他们正在下棋就是不起来，有人问他们为什么不起来，他们说："安有巢毁而卵不破乎？"意指父被害，自己也不得幸免。

《北齐书·高乾传》："乾曰：吾兄弟分张，各在异处。今日之事，想无全者，儿子既小，未有所积，亦恐巢倾卵破，夫欲何言！"

马革裹尸

马革：马皮。马革裹尸意思是用马皮把尸体裹起来。亦指英勇牺牲在战场上，表达了决心为国捐躯的坚定意志。

《后汉书·马援列传》载：马援字文渊，扶风茂陵人也。援年十二而孤，少有大志，诸兄奇之。常谓宾客曰："丈夫为志，穷当益坚，老当益壮。"世祖即位，援因留西川，隗嚣甚敬重之，以援为绥德将军，与决筹策。建武四年冬，嚣使援奉书洛阳，帝甚壮之。十一年夏，玺书拜援陇西太守。援务开恩信，宽以待下，宾客故人，日满其门。二十年秋，振旅还京师。将至，故人多迎劳之。平陵人孟冀，名有计谋，于坐贺援。援谓之曰："吾望子有善言，反同众人邪？昔伏波将军路博德开置七郡，裁封数百户；今我微劳，猥飨大县，功薄赏厚，何以能长久乎？先生奚用相济？"冀曰："愚不及。"援曰："方今匈奴、乌桓尚扰北边，欲自请击之。男儿要当死于边野，以马革裹尸还葬耳，何能卧床上在儿女子手中邪？"冀曰："谅为烈士，当如此矣。"

这个历史故事记载了马援将军马革裹尸的英雄事迹：马援英勇善战，为东汉王朝的创建立下汗马功劳。后来，他又率兵平定了边境的动乱，威震南方。公元 41 年被刘秀封为伏波将军。过了三年，马援从西南方打了胜仗回到京城洛阳，亲友们都高兴地向他表示祝贺和慰问。平时以有计谋出名的孟翼，也向马援说了几句恭维话。不料马援听了，皱着眉头对他说："我盼望先生能说些指教我的话。为什么先生也随波逐流，一味地对我说夸奖的话呢？"武帝时的伏波将军路博德，开拓了七个郡那么多的土地，而他得到的封地只有数百户。我的功劳比路将军小得多了，却也被封为伏波将军，封地多达三千户。赏过于功，我怎么能长久保持下去呢？先生为什么不在这方面指教指教我呢？"孟翼听了很尴尬，一时不知如何应对才好。马援见他不说话，便继续说下去："如今，匈奴和乌桓还在北方不断侵扰，我打算向朝廷请战，当个先锋，做一个有志的男儿。男儿应该战死在边疆荒野的战场上，不用棺材敛尸，而只用马的皮革裹着尸体回来埋葬，怎么能躺在床上，死在儿女的身边呢？"孟翼听了，深为马援豪迈的报国热情所感动，不禁真诚地说道："将军真不愧是大丈夫啊！"后来，马援领兵远征平五溪蛮夷叛乱，病死于军中，兑现了他当年马革裹尸的誓言。

推心置腹

推心置腹意思是把真心交给对方，比喻真心待人。

《后汉书·光武帝纪》载：光武击铜马于鄡，吴汉将突骑来会清阳。贼数挑战，光武坚营自守；有出卤掠者，辄击取之，绝其粮道。积月余日，贼食尽，夜遁去，追至馆陶，大破之。受降未尽，而高湖、重连从东南来，与铜马余众和，复与大战于蒲阳，悉破降之，封其渠帅为列侯。降者犹不自安，光武知其意，敕令各归营勒兵，乃自乘轻骑按行部陈。降者更相语也："萧王推赤心置人腹中，安得不投死乎！"由是皆服。悉将降人分配诸将，众遂数十万，故关西号光武为"铜马帝"。

这是一个令人振奋、令人鼓舞的历史故事。西汉末年，全国农民纷纷起来推翻王莽建立的新朝。汉宗室刘玄、刘秀也起兵反对王莽，并加入了绿林起义军。公元23年，绿林军拥立刘玄为更始帝，刘秀也被封为萧王。第二年，刘秀火并河北各地起义军，并把他们编入自己的军队。当时被收编的官兵很不安定，担心不被信任。刘秀就叫这些将官回到自己的营寨，仍带领他们原来的部属。刘秀还亲自带着少数随从到各营寨巡视，被收编的官兵见刘秀对他们没有戒备，私下议论说："萧王待人诚恳，推心置腹，把赤诚的心掏出来给人，我们怎能不为他赴汤蹈火呢？"

刘秀（前6—57），汉高祖九世孙，东汉的建立者，字文叔，南阳蔡阳人，25—57年在位。其间，先后9次发布释放奴婢和禁止残害奴婢的命令，并多次下诏书，免罪徒为庶民，减轻租税徭役，发放赈济，兴修水利，并裁并400余县，精减官吏，节省开支，在中央加重尚书职权，废除掌握军权的都尉，同时扩大选拔士人充当各级官吏，以巩固中央集权体制。

唐代白居易《七德舞》："功成理定何神速？速在推心置人腹。"章炳麟《民报一周年纪念会祝辞》："学生见他可用，就推心置腹，奉承个不了。"郭沫若《蔡文姬》第二幕："我们大家应该推心置腹，开诚布公。"

披荆斩棘

披，分开；斩，割、砍；荆、棘，指多刺的植物。披荆斩棘比喻扫除前进中的障碍，克服创业中的困难。

南朝范晔的《后汉书·冯异传》中载："异朝京师。引见，帝谓公卿曰：'是我起兵时主簿也，为吾披荆棘，定关中。'"

东汉初年，颍川父城（今河南宝丰）人冯异，好读书，通《左氏春秋》《孙子兵法》。新莽时，以郡椽监五县，为王莽抗拒起义军。后来投靠刘秀，立下了许多战功，到了洛阳，升任偏将军。他跟随刘秀击破王郎军之后，被封为应侯。他为人谦让和气，每当大家论功行赏时，总是退避树下。因此，军中称他为"大树将军"。

公元23年，冯异随刘秀带领数百骑兵远征河北。有一天，人困马乏走不动了，刘秀便让大家休息。刘秀一进路旁的芜蒌亭，就饿得坐在地上昏昏睡去，此时，冯异又累又饿却支撑着到附近百姓家讨了一些豆粥，端到刘秀面前，刘秀喝了粥，顿时消除了饥饿。刘秀带兵走到南宫，恰逢狂风暴雨。好不容易找到一所空房子，忙进去避雨。而冯异却设法找来一些干柴，拢起一堆火给刘秀取暖、烤衣服，并用麦子煮成麦粒饭，直至刘秀吃饱后，冯异才和大家随便吃了几口，继续赶路。

公元25年，刘秀在洛阳建立东汉王朝，称光武帝。他不忘“先主后己”的冯异，封冯异为夏侯，并委以征西大将军重任，令他率军平定关中。由于冯异长期镇守长安，位高权重，百姓都称他咸阳王。这时，有人向刘秀上奏说，冯异权势太大，要提防他谋反。冯异知道后，非常恐慌，马上给刘秀上书，表明自己的忠心。刘秀当即给他回信说:“从公而论，我们是君臣关系，从私人感情上说，如同父子一般。我对将军从无疑心，你何必惧怕呢？”

后来，刘秀在朝堂上，拉着冯异的手对文武百官说:“这是我起兵时的主簿官,为我披荆斩棘,平定了关中地区,是开创当朝的功臣啊！”接着，又重奖了冯异。

春华秋实

华，同花；实，植物结的果。春华秋实意思是春天开花，秋天结果。比喻事物的因果关系,也比喻文采与德行。引申为先挥汗耕耘、适时播种，后才有丰收的喜悦。现也比喻学习有成果。

《三国志》是二十四史之一，由西晋史学家陈寿所著，记载中国三国时期的曹魏、蜀汉、东吴纪传体国别史，是二十四史中评价最高的“前四史”之一。陈寿前半生是在蜀汉度过,入仕后,受宦官黄皓排挤而不得志。蜀汉灭亡后，陈寿历任著作郎，晚年多次被贬，屡次受人非议，历经10年艰辛,完成了国别体史学巨著《三国志》。三国志最早以《魏书》《蜀书》《吴书》三书单独流传。为了避免曹魏的《魏书》与南北朝时期北魏的《魏书》相互混淆，在北宋王朝咸平六年(1003)将三书合为一书，最终成书。因此《三国志》是三国分立结束后文化重新整合的产物。此书完整地记叙了自汉末至晋初近百年间中国由分裂走向统一的历史全貌。

《三国志·魏志·邢颙传》:“采庶子之春华，忘家丞之秋实。”

邢颙，字子昂，河间莫(今任丘)人。为孝廉，征任为官吏，不受。曾被曹操征任为司空掾。出任左冯翊，因病辞官。后被选为平原侯曹植的家丞。他品行端庄。当时人们称颂他说:“德行堂堂邢子昂。”他敬事主人，平时讲求礼节。而庶子刘桢擅长作文，文辞优美，曹植亲近刘桢而疏远邢颙。刘桢上书劝谏曹植说：家丞邢颙是北方的贤士，他少年秉性高洁，清静寡欲，言语简洁而义理深刻，真正是儒雅的贤士。我实在不能和他相提并论，并列为您的左右。而我获得您的特殊礼遇，邢颙反而被疏远，我私下里担忧旁观者将会说君侯您亲近我，对待贤士缺乏礼节，喜纳庶子的文采，丢弃家丞的德行。刘桢谏植曰:“私惧观者将谓习近不肖，礼贤不足，采庶子之春华，忘家丞之秋实。”

三顾茅庐

顾，即拜访；茅庐，是草房。三顾茅庐原为汉末刘备去南阳郡邓县隆中聘请诸葛亮的故事。比喻真心诚意，一再邀请。

诸葛亮《出师表》载：臣本布衣，躬耕于南阳，苟全性命于乱世，不求闻达于诸侯。先帝不以臣卑鄙，猥自枉屈，三顾臣于草庐之中，咨臣以当世之事，由是感激，遂许先帝以驱驰。后值倾覆，受任于败军之际，奉命于危难之间，尔来二十有一年矣。

东汉末年，诸葛亮当时躬耕南阳，常自比管仲和乐毅，然而当时的人对他并不看重。刘备攻打曹操失败，投奔荆州军阀刘表，流亡在新野。他向避难荆州的颍川阳翟(今禹州市)人司马徽寻访人才。司马徽善于知人，庞德公称之为“水镜”。司马徽向刘备推荐了“卧龙”诸葛亮和“凤雏”庞统。颍川人徐庶劝刘备亲自登门拜访诸葛亮，刘备一连去了三次，最后一次才被接见。诸葛亮在隆中与刘备畅谈天下形势，提出了“隆中对策”。诸葛亮估计天下将形成三分局面，指出刘备可能成功的道路。在诸葛亮精心筹划下，刘备在西南地区站稳了脚跟，建立了蜀国，形成了魏、蜀、吴三国鼎立的局面。《三国志·蜀志·诸葛亮传》有“三顾臣于草庐之中”的话。《三国演义》第三十七回把这个故事叫作“刘玄德三顾茅庐”。后世以“三顾茅庐”比喻诚心诚意地多次登门邀请。

由“三顾茅庐”这个成语故事能引出“如鱼得水”来。刘备三顾茅庐，见到了诸葛亮，两人谈得很投机。刘备如此重视诸葛亮，引起关羽和张飞不满，刘备就向他们解释说：“我有了孔明，就好像鱼有了水一样。”后人用“如鱼得水”比喻得到同自己十分投契的人或找到非常适合自己的环境。

青梅煮酒论英雄

青梅煮酒论英雄此为人们熟悉的三国故事。比喻评论功绩，比试高低。

《三国演义》第二十一回中载：刘备败于吕布后，到许昌投奔曹操。一天，曹操见枝头梅子青青，又碰上煮酒正熟，便邀刘备饮酒赏梅。席间，曹操问刘备：“当今天下谁可称为英雄？”刘备正寄人篱下，深怕曹操看出自己胸怀大志，更因与国舅董承等密谋除掉曹操，心中戒备很深，因此常在后园种菜，表示自己不关心国家大事，以为韬晦之计。曹操问起这个问题，刘备假装糊涂，言不由衷。曹操一针见血地说：“今天下英雄，惟使君（刘备）与操耳。”刘备听了大吃一惊，手中的筷子不觉落到地上。这时天将要下大雨，忽起一声响雷，刘备便假借听见雷声而失落了筷子，将自己惊慌失措的真正原因掩盖过去。后人常用“青梅煮酒论英雄”比喻评论功绩，比试高低。

游览许昌市区内文庙街关羽夜读春秋的春秋楼，会联想到有关曹操的故事，诸如“青梅煮酒论英雄”“迅雷不及掩耳”“望梅止渴”“乱世英雄”……令人品味再三。在政治上取得了“挟天子以令诸侯”的有利地位，同时实行“修耕植以蓄军资”的经济方针，逐步消灭了中国北方的封建割据势力。在汉魏建都的半个世纪中，为许昌留下了许多文物遗迹，如：苏桥乡石寨村西南翠柏点缀的华佗墓等。

过五关斩六将

此典故在小说《三国演义》中有充分体现：关羽连过曹操五个关卡，斩了六员大将才摆脱曹操投奔刘备。比喻克服重重困难，创下了光辉的业绩。

《三国演义》中载：关羽，东汉末年刘备的部将，字云长，河东郡解县（今山西运城）人。东汉末，亡命奔涿郡。时刘备在乡里招集徒众，他与张飞一起投奔刘备，三人桃园结义，誓共生死。刘备为平原相，他与张飞均为别部司马，分统部曲。官渡战前，曹操分兵东征，击败刘备，他被俘，被曹操拜为偏将军，封汉寿亭侯。

后来，关羽得知刘备的下落时，就准备辞别曹操，从河南许昌出发，护送着刘备的两位夫人，一起去寻找刘备。但是，他没有曹操签发的通行证，一路被曹军围追堵截。在东岭关，守将孔秀要关羽交验通行证，不然就要留下两位夫人作为人质。他大怒，一刀砍了孔秀。在洛阳关，太守韩福率领1000人马把守关口。牙将孟坦手执双刀与关羽战了三个回合回马便走，关羽赶上把孟坦斩为两段。此时韩福躲在门首放了一支暗箭，正中关羽左肩。关羽大怒，用口拔出箭，飞马奔去，将韩福砍于马下。关羽连夜投奔汜水关，他得知关将卞喜在镇国寺埋伏下刀斧手200人准备诱杀他，他便先下手将卞喜一刀劈为两半。关羽又向荥阳进发，太守王植与韩福是亲家，知道关羽杀了韩福，就暗中密令部下胡班集合1000名士卒，围住关羽的驻地，待三更时分，一齐放火。后胡班为关羽的品行所感动，便将王植的毒计密告关羽。关羽大惊，连夜出奔，王植拍马挺枪直取关羽，却被关羽砍为两段。当关羽行到滑州界首时，守将刘延出关迎接，他怕得罪夏侯惇及其部将秦琪，不肯借船给关羽。关羽只得自行设法，到黄河渡口时，被秦琪拦截，他恼怒之下，一刀砍了秦琪的头颅。最终，关羽渡过黄河与刘备相会了。

后刘备派关羽镇守荆州。建安二十四年（219），刘备为汉中王，任关羽为前将军，假节钺，率众围攻曹仁于樊城，降于禁，杀庞德，北方震动，曹操拟迁都以避其锋。不久，孙权袭取荆州，他因骄傲轻敌，后背空虚，兵败被杀。

司马昭之心，路人皆知

司马昭是三国魏的权臣，处心积虑夺取曹魏政权。路人即行路的人，喻指不相干的人。皆，即都。司马昭之心，路人皆知泛指人的阴谋、野心显露无遗，尽人皆知。也作“司马昭之心，路人皆见”或“司马昭之心”。

《三国志·魏书·高贵乡公曹髦传》载：三国末年，司马昭当上相国还不满足，又威逼魏帝曹髦封他为晋公，同时又假惺惺地辞谢不受，想叫曹髦给他让位。曹髦看出司马昭篡位的野心，气愤地对人说：“司马昭之心，路人皆知也。”曹髦认为与其坐等，还不如跟他拼一场，于是带人去攻打司马昭，结果为司马昭部下所杀。曹髦死后，司马昭怕人骂他，假意立曹奂为帝。公元 265 年，司马昭的儿子司马炎逼曹奂让位，夺取魏国政权，建立西晋王朝，称晋武帝。

司马昭（211—265），三国时魏国大臣，字子上，河内温县（今河南温县）人，司马懿之子。司马懿出身于士族家庭，少年时就被名士赞许，以为“非常之器”。曹操欲仕之，他称疾不就；后多方加以威胁，才出来当官。为人多智谋，善权变。开始为文学掾，后任太子中庶子，主办军屯，为魏国重臣。明帝时，任大将军，曾多次出师与诸葛亮相拒。曹芳即位，司马懿和曹爽同受遗诏辅政。嘉平元年（249），控制中央禁军，发动政变，杀曹爽，代为丞相，执国政。后司马懿又率军东征，迫使太尉王凌自杀。司马懿死后，其子司马师、司马昭相继专政。泰始元年（265），司马昭长子司马炎改魏为晋，史称西晋，改元泰始，建都洛阳。他追尊司马懿为宣帝，司马昭为文帝。

志同道合

志同道合意思是志向相同，道路一致。形容彼此理想、志趣相合。

《三国志·魏书·陈思王植传》："昔伊尹之为媵臣，至贱也，吕尚之处屠钓，至陋也，乃其见举于汤武、周文，诚道合志同，玄漠神通，岂复假近习之荐、因左右之介哉！"

三国时期，魏文帝曹丕即位后，对曹植一直心存疑忌，寻找各种机会加以陷害，由于母后的干预，曹丕才没有把弟弟曹植置于死地。曹植苦于无用武之地，上书说伊尹是陪嫁的小臣、吕尚当屠夫钓叟，他们遇到了志同道合的商汤和周文王，辅佐他们成大业，建立了商朝和周朝。

在闻一多《杜甫》中说："两人起先虽觉得志同道合，后来子美的热狂冷了。"清代文康《儿女英雄传》第三十九回："这句话正是个伤心蒿目之词，不是个志同道合之语。"

画饼充饥

画饼充饥本比喻徒有虚名而于实际无好处，后多用来比喻以空想来安慰自己。

《三国志·魏书·卢毓传》载:“选举莫取有名，名如画地作饼，不可啖也。”

画饼充饥的故事内容:有两个拜把子兄弟。二兄弟要出远门，到大哥家里辞行，带了用秫秸秆和细米扎的一只鸡。只有大嫂在家，就说:“大嫂，我出远门，来给大哥辞行。也没有什么好东西送给您，就把这只鸡收下吧!”大嫂一看，说“二弟，你破费了。”说着就把这只鸡收下了，想了又想说:“二弟呀，你出去一趟不定啥时候才能回来，无论如何要在家里吃个饭。”说着就在桌上摆了两副筷子，放上两个碟儿，然后拿出毛笔来，蘸了点墨，找了张纸，在纸上画了张烙饼，说:“兄弟，趁热吃吧!”这位二弟用筷子假装夹着这张饼，搁在嘴里嚼了半天，然后放下筷子说:“吃饱了，谢谢大嫂。我不等大哥回来了。”二弟走后不久，大哥回来了，大嫂说:“二弟给你辞行，还送了只鸡来。”说着把那只鸡拿给大哥瞧了瞧。大哥说:“人家给咱送礼来，没留人家吃饭吗?”“留他吃的烙饼，这不，还在这儿擱着呢!”大哥过去瞧了瞧这张饼:“咳!这都怨我不在家，就凭这只鸡，说什么也不能给他吃这么大张的饼啊!”

势如破竹

势如破竹意为像用快刀劈竹子一样，劈过几节后竹子就迎刃破裂。比喻作战或工作节节胜利，毫无阻碍。

《晋书》是中国二十四史之一，唐朝房玄龄等人合著，作者共21人。《晋书》记载的是历史上起自三国时期司马懿早年，下至东晋恭帝元熙二年(420)刘裕废晋帝自立，以宋代晋。该书同时还以“载记”形式，记述了十六国政权的状况。原有叙例、目录各一卷，帝纪十卷，志二十卷，列传七十卷，载记三十卷，共一百三十二卷。后来叙例、目录失传，今存一百三十卷。

《晋书·杜预传》记载:“今兵威已振,譬如破竹,数节之后,皆迎刃而解。”

三国末年,晋武帝司马炎灭掉蜀国,夺取魏国政权以后,准备出兵攻打东吴,实现统一全中国的愿望。他召集文武大臣商量灭吴大计。多数人认为,吴国还有一定实力,一举消灭它恐怕不易,不如有了足够的准备再说。大将杜预不同意多数人的看法,写了一道奏章给晋武帝。杜预认为,必须趁目前吴国衰弱,灭掉它,不然等它有了实力就很难打败它了。司马炎看了杜预的奏章,找来自己最信任的大臣张华征求意见。张华很同意杜预的分析,也劝司马炎快快攻打吴国,以免留下后患。于是司马炎下定决心,任命杜预作征南大将军。公元279年,晋武帝司马炎调动了20多万兵马,分成六路水陆并进,攻打吴国,一路战鼓齐鸣,战旗飘扬,战士威武雄壮。第二年就攻占了江陵,斩了吴国一员大将,随即率领军队乘胜追击。在沅江、湘江以南的吴军听到风声吓破了胆,纷纷打开城门投降。司马炎下令让杜预从小路向吴国国都建业进发。此时,有人担心长江水势暴涨,不如暂收兵等到冬天进攻更有利。杜预坚决反对退兵,他说:“现在趁士气高涨,斗志正旺,取得一个又一个胜利,势如破竹,一举攻击吴国不会再费多大力气了!”晋朝大军在杜预率领下,直冲吴都建业,不久就攻占建业灭了吴国。晋武帝统一了全国。

杯弓蛇影

杯弓蛇影比喻疑神疑鬼,自相惊扰。

《晋书·乐广传》载:乐广字彦辅,迁河南尹,尝有亲客,久阔不复来,广问其故,答曰:“前在坐,蒙赐酒,方欲饮,见杯中有蛇,意甚恶之,既饮而疾。”于时河南听事壁上有角,漆画作蛇。广意杯中蛇即角影也。复置酒于前处,谓客曰:“酒中复有所见不?”答曰:“所见如初。”广乃告其所以，客豁然意解，沉痾顿愈。

乐广字彦辅，在河南做官，曾经有一个亲密的朋友，分别很久不见再来，乐广问朋友不来的原因，友人回答说："前些日子来你家做客，承蒙你给我酒喝，正端起酒杯要喝酒的时候，看见杯中有一条蛇，心里十分恶心，喝了那杯酒后，就得了重病。"当时，朋友坐着喝酒旁的墙壁上挂着一张弓，弓上有一条用漆画的蛇。乐广猜想杯中的影子就是弓了。于是，他再次请那位朋友在原来的地方饮酒，对朋友说道："酒杯中是否又看见了什么东西？"朋友回答说："所看到的跟上次一样。"于是乐广就告诉他其中的原因，朋友心情豁然开朗，疑团突然解开，长久而严重的病顿时治好了。

后人用杯弓蛇影或弓影杯蛇，指因错觉而产生疑惧，比喻疑神疑鬼，妄自惊忧。

沧海横流

沧海，即大海；横流，指到处泛滥。沧海横流的本意是大海泛滥，四处奔流。比喻政局动荡，社会不定，天下大乱。亦作"四海横流""横流四海"。

《晋书·王尼传》载，"洛阳陷，避乱江夏……常叹曰：'沧海横流，处处不安也'"。

说到这句成语的出典，需要讲一个有趣的故事：

晋代有个叫王尼的人，家住洛阳。当时的许多官员都很敬重他，因为他对事物的认识深刻，有非凡的见解。到晋代末年，匈奴等少数民族起兵反晋，天下战乱纷纷，洛阳也陷落了。王尼就带着他唯一的儿子，背井离乡，到江南躲避战乱。他白天赶路时，让儿子驾车，晚上，父子俩就挤在牛车上过夜。露天之下，风寒霜重，怎么睡都不自在。在翻来覆去中，王尼想到国家动荡不安给老百姓带来的苦难，禁不住哀叹道：“沧海横流，真是处处不得安生啊！”王尼父子到江夏投奔荆州刺史王澄，日子还能凑合着过。但王澄死后，他便失去了依靠，恰逢饥荒年间，他把自己的牛车拆了，杀了牛来充饥。之后，父子二人没吃没喝，被活活地饿死了。

《宋书·邓鲜之传》：“鲜之议曰：‘且夫求理当先以远大，若沧海横流，家国同其沦溺。’”《南史·张宝积传》：“颖胄问：‘何止之晚？’宝积答曰：‘本朝危乱，四海横流，既不能为比干之死，实未忍微子之去，是以至晚。”清代丘逢甲《岭云海日楼诗抄·陈伯潜学士以路事来奥相晤感赋二首》：“三十年来万事非，天涯沦落识公迟。横流沧海无安处，故国青山有梦思。”

洛阳纸贵

因为抢着抄写左思的《三都赋》，以致洛阳的纸价涨了。洛阳纸贵亦作“纸贵洛阳”。

左思是西晋文学家，字太冲，临淄人。少时广结交游，但因出身寒微，怀才不遇，官仅至秘书郎。所作诗文借古抒情，有愤世不平之意。《晋书·左思传》记载：左思曾用一年时间写成了《齐都赋》，后来又以三国时魏、蜀、吴的风土人情和物产为内容，精心构思，反复删改，用10年时间写成《三都赋》。当时人们把《三都赋》和汉代的文学杰作《两都赋》和《两京赋》相并称。由于《三都赋》写得很成功，又经一些名人极力推荐赞赏，洛阳的豪贵之家都争相传抄，致使西晋首都洛阳的纸张供不应求，一时纸价飞涨。后世就用“洛阳纸贵”称颂杰出的作品广为流传，为群众所赞赏。

空前绝后

空前绝后的意思是以前未曾有过，今后也不会再有。形容十分难得，独一无二。也作“超前绝后”“空前未有”。

说起“空前绝后”，首先涉及我国历史上的三位著名画家。

第一位是东晋画家顾恺之，他是晋陵无锡（今江苏无锡市）人，博学多才，曾任桓温、殷仲堪等僚属，转任散骑常侍。他绘画人物，一反汉魏古拙作风，尤重点精传神，神态逼真，形象生动，当世称“三绝”——才绝、画绝、痴绝。现存大英博物馆的中国古画珍品《女史箴图》，相传是他的手迹。

第二位是南北朝梁国的大画家张僧繇，他擅画山水、佛像。梁武帝建了许多寺庙佛塔，都命他作画。传说他在一个寺庙的墙上画了四条龙，却没给龙点眼珠。他怕点了眼珠这些龙会破壁飞去。大家不信，坚持要他试一试。果然，他只点了两条龙就破壁飞去了。

第三位是唐朝画家吴道子（今河南省禹州市人），由于双亲早故，自幼习画，20 岁左右时已是一位颇有名气的画家了，而赋予画家艺术活力的则是祖国秀美的名山胜水。他成功地创立了一种笔简意远、近于粗放的“疏体”蜀道山水画法，结束了山水只作为人物楼观背景的附庸地位，使山水画终成一个独立画种。因此，吴道子又被后人尊为中国山水画的祖师。吴道子还创作了大量的宗教绘画，仅在西京长安和东京洛阳两地就有 300 壁之多。所画人物，千姿百态，无一雷同，呼之欲出，唤之欲动，出神入化。他画的飞龙，八面生风，欲跃人间。他画的天女，脉脉含情，窃窃私语；他画的仙人，天衣飞扬，飘飘若生，以至留下“吴带当风”的千古荣誉。吴道子非凡的绘画技艺不仅得到民间的盛赞，也赢得了皇宫贵戚的青睐，遂被唐玄宗李隆基召入宫中，成为宫廷画师。

后人评价这三个画家时，认为顾恺之的画超越前人，张僧繇的画后人莫及，而吴道子则兼两人的长处。从此便引出了“空前绝后”的成语。

清代梁绍王《两般秋雨庵随笔·郭汾阳》：“郭子仪封汾阳王，而郭淮亦封汾阳子，是古今有两郭汾阳矣，然以令公之勋，空前绝后，则伯济之绩不足言也。”鲁迅《伪自由书·止哭文学》：“辣椒可以止小儿的大哭，真是空前绝后的奇闻。”

黄袍加身

黄袍，古代帝王的袍服。“黄袍加身”就是黄色的龙袍穿到身上。指在政变中被拥立为帝王。比喻阴谋政变成功。亦作“黄袍加体”“加体黄袍”。

《宋史·太祖本纪》载：七年春，北汉契丹入寇，命（太祖）出师御之。次陈桥驿，军中知星者苗训引门吏楚昭辅视日下复有一日，黑光摩荡者久之。夜五鼓，军士集驿门，宣言策点检为天子，或止之，众不听。迟明，逼寝所，太宗入白，太祖起。诸校露刃列入庭，曰：“诸军无主，愿策太尉为天子。”未及时，有以黄衣加太祖身，众皆罗拜，呼万岁，即掖太祖乘马。

其历史故事是：后周显德六年（959），世宗柴荣病逝，他的儿子恭帝年仅7岁，殿前都点检、归德军节度使赵匡胤，与禁军高级将领石守信、王审琦等人，趁机酝酿策划军事政变。翌年正月初一，传闻契丹和北汉兵南下，后周宰相范质等人不辨真假，匆忙派遣赵匡胤率诸军北上抵御。正月初三，赵匡胤统率大军离开都城，夜宿距开封东北20公里的陈桥驿。于是，兵变计划就付诸实践了。这天晚上，赵匡胤的一些亲信在将士中散布说：“今皇帝幼弱，不能亲政，我们为国家效力破敌，有谁知晓，不如先拥立赵匡胤为皇帝，然后再出发北征。”将士的兵变情绪很快被煽动起来，这时赵匡胤的弟弟赵匡义和亲信赵普，见时机成熟，便授意将士把一件事先准备好的皇帝登基的黄袍披在假装醉酒刚醒的赵匡胤身上，并皆拜于庭下，高呼万岁，拥立赵匡胤为皇帝。赵匡胤却装出被迫的样子说："你们自贪富贵，立我为天子，能从我命则可，不然，我不能当这个皇帝。"拥立者们一齐表示"惟命是听"。赵匡胤就当众宣布，回开封后，对后周的太后和小皇帝不得惊犯，对后周的公卿不得侵凌，对朝市府库不得侵掠，服从命令者有赏，违反命令者斩杀九族，诸将士都答应了。于是赵匡胤率兵变的队伍回师开封。后周宰相范质后悔莫及，但已无可奈何，只得率百官听命，赵匡胤兵不血刃就控制了后周的都城开封，正式登基为皇帝，定国号为宋，是为宋太祖。

清代陈忱《水浒后传》第一回："殿前点检作天子，陈桥兵变回京师；黄袍加身御海宇，五代纷争从此止。"清代钱彩《说岳全传》第一回："自从陈桥兵变，黄袍加身，即位以来，称为真龙天子。"

杯酒释兵权

释，即解除。杯酒释兵权本指在酒宴上解除将领的兵权，泛指轻而易举地解除将领的兵权。

"杯酒释兵权"是影响我国走向统一从此不再分裂的重大历史事件。北宋建隆元年（960）末，宋太祖赵匡胤平定李筠及李重进叛乱后的一天，召见赵普问道："为什么从唐末以来，数十年间换了八姓十二君，征战无休无止？我要从此熄灭天下之兵，建国家长久之计，有什么好的办法吗？"赵普精通治道，对这些问题也早有所考虑，听了太祖的发问，就说：这个问题的症结在于藩镇太重，君弱臣强而已，治理的办法也没有奇巧可施，只要削夺其权，制其钱谷，收其精兵，天下自然就安定了。赵普的话还没有说完，宋太祖就连声说："你不用再说了，我全明白了。"于是，一个重建中央集权专制制度的计划就这样酝酿出来，宋太祖下决心采取措施解除禁军高级将领的兵权。

建隆二年（961）七月初九晚朝时，宋太祖把石守信、高怀德等禁军高级将领留下来喝酒，当酒兴正浓的时候，宋太祖屏退侍从叹了一口气，给他们讲了一番自己的苦衷，说："我若不是靠你们出力，是到不了这个地位的，为此我从内心念及你们的功德。但做皇帝也太艰难了，还不如做节度使快乐，我整个夜晚都不敢安枕而卧啊！"石守信等人惊骇得忙问其故，宋太祖继续说："这不难知道，我这个皇帝谁不想要呢？"石守信等人听了知道这话中有话，连忙叩头说："陛下何出此言，现在天命已定，谁还敢有异心呢？"宋太祖说："不然，你们虽然没有异心，而你们的部下想要富贵，一旦把黄袍加在你们身上，你们即使不想当皇帝，到时也身不由己了。"一席话，软中带硬，使这些将领惊恐得哭了起来，恳请宋太祖给他们指明一条生路。宋太祖缓缓地说道："人生在世，像白驹过隙一样短促，所以要得到富贵的人，不过是想多聚金钱，多多娱乐，使子孙后代免于贫乏而已。你们不如释去兵权，到地方去，多置良田美宅，为子孙立永远不可动的产业。同时多买些歌儿美女，日夜饮酒相欢，以终天年，朕同你们再结为婚姻，君臣之间两无猜疑，上下相安，这样不是很好吗？"几个将领别无他法，只得俯首听命，表示感谢太祖恩德。第二天，石守信等将领上表声称自己有病，纷纷要求解除兵权，宋太祖欣然同意，罢去他们禁军职务，到地方任节度使，并废除了殿前都点检和侍卫亲军马步军都指挥司。太祖另选了一些资历浅，个人威望不高，容易控制的人担任禁军将领。以后宋太祖还兑现了与禁军高级将领联姻的诺言，把守寡的妹妹嫁给高怀德，后来又把女儿嫁给石守信的儿子。这就是历史上著名的"杯酒释兵权"，它为宋太祖加强皇权、巩固统治起到了重要作用。

开卷有益

卷，即书。开卷有益意思是：只要打开书阅读，就会有益处。形容只要读书，就会有收获。

这是一个流溢着书香十分美好的成语，王辟之的《渑水燕谈录》卷六载，“太宗日阅《御览》三卷，因事有阙，暇日追补之，尝曰：‘开卷有益，朕不以为劳也’”。

太宗即赵匡义（939—997），宋太祖之弟，北宋的第二个皇帝，赐名光义。参与陈桥兵变，拥立其兄为北宋皇帝。宋初为殿前都虞侯，领睦州防御使，后加中书令，封晋王，开宝九年（976）即位。即位后，多用文人执政，儒学渐兴。太宗自己也好学不倦，他每天要看《太平御览》三卷，如因事没有完成，便抽空补读。他曾说：“开卷有益，朕不以为劳也。”

宋太宗也是位有作为的皇帝。在位期间，继续推行全国统一的政策，迫使吴越国王投降；出兵灭北汉；注意农田水利，继续鼓励开荒，社会生产有所发展，社会秩序比较安定。但在对辽用兵时屡遭失败，晚年四川爆发王小波、李顺起义，他派兵血腥镇压。不过，由于他提倡“开卷有益”，使儒学逐渐勃兴。北宋初年，以庐山国学发展为白鹿洞书院为起点，先后建立了许多对后世有较大影响的书院。除白鹿洞书院外，比较著名的还有岳麓书院、应天府书院、石鼓书院、嵩阳书院、茅山书院。而应天府书院、岳麓书院、白鹿书院、嵩阳书院被国人誉为北宋四大书院。这四大书院当中的应天府书院和嵩阳书院均在河南境内。

书院是我国封建社会颇具特色的教育制度，从唐末五代至清朝末年，存在了1000年之久，对我国古代教育的发展和学术的繁荣起过重要作用。而“开卷有益”在信息时代，仍然熠熠生辉，鼓励人们终身学习，不断进步。

半部论语

半部论语亦作“半部论语治天下”。这是对儒学经典之一《论语》的夸赞之词，意思是说掌握半部《论语》，人的能力就会提高，就能治理国家。

此成语与北宋著名政治家赵普有着密切的关系。

赵普，字则平，洛阳人。后周世宗时因荐入官，后为赵匡胤掌书记，参与陈桥兵变，拥立赵匡胤为北宋皇帝。北宋建隆三年（962），任枢密使。乾德二年（964），任宰相。赵普读书不多，出任宰相后，在处理公务时常常因文化低而感到力不从心。赵匡胤知道他的根底，就劝他好好读书。于是，赵普每次上朝回府，就闭门读书，很快他的学问就大有长进，对宋朝初期天下稳定起到了积极作用。他曾协助赵匡胤制定“先南后北”统一中原地区方略，又提出“削夺其权，制其钱谷，收其精兵”等以加强中央集权、削夺禁军统帅和地方藩镇势力的措施。赵匡胤死后，其弟赵光义（史称宋太宗）继位，他又两度为相。有人对宋太宗说赵普不学无术，所读的书不过是儒家的一部“论语”而已，当宰相很不合适。宋太宗不以为然地说：“我知道赵普读书不多，但说他只读一部《论语》，我也是不相信的。”之后，赵太宗与赵普闲聊，问他是不是真的只读一部《论语》，他说自己平生所知道的确实不超出《论语》这部书，过去他以半部论语帮助太祖定天下，现在仍用半部论语帮助太宗使天下太平。淳化三年（992），赵普因病辞职，不久病逝。

清代李伯元《官场现形记》第十四：“况且从前古人以半部《论语》治天下，就是半部又何妨。”老舍《赵子曰》第十九章：“好象以半部《论语》治天下的人们念那半部《论语》似的那么百读不厌。”

孤注一掷

注，指赌博时下的钱。孤注，即输急的赌徒拿出所有的钱押上去。掷，是掷骰子。孤注一掷比喻危急时拼上所有的力量做最后的冒险。

《宋史·寇准传》载：准颇自矜澶渊之功，虽帝亦以此待准甚厚。王钦若深嫉之。一日会朝，准先退，帝目送之，钦若因进曰："陛下敬寇准，为其有社稷功也？"帝曰："然。"钦若曰："澶渊之役，陛下不以为耻，而谓準有社稷功，何也？"帝愕然曰："何故？"钦若曰："城下之盟，《春秋》耻之；澶渊之举，是城下之盟也。以万乘之贵而为城下之盟，其何耻如之！"帝愀然为之不悦。钦若曰："陛下闻博乎？博者输钱欲尽，乃罄所有出之，谓之孤注。陛下，寇準之孤注也，斯亦危也。"由是帝顾准寖衰。明年，罢为刑部尚书，至陕州，遂用王旦为相。

这是一个耐人寻味的历史故事。北宋时，契丹侵扰宋朝边境，丞相寇准极力主张宋真宗御驾亲征。真宗到了澶州（今河南省濮阳县西南），见契丹兵力强盛，望而却步。寇准与太尉高琼劝真宗亲临前线督战。宋军将士踊跃欢呼，奋勇作战，契丹大败，促使契丹与宋议和，订立了澶渊之盟。宋真宗因此十分重用寇准。参知政事王钦若很嫉妒寇准，便在真宗面前说："你听说过赌博这玩意儿吗？赌徒看到要输光时，就会拼上所有本钱下一赌注，这叫孤注；寇准要陛下亲自去讨伐契丹，陛下就成了寇准的孤注，这太危险了！"真宗听信谗言，疏远寇准，第二年，罢免了他的宰相官职。

后人常用"孤注一掷"比喻不顾一切，企图一举取胜。毛泽东《论持久战》："赌汉也要赌本，孤注一掷，不幸不中，就无从再赌。"郭沫若在《孔雀胆》第四幕第一场中写道："硬干是我们最不幸的一着，这是所谓'孤注一掷'。"

铁面无私

铁面无私形容公正严明，不徇私情。人们对“铁面无私”格外青睐，希望为人光明磊落、为官清廉正派，社会有开明公道的氛围。亦作“铁面无情”。

元朝无名氏的《包待制陈州粜米》第一折载：“若要与我陈州百姓除了这害呀，则除是包龙图，那个铁面没人情。”

包龙图和包文正指的是北宋官吏包拯（999—1062），他字希仁，庐州合肥（今属安徽合肥）人。天圣进士。初因父母皆老，故朝廷授官，坚辞不就，及双亲亡，方出任地方官。他清廉、明断，颇有政绩，旋升任监察御史。他主张练兵选将，加强边防，反对岁赂契丹。后历任三司户部副使，天章阁待制、知谏院、龙图阁直学士，又知江宁（今江苏南京）、开封等府。在朝时，数次论斥权幸大臣，上书仁宗明听纳、辨朋党等。在地方则执法严峻，平冤狱、抑豪强，所以贵戚宦官无不惮惧，民间称之为“包待制”，京城内传颂：“关节不到，有阎罗包老。”后官至枢密副使，有《包孝肃奏议》。他的事迹在民间广为流传，小说和戏剧多取为题材，是封建社会中最著名的清官。《陈州放粮》和《秦香莲》是我们非常熟悉的清官戏，包拯面对弄虚作假、仗势欺人的四国舅和喜新厌旧贪图富贵的陈世美，不畏权势，刚正不阿，公正执法，虽然是戏剧形象，却得到了历代老百姓的拥戴和尊崇。

清代无名氏《说呼全传》第三十七卷：“偏偏那个包文正同他也是一般的，朝廷十分信服，果然他是铁面无私。”《红楼梦》第十六回中说：“我们阴间上下都是铁面无私的，不比阳间，瞻情顾意，有许多的关碍处。”

程门立雪

程，指宋代唯心主义理学家程颐。立雪，恭敬地向老师求教的诚意。程门立雪原意是：冒着大雪在程颐门前站着，以求教。用来形容尊敬老师，虔诚求教。亦作“立雪程门”。

《宋史 · 杨时传》载：“见程颐于洛，时盖年四十矣。一日见颐，颐偶瞑坐，时与游酢侍立不去。颐既觉，则门外雪深一尺矣。”南宋杨时，字中立，隐于龟山，世称龟山先生。他曾和游酢去拜会当时著名的道学家程颐。程颐正在瞑目而坐。杨、游二人侍立一旁，等了很长时间，直到程颐醒来，门外已雪深一尺。后以“程门立雪”作为尊师重道的范例。

程颐，字正叔，又称伊川先生，生于宋仁宗明道二年（1033），逝于宋徽宗大观元年（1107）。他与兄长程颢都是北宋著名理学家、教育家，被世人称为二程。他们出身于官僚世家。兄长程颢字伯淳，生于宋仁宗明道元年（1032），逝于宋神宗元丰八年（1085）。他以进士为阶，步入宦海，曾任鄠县、上元县主簿，宋神宗时为太子中允，权监察御史里行。因反对王安石变法屡遭调贬，所以长期居洛阳聚徒讲学，处世待人态度平和。程颐以端肃出名，不苟言笑，淡泊于科举，53 岁时一度任崇政殿说书，后大都在国子监任教。哲宗时亦因反对王安石新政被列为奸党，贬至四川涪州，前后从事讲学和著述达30余年。二程思想各有侧重，程颢著有《定性书》《识仁篇》等，程颐则有《易传》《颜子所好何学论》传世。因二人在重大问题上意见一致，门人后学对他们的思想言论不加细分，便将两人的语录和著作合编成《二程全书》。

二人在前人理学的基础上，提出了一整套唯心主义哲学思想。他们认为：世界的本原是“道”，万事万物都是由“道”派生出来的，君王要治理好国家，必须“行以顺道”，以德为主，与法制兼顾。这些思想自成一家，独成体系。因二程一生主要活动在洛阳，所以，后人就把他们创立的这套思想体系称为“伊洛学派”。后来，经过二程的“四传弟子”朱熹的倡研深化，最终使二程的理学思想发展为中国封建社会统治者的官方哲学——程朱理学。不仅如此，二程还为后世留下了许多至理名言，如“学贵于行，行则明，明则有功”“静中有动，动中有静”“莫病于自足，莫罪于自弃”“物必有对”等，成为我国珍贵文化遗产的一部分。

由于二程长期从事教育活动，桃李遍布天下，从关中至蜀中，从河东跨中原，从湖湘到吴越、闽赣，江河南北皆有程门弟子。仅学有所成、名载史册的弟子就有数十人，如：开南宋理学先河的杨时，在中国理学发展史上占有一定地位的吕希哲、谢良佐、朱兴庭、游酢等人都是程门的嫡传弟子，中国理学的集大成者朱熹则是程门的四传弟子，而名不见经传的弟子更是无法统计。当时，尽管程门素以教学严厉、清苦而闻名，但前来拜师求学者仍不绝于馆，留下了“程门立雪”的千古佳话。

安乐窝

安乐窝喻指舒适快乐的住所。原为五代时后周陈王安审琦的居室名，地址在洛阳天津桥南。到了北宋，邵雍在洛阳的居住地被称为安乐窝。

邵雍（1011—1077），北宋哲学家，字尧夫。其祖籍范阳（今河北涿州），后随父迁居共城（今河南辉县市），自号安乐先生。由于长期隐居苏门山百源（辉县市百泉）之山，人称百源先生。死后谥号康节，又称康节先生。

《宋史·邵雍传》记载：（邵雍）初至洛，蓬荜环堵，不避风雨，躬樵爨以事父母，虽平居镂空，而怡然有所甚乐，人莫能窥也。及执亲丧，哀毁尽礼。富弼、司马光、吕公著诸贤退居洛中，雅敬雍，恒相从游，为市园宅。雍岁时耕稼，仅给衣食。名其居曰“安乐窝”，因自号安乐先生。旦则焚香燕坐，晡时酌酒三四瓯，微醺即止，常不及醉也，兴至辄哦诗自咏。

春秋时出游城中，风雨常不出，出则乘小车，一人挽之，惟意所适。士大夫家识其车音，争相迎候，童孺厮隶皆欢相谓曰："吾家先生至也。"不复称其姓字。或留信宿乃去。好事者别作屋如雍所居，以候其至，名曰："行窝"。

邵雍初到洛阳时，住的是简陋的茅草棚。富弼、司马光、吕公著是当时著名的宰相，他们退居洛阳时，曾经与邵雍在一起交游，并为他买下一座庄园住宅。邵雍在这里按农时季节耕种作息，自得其乐，给这座住宅起名叫"安乐窝"。好事的人按照邵雍的住所另建一处，起名为"行窝"，专门等候邵雍的到来。邵雍写有《安乐窝中吟》诗："安乐窝中快活人，闲来四物幸相亲。一编诗逸收花月，一部书严惊鬼神；一炷香清冲宇泰，一樽酒美湛天真，太平自庆何多也？惟愿君王寿万春。"后人就用"安乐窝"比喻舒服安逸的住所和生活环境。《民国通俗演义》第十七回中说："旁人还猜他在总统府中……谁知他已托病出都，竟另寻一安乐窝，闭户自居。"而在民间，"安乐窝"这一成语，是家喻户晓、妇孺皆用的。

邵雍居洛阳时，不仅与司马光等宰相交往甚密，而且也与程颢、程颐有密切往来。到嘉祐年间，朝廷屡次授给他官职，他都称病不就。他在哲学上坚持唯心主义观点，以神秘的创世说——"先天学"，解释先天地而存在并创造天地万物的道理，认为宇宙本原是"太极"，"太极"即"心""道"，"万化万事皆生乎于心"，"天由道而生，地由道而成"。他用《周易》六十四卦绘成方图、圆周，用八卦及《卦令图》等制成《先天图》，说"天地万物尽在其中"。他的历史观则主张人类社会是由盛而衰的退化论。他的学说经后人发展为算命学，有《黄极经世》《伊川击壤集》等。

邵雍在洛阳的"安乐窝"早已经化为历史的尘烟，荡然无存。但是，在辉县市的百泉风景区内，依旧保存着邵雍隐居时期的"安乐窝"遗址，那历经沧桑的守门石狮，那片片枯黄的野草，向游人诉说着昔日"安乐窝"的温馨和清静。"尧夫何所为？一色得天和；夏住长生洞，冬居安乐窝。樱花供放适，风月助吟哦。窃料人间乐，无如我最多。"这是邵雍的"安乐窝自慰”诗，他还有一首“逍遥歌”也表达了他的自慰心情：“山径崎岖宾客少，茅屋虽小任逍遥。读的是圣贤书，弄的是无名草。朝看白云飞，暮听禽声叫。喜的是青山隐隐，乐的是绿水滔滔。春花开得早，夏蝉枝头闹，黄叶飘飘秋来了，白雪纷纷冬又到。叹人生，容易老，总不如盖一座安乐窝，自在逍遥。上挂着琴棋书画，下缀着渔读耕樵。闷向河边钓，闲来把琴敲。吃一杯杜康酒乐陶陶，直把愁山推倒！这滋味谁人知晓，谁人知晓？”如今，百泉的老年人都还会哼几句逍遥歌。

尽忠报国

尽忠报国也作“精忠报国”，指竭尽忠心，不惜牺牲一切来报效国家。

《宋史·岳飞传》载：桧遣使捕飞父子证张宪事，使者至，飞笑曰：“皇天后土，可表此心。”初命何铸鞫之，飞裂裳以背示铸，有“尽忠报国”四大字，深入肤理。既而阅，实无左验，铸明其无辜。其意为南宋民族英雄岳飞矢志报效祖国，让母亲在自己的背上刺下“尽忠报国”四字，字迹深入肌肤。后人常用这个成语来表达自己的爱国深情。

宋徽宗崇宁二年（1103），岳飞出生在相州汤阴（今河南汤阴县）一户农民家中。传说在他呱呱坠地的时候，一只大鹏鸟正在岳家房顶上盘旋，于是，父亲便给他起名岳飞，字鹏举。岁月悠悠，转眼二十余载过去了，岳飞勤于耕作，刻苦读书，拜师习武，练就了一身武艺。就在此时，国家蒙难，金兵一路烧杀抢掠，长驱直入，大宋都城汴京随之失陷。国难当头，匹夫有责。岳飞决定奔赴沙场，从军救国。临行时，深明大义的母亲为鼓励儿子奋力杀敌，特意在岳飞脊背上刺了“尽忠报国”四个大字。从此，岳飞永别了养育他成长的汤阴故土，开始了驰骋疆场戎马倥偬的生涯。“怒发冲冠，凭栏处、潇潇雨歇。抬望眼，仰天长啸，壮怀激烈。三十功名尘与土，八千里路云和月。莫等闲，白了少年头，空悲切。　靖康耻，犹未雪；臣子恨，何时灭？驾长车，踏破贺兰山缺。壮志饥餐胡虏肉，笑谈渴饮匈奴血。待从头，收拾旧山河，朝天阙。”这首铿锵有力、雄气浩荡的《满江红》词，就是南宋抗金名将、中华民族一代英杰岳飞的名作。虽然岳飞被佞臣秦桧以“莫须有”的罪名处死在临安城风波亭上，终年 39 岁，但昭昭天日却永远记载了岳飞那披肝沥胆、尽忠报国的一生。

山鸡舞镜

山鸡舞镜指山鸡对镜起舞，比喻自我欣赏。

南朝宋刘敬叔《异苑》卷三载：“山鸡爱其毛羽，映水则舞。魏武时，南方献之，帝欲其鸣舞而无由。公子苍舒令置大镜其前，鸡鉴形而舞不知止，遂乏死。”

曹操有个小儿子叫曹冲，从小聪明过人。曹操特别宠爱他，想立他为继承人。魏武帝（曹操）在铜雀台（在河南临颍县）打猎时，南方进贡一只山鸡，武帝想让山鸡跳舞却没有办法，众人束手无策，认为请曹冲来也许有办法。曹冲被请到殿堂上，他一看到山鸡，就命人取一面铜镜来。山鸡在铜镜前看到自己美丽的形体，仿佛置身于明净的湖面，居然连连欢叫、翩翩起舞。山鸡越舞越得意，竟不知停歇，直至倒地死去。后来便以“山鸡舞镜”为顾影自怜之典。

宋朝黄庭坚《睡鸭》诗：“山鸡照影空自爱，孤鸾舞镜不作双。”清朝李汝珍《镜花缘》第二十回：“丹桂岩山鸡舞镜，碧梧岭孔雀开屏。”清朝黄遵宪《番客篇》诗：“山鸡爱舞镜，海燕贪栖梁。”

雪中送炭

雪中送炭意思是在下雪天给人送炭取暖，借以比喻在别人需要的时候能及时给予物质上或精神上的帮助。

宋代范成大《大雪送炭与芥隐》中写到：“不是雪中须送炭，聊装风景要诗来。”

据说，宋太宗贵为帝王，却知道创业不易，因此生活很俭朴，也很能体恤百姓。有年冬天很冷，太宗穿着狐狸皮外套，坐在温暖的屋子里还觉得冷。他思虑道：“天气这么冷，那些缺衣少柴的百姓肯定也很冷。”于是，他把开封府尹召进宫，对他说道：“现在这么冷，我们这些吃穿不愁的人都觉得冷，那些缺衣少食、没有木炭的百姓肯定更冷。你现在就带人拿着衣食和木炭去城里走走，帮帮那些无衣无柴的百姓。”开封府尹听后，立刻带人拿着衣食和木炭，去问候那些贫困的百姓，受到救助的人们都很感激。历史上便留下了“雪中送炭”的佳话。

毛泽东《在延安文艺座谈会上的讲话》：“对于他们，第一步需要还不是‘锦上添花’，而是‘雪中送炭’。”

依样画葫芦

依样画葫芦指照着真葫芦去画葫芦，比喻单纯模仿，没有创新。亦作依本画葫芦。

宋代魏泰《东轩笔录》卷一载：颇闻翰林草制，皆捡前人旧本，改换词语，此乃俗所谓依样画葫芦耳，何宣力之有？”

北宋初年，有个翰林学士叫陶谷，在宋太祖赵匡胤身边担任起草各种文告的工作。时间一长，他自以为有功，便向宋太祖讨高官做。谁知宋太祖却说："翰林学士起草文告，无非是参照前人的旧本，其间不过换几个字句，充其量不过照葫芦画瓢而已，谈不上有什么贡献。"陶谷深感失望，一气之下就作诗自嘲，其中有这样两句："堪笑翰林陶学士，年年依样画葫芦。"从此以后，"依样画葫芦"作为一句成语，流传在人们的口头笔下。常用来比喻模仿别人，毫无创见。

之乎者也

之乎者也即讽刺人说话喜欢咬文嚼字。借指话语或文章半文半白，也用来形容文言文，以及半文不白的话或文章。

宋代文莹《湘山野录》载：之乎者也，助得甚事？宋朝的开国皇帝赵匡胤在当上皇帝以后，准备拓展外城。他来到朱雀门前，抬头看见门额上写着"朱雀之门"四个字，觉得别扭，就问身旁的大臣赵普："为什么不写朱雀门三个字，偏写朱雀之门四个字？多用一个之字有什么用呢？"赵普告诉他说："这是把之字作为语助词用的。"赵匡胤听后哈哈大笑，说："之乎者也这些虚字，能助得什么事情啊！他对人说话，总是满口之乎者也，教人半懂不懂的。"

宋代郑清之《再和前韵》："若时风雨候三台，忧国丰年几入怀。执戟未愁方朔死，闭门唯喜子桑来。人间宰相真如梦，天上群仙讵可阶。事业镂冰何所有，之乎者也矣焉哉。"

如坐春风

如坐春风形容像坐在春风中间。比喻同品德高尚且有学识的人相处并受到熏陶。

宋代朱熹《伊洛渊源录》卷四载：朱公掞见明道于汝州，逾月而归。语人曰："光庭在春风中坐了一月。"

宋朝时期，朱光庭是理学大师程颢的弟子，他在汝州听程颢讲学，如痴如狂，听了一个多月才回家，回家逢人便夸老师讲学的精妙，他说："光庭在春风中坐了一月。"

大事不糊涂

大事不糊涂指在有关政治的是非问题上能坚持原则，态度鲜明。

《宋史》载：太宗欲相端，或曰："端为人糊涂。"太宗曰："端小事胡涂，大事不糊涂。"决意相之。

吕端，幽州安次（今河北廊坊）人，出生于官宦家庭，处事宽厚，善交朋友，轻财好施。宋太宗任命吕端为相，看中的是他稳重识大体、善于断大事，明确交代只要他能够按德才标准选拔、罢黜官员就是称职。并不需要事必躬亲，被琐碎俗务淹没，在大是大非面前保持清醒的头脑就可以了。

明代李贽自题联语："诸葛一生唯谨慎，吕端大事不糊涂。"

其相关事例：叶剑英是中华人民共和国的开国元勋，长期担任党、国家和军队重要领导职务的卓越领导人。他坚定的党性原则和过人的胆识，不仅表现在大革命时期，而且一直保持在以后的革命征途中。1935年长征中，张国焘搞分裂主义，企图危害党中央。当时担任右路军参谋长的叶剑英，及时发现了张国焘的罪恶阴谋。他立即带着张国焘发出的"密电"，冒着极大危险，到党中央驻地报告了毛泽东，使党中央能够率领中央机关和红一方面军（一、三军团）迅速脱离险境。对此，毛泽东一直念念不忘，赞扬叶剑英"诸葛一生唯谨慎，吕端大事不糊涂"。

玉粒桂薪

米如玉，薪如桂。极言生活费用之高。

宋代王禹偁《陈情表》载：望云就日，非无恋阙之心；玉粒桂薪，未有住京之计。

王禹偁是开封著名文人。淳化四年（993）八月，朝廷召被贬为解州团练副使的王禹偁回开封，任直昭文馆。原本应欢欣鼓舞，但汴京昂贵的物价让囊中羞涩的王禹偁难以应付，因而向皇帝上表求情。在他看来，汴京的米粒像玉一样、柴像桂枝一样珍贵。所以他虽然贪恋汴京繁华，但实在无法居住。宋朝时的制度，在京官员俸禄低，地方官员俸禄高。皇帝知道他经济贫困，照顾他担任俸禄高的地方官，还特意赐钱三百贯予以救济，以示恩惠。

一网打尽

一网打尽比喻一个不漏地全部抓住或彻底清剿。

宋代魏泰《东轩笔录》卷四载，“刘待制元瑜既弹苏舜钦，而连坐者甚众，同时俊彦，为之一空。刘见宰相曰：‘聊为相公一网打尽’”。

北宋时，进奏院主官苏舜钦是范仲淹举荐提拔起来的，属于革新派。他豪爽激进，屡次上书宋仁宗皇帝，议论时政得失，批评当时的宰相吕夷简，引起吕夷简的强烈不满，致使吕夷简想伺机陷害苏舜钦。有一年秋天，恰逢赛神会。苏舜钦为了在赛神会这天让大家玩乐得更痛快些，照例把进奏院里拆下的旧公文封套纸卖了，自己也拿出了十千钱来资助，作为玩乐的花费。其他接受聚宴邀请的人，也分别拿出钱来凑份子。正当大家喝得高兴的时候，苏舜钦又叫了一些歌女来陪酒助兴。当时，有个名叫李定的太子中舍官也想参加聚会，却未被邀请，李定怀恨在心，便在京城里到处宣扬苏舜钦和一批官员铺张浪费、寻欢作乐的事。御史刘元喻素与苏舜钦不和，知道了这件事后连忙上奏章给仁宗皇帝。宰相吕夷简一见有机可乘，也跟着在皇帝面前推波助澜。皇帝听了大怒，把苏舜钦卖掉拆下来的旧公文套一事定为监守自盗罪，免去了苏舜钦的官职。那天参加宴会的其他人，有的被免职，有的被降职，有的被调到边远地方去任职，致使革新派受到沉重的打击。

人微言轻

人微言轻指地位低，说话不受人重视。

在开封担任知谏院的著名史学家、文学家范缜向宋仁宗上书道：臣近以都城大水及彗星谪见，为变非常，故乞速定大计，以答天谴。阖门待罪，祈以死请。臣人微言轻，固不足以动圣听，然所陈者，乃天之戒。陛下纵不用臣之言，可不畏天之戒乎！

宋仁宗在位多年无子，也不愿过继子嗣立为太子，身体又多病，因而群臣惶惶不可终日，但又不敢上言。嘉祐元年（1056），知谏院范缜冒死连连上书要求皇帝尽快立嗣以防不测。此前的建议出自地位低下的本人，言论主张不受重视，这次又抬出气象、天象灾异以警示、督促宋仁宗。宋仁宗心生不快，后来竟将其罢职。

坚忍不拔

坚忍不拔形容信念坚定，意志顽强，不可动摇。

宋代苏轼《晁错论》:“古之立大事者，不惟有超世之才，亦必有坚忍不拔之志。昔禹之治水，凿龙门，决大河而放之海。方其功之未成也，盖亦有溃冒冲突可畏之患;惟能前知其当然，事至不惧，而徐为之图，是以得至於成功。”

宋仁宗嘉祐六年（1061），苏轼在开封参加制科考试。制科是临时设置的考试科目，目的在于选拔各种特殊人才，官员也可以参加。苏轼在一篇应试文章《晁错论》中，首创“坚忍不拔”，形容意志坚定，不可动摇。

历史上伟大的成功者的共同特征，就是他们都具有坚忍不拔的意志品格。可以允许他们在其他方面存在缺陷和弱点，然而，却一定不会缺失坚忍不拔的意志品格。无论身陷何种悲惨处境，面临怎样的困难，他们都不能被摧毁和打败。只有坚持不懈的人，才能够笑到最后，赢得生活和事业的辉煌。

德高望重

德高望重指品德高尚，声望很高。多称颂年纪高而且大多是有名望的人。

宋代司马光《辞入对小殿札子》载:臣窃惟富弼三世辅臣，德高望重，神宗皇帝想见其人，故特制此礼，乃自古所无。顾臣何人，敢与为比？

宋仁宗庆历二年，北方的契丹率兵压境，要求宋朝割让关南大片领土。富弼受命前往契丹宫中谈判。在交涉中，他不顾个人安危，慷慨陈词，成功地劝说契丹放弃割地要求，维护了北宋王朝的利益。6年后，黄河决口，河北70万灾民背井离乡。富弼在青州听说后，连忙张贴榜文募集粮食，运往各灾区散发，帮灾民渡过难关。事后，百姓们纷纷称颂他的功绩。他始终以朝廷及百姓的利益为重，先后担任仁宗、英宗、神宗三朝宰相，在处理外交、边防及赈济灾民方面取得显著成就，司马光称颂他为“三世辅臣，德高望重”。

直捣黄龙

黄龙：即黄龙府，辖地在今吉林一带，为金人的腹地。直捣黄龙指一直打到黄龙府，捣毁敌人的巢穴。

《宋史·岳飞传》载：“飞大喜，语其下曰：‘直抵黄龙府，与诸君痛饮尔！’”

岳家军奋战10余年，收复了大片失地。朱仙镇会战，大破金兀术，金人士气尽丧，宋人锐气高涨，被金国占领的地区，人民也纷纷起来响应，收复中原指日可待。岳飞高兴地对部下说：我们要战斗到底，一直打到金人老巢黄龙府，到那时，我与大家一起痛饮庆功！

标新立异

标，提出，写明；立，树立。异，不同的，特别的。标新立异指提出新奇的见解，表示与众不同。通常指提出新的主张、见解或创造出新奇的样式。也指为了显示自己，故意显出自己的与众不同或者用与往常不同的表达方式来吸引人。

南朝宋刘义庆《世说新语·文学》载：“支道林在白马寺中，将冯太常共语，因及《逍遥》，支卓然标新理于二家之表，立异于众贤之外。”

东晋时期，在建康白马寺有一个叫支道林的和尚。这个支道林俗姓关，出家后就改姓支，名遁，道林是他的字。支道林是河南陈留（今河南开封市东南）人，也有人说他是河东林虑（今河南林州）人，深受《庄子》的影响。有一次，支道林与一些社会名士在建康白马寺中聊天，当他们谈到《庄子·逍遥游》时，支道林开始只是坐在一边凝神静听别人的言论，自己不发一言，后来见众人所谈都是出自郭象和向秀的注解，支道林以独到的见解为《庄子·逍遥游》重新作注，赋予它新意。支道林的注释大大超出郭象、向秀的解释，树立了一种新的见解，众人一听，都很惊异，但细想之下，又觉得颇有新意很是有趣。于是，人们就借用支道林的看法来解释《逍遥游》了。后来，人们就把这则故事中的“标新”和“立异”，组成了成语“标新立异”。